La Grande-Bretagne et l'Organisation internationale du travail (1919-1946)

Une nouvelle forme d'internationalisme

Déjà parus dans la collection
« Publications du Global Studies Institute de l'Université de Genève »
(Anciennement « Publications de l'Institut européen de l'Université de Genève »)

Cette collection publie des monographies et des ouvrages collectifs d'enseignants et de chercheurs affiliés au Global Studies Institute de l'Université de Genève.

16 **La Grande-Bretagne et l'Organisation internationale du travail (1919-1946). Une nouvelle forme d'internationalisme**
Olga Hidalgo-Weber (2017)

15 **Pouvoir et société en Europe : essai critique sur l'intégration européenne**
Maximos Aligisakis (2017)

14 **Territoires européens : discours et pratiques de l'élargissement**
Marie-Ève Bélanger (2015)

13 **L'Europe de Denis de Rougemont**
François Saint-Ouen (éd.) (2014)

12 **Histoire et mémoire dans l'espace postsoviétique**
Korine Amacher et Wladimir Berelowitch (eds) (2013)

11 **L'Europe de l'intérêt général**
Déborah Lassalle (2013)

10 **Multiculturalismes et identités en Europe**
Maximos Aligisakis et Sofia Dascalopoulos (eds) (2012)

9 **Vers une culture stratégique européenne ?**
Alessia Biava (2011)

8 **Europe : de l'intégration à la Fédération**
Frédéric Esposito et Nicolas Levrat (eds) (2010)

7 **Carrefour Europe**
Silvio Guindani et Jenaro Talens (eds) (2010)

6 **Le retour des héros**
Korine Amacher et Leonid Heller (eds) (2010)

5 **Parlement européen et société civile**
Laurent Dutoit (2009)

4 **L'Union européenne et la sécurité internationale**
René Schwok et Frédéric Mérand (2009)

3 **Des valeurs pour l'Europe ?**
Samantha Besson, Francis Cheneval et Nicolas Levrat (eds) (2008)

2 **Vers un nouveau pouvoir citoyen ?**
Frédéric Esposito (2007)

1 **Jusqu'où ira l'Europe ?**
Korine Amacher et Nicolas Levrat (eds) (2005)

PUBLICATIONS DU GLOBAL STUDIES INSTITUTE DE L'UNIVERSITÉ DE GENÈVE
N° 16

La Grande-Bretagne et l'Organisation internationale du travail (1919-1946)

Une nouvelle forme d'internationalisme

Olga Hidalgo-Weber

academia
L'Harmattan

UNIVERSITÉ
DE GENÈVE

D/2017/4910/44 ISBN : 978-2-8061-0360-4

Grand'Place, 29
B-1348 Louvain-la-Neuve

www.editions-academia.be

Sommaire

Remerciements

Ce livre est paru grâce aux soutiens de plusieurs institutions et de nombreuses personnes qui m'ont permis de mener mes recherches à terme. Je souhaite leur exprimer toute ma gratitude. Je sais gré au Fonds national suisse pour la recherche (FNS), qui a financé de 2008 à 2011 ma participation comme Candoc au projet de recherche, *L'Émergence d'une Europe sociale entre 1919 et 1949, une approche transnationale,* et m'a octroyé un subside *Marie Heim-Vögtlin,* dont j'ai été lauréate pendant dix-huit mois en 2013-2014. L'appui et les ressources du FNS m'ont permis de travailler dans différents centres d'archives, en Angleterre (Kew, LSE) et à Genève (OIT, SDN), pendant plusieurs années.

Je suis également reconnaissante au *Global Studies Institute* (anciennement Institut européen), ainsi qu'au département d'histoire générale de l'Université de Genève, dont j'ai pu bénéficier de l'accueil chaleureux et des facilités. Je remercie les directeurs de ces départements, ainsi que les différents professeurs, collègues et amis qui m'ont encouragée dans mes recherches.

Je remercie Sandrine Kott, ma directrice de thèse ainsi que les professeurs et chercheurs dont les discussions stimulantes m'ont permis d'évoluer dans mon travail, je suis reconnaissante en particulier à Davide Rodogno, Anne Deighton, Noel Whiteside, Joëlle Droux, Irène Hermann, Ludovic Tournès et Amalia Ribi.

Je remercie également mon patient relecteur et éditeur Marc Roissard de Bellet.

Je remercie tout particulièrement Isabelle Anatole-Gabriel pour son soutien et ses minutieuses relectures.

Je remercie Remo Becci, Renée Berthon et Jacques Oberson pour leur accueil dans les archives du BIT et de la SDN.

Je dédie ce livre à ma famille et à mes deux enfants.

Avertissement

Cet ouvrage constitue une synthèse de ma thèse de doctorat, *Dimensions transnationales des politiques sociales britanniques : le rôle de la Grande-Bretagne au sein de l'Organisation internationale du travail, 1919-1946,* soutenue le 20 mars 2015 à l'Université de Genève. La version intégrale de ce travail est disponible dans l'Archive ouverte de l'Université de Genève à l'adresse suivante : http://archive-ouverte.unige.ch/

Cette thèse de doctorat a reçu le Prix Robert Harvey 2016 de l'Université de Genève, ainsi que le Prix Francis Blanchard 2015 de l'Association française pour l'Organisation internationale du travail.

Avant-Propos

Ce travail repose sur des recherches menées dans les archives nationales britanniques (Kew, Londres) et les fonds d'archives de l'Organisation internationale du travail (OIT) et de la Société des Nations (SDN) à Genève. Albert Thomas, le premier directeur de l'OIT, lui-même historien et conscient de l'importance de l'enjeu institutionnel de son Organisation, a accordé une large place à l'histoire de son institution ce qui explique la bonne conservation des archives de l'OIT à Genève[1]. Ce fonds contient des correspondances, des rapports, des missions de voyages et les dossiers des bureaux régionaux. J'ai utilisé la correspondance entre les fonctionnaires de l'OIT et les acteurs britanniques et américains, afin de favoriser une approche centrée sur les acteurs des politiques sociales élaborées par cette institution. Chaque convention adoptée par l'Organisation est précédée d'un travail préparatoire qui génère des correspondances entre experts et des comptes rendus de réunions. Ces documents ont servi de référence pour les analyses sur la Convention des huit heures, celle sur les congés payés, sur l'anthrax et le travail indigène. Le BIT a également conservé un fonds documentaire, le « fonds Shotwell », qui rassemble les documents manuscrits issus des archives nationales britanniques, américaines, françaises, italiennes et belges concernant la création de l'OIT et qui ont servi à la publication de l'ouvrage de Shotwell en 1934[2]. Ce fonds très intéressant pour la genèse de l'Organisation est néanmoins essentiellement centré sur les apports

1. Sandrine Kott, Joëlle Droux (ed.), *Globalizing social rights : The International Labour Organization and beyond*, London, Palgrave MacMillan, 2013.

2. James Thomson Shotwell, *Origins of the International Labour Organization*, New York, Columbia University Press, 2 volumes, 1934.

des gouvernements à la création de l'OIT, laissant de côté le rôle des principaux intéressés, les syndicats eux-mêmes.

De nombreux acteurs britanniques ayant participé à l'OIT comme fonctionnaires, experts ou délégués ont écrit sur l'Organisation. Ce corpus témoigne – certes avec un biais national – du rôle de la Grande-Bretagne à l'OIT. En effet, mon ouvrage qui analyse des évènements internationaux par un prisme national, a pris en considération que le cas britannique n'est pas unique, mais qu'il s'inscrit bien dans une évolution sociale généralement constatée en Europe et aux États-Unis dans l'entre-deux-guerres. J'ai effectué un croisement des archives de l'OIT avec celles des archives nationales britanniques conservées à Kew en Grande-Bretagne. Mes recherches se sont concentrées sur le corpus des archives du ministère du Travail, complété par des documents issus du Cabinet (pour ce qui concerne la politique générale à l'égard de l'Organisation) et du ministère des Affaires étrangères. Pour la période de la Seconde Guerre mondiale, j'ai constaté en effet un glissement des responsabilités, le ministère du Travail cessant d'être le principal interlocuteur de l'OIT au profit du ministère des Affaires étrangères. Ces dossiers contiennent des comptes rendus de réunion, des documents de l'OIT annotés et les correspondances entre fonctionnaires britanniques à Londres et fonctionnaires détachés à Genève. En Angleterre, un autre fonds a également permis de relire les sources de l'OIT, celui de la *League of Nations Union* (LNU), conservé à la *London School of Economics and Political Science* à Londres.

Les références détaillées de ces quatre fonds d'archives se trouvent dans l'appareil critique et figurent dans ma thèse disponible dans l'Archive ouverte de l'Université de Genève. Tout lecteur intéressé par le sujet pourra également s'y référer pour obtenir la bibliographie complète. En effet, la bibliographie sélective de cet ouvrage ne reprend que les titres des publications les plus pertinentes sur les sujets abordés. Les réflexions à l'origine de ce livre sont au croisement de deux historiographies, celle de l'histoire transnationale et celle de l'histoire des politiques sociales britanniques. Ces historiographies se complètent d'ouvrages sur les organisations internationales, les mouvements pacifiques, la question des femmes et la protection des enfants, les relations anglo-américaines et les questions impériales.

Liste des tableaux

Liste des principales abréviations

ABIT	Archives du Bureau international du travail
AIPLT	Association internationale pour la protection des travailleurs
ALSE	Archives de la London School of Economics and Political Science
ANB	Archives nationales britanniques
ASDN	Archives de la Société des Nations
BIT	Bureau international du travail
CA	Conseil d'administration
CIO	Congress of Industrial Organizations
CIT	Conférence internationale du travail
FBI	Federation of British industries
FSI	Fédération syndicale internationale
GFTU	General Federation of Trade Unions
IFTU	International Federation of Trade Unions
LNU	League of Nations Union
LSE	London School of Economics and Political Science
NCEO	National Confederation of Employer's Organization
NUM	National Union of Manufacturers
OIT	Organisation internationale du travail
SDN	Société des Nations
TUC	Trade Unions Congress

Introduction générale

Le 4 novembre 1924, cinq ans après la création de l'Organisation internationale du travail (OIT), les conservateurs sont de retour au pouvoir en Grande-Bretagne après quelques mois d'un gouvernement travailliste dirigé par Ramsay Mac Donald. Cette défaite contrarie le directeur de l'OIT, le Français Albert Thomas, qui presse depuis plusieurs années le gouvernement britannique de ratifier la Convention sur la durée du travail (industrie), adoptée à Washington en 1919. Le Cabinet du Premier ministre conservateur, Stanley Baldwin, se réunit, le 17 décembre 1924, pour examiner les obligations juridiques imposées par les normes internationales édictées par l'OIT et décide de nommer un comité interministériel, chargé de lui faire des propositions sur la politique générale à suivre concernant les aspects internationaux de la question du travail.

Parmi les documents produits par ce comité se trouve un texte rédigé par le ministre de l'Intérieur Sir William Joynson-Hicks qui résume son avis sur l'OIT :

> « (1) L'Organisation internationale du travail coûte beaucoup trop cher.
> (2) Elle est dirigée par un socialiste, Monsieur Albert Thomas, toujours déterminé à promouvoir la cause socialiste.
> (3) Ses conventions sont toujours en avance sur la position des conservateurs.
> (4) Nous sommes le seul pays d'importance qui les ratifie.
> (5) Le BIT prévoit que nous le ferons et insiste toujours pour que nous ratifiions par un acte du Parlement.
> (6) Le résultat est que nous enchaînons notre industrie, tandis que nos concurrents restent libres.

(7) Les employeurs de ce pays sont fortement opposés à sa mission.
(8) Je peux imaginer qu'un gouvernement socialiste défende cette organisation, mais pourquoi un gouvernement conservateur devrait-il le faire ? »[1].

Il s'agit certes de l'opinion d'un homme politique conservateur connu pour ses jugements excessifs, néanmoins toutes les contradictions qui caractérisent la relation des Britanniques avec l'OIT entre 1919 et 1946 sont présentes de manière explicite dans ce document. L'OIT est créée par les vainqueurs de la Première Guerre mondiale à la Conférence de la Paix de Paris en 1919 et mise en place dans la partie XIII du Traité de Versailles, signé le 28 juin avec l'Allemagne. Cette dernière comme l'Autriche deviennent membres dès 1919 de l'Organisation qui compte presque cinquante États en 1923, dont toutes les grandes puissances industrielles européennes. Les grands absents de l'Organisation sont les États-Unis et l'Union soviétique[2].

Les troubles sociaux et le contexte potentiellement révolutionnaire en Europe au sortir de la Première Guerre mondiale motivent les dirigeants à donner des satisfactions au monde ouvrier. Néanmoins, lorsque le Premier ministre britannique, David Lloyd George, se rend à Paris pour la Conférence de la Paix, en janvier 1919, les projets sociaux ne sont pas au premier plan des priorités du gouvernement britannique. La politique de Lloyd George à l'égard du monde ouvrier international, et de l'OIT en particulier, ne peut se comprendre que si l'on prend en compte le contexte d'émulation sociale d'après-guerre en Angleterre et en Europe en général. La création de l'OIT répond à un compromis qu'il fait avec les travaillistes, les syndicats et ses partenaires à Versailles ; dans les faits, Lloyd George n'a jamais vraiment cru dans la politique de collaboration multilatérale qui est à la base de la SDN et de l'OIT, ne se rendant d'ailleurs jamais à Genève. Le Premier ministre dirige un empire dont les principaux objectifs politiques sont de réaliser une paix démocratique, satisfaire ses intérêts

1. Archives nationales britanniques (ANB), CAB 27/272, International Labour Policy Committee, Memorandum by the Home Secretary, 5th March, 1925. Toutes les citations anglaises ont été traduites par l'auteure de cet ouvrage.

2. Les États-Unis et l'URSS deviennent membres de l'OIT en 1934.

territoriaux, stratégiques et économiques et ainsi renforcer son statut de grande puissance[3].

Pourtant, les Britanniques sont au centre de la création de l'OIT comme en témoigne les acteurs contemporains de l'évènement[4], ainsi que certains historiens de l'Organisation[5]. Les plans concrets qui forment la constitution de l'OIT sont l'œuvre de la Grande-Bretagne. En effet, la délégation britannique est très influente au sein de la *Commission de législation du travail,* instituée par le Conseil des Dix de la Conférence de la Paix pour élaborer l'organisation du travail. Le travailliste Georges Barnes et les fonctionnaires Malcolm Delevingne, Harold Butler et Edward Phelan qui forment cette délégation, se font le relais de projets qui ont intégré les idées de réformes sociales circulant déjà avant la guerre. La présence des mêmes acteurs britanniques au sein des réseaux internationaux, comme architectes des plans de l'OIT, comme membres de la délégation britannique du travail à Paris, et enfin comme fonctionnaires internationaux de l'Organisation, illustrent la pérennité des réseaux à l'origine de l'OIT[6]. Cette continuité met en lumière la stratégie du gouvernement Lloyd George qui adapte les idées syndicalistes, socialistes et réformistes de l'époque à ses motivations économiques et politiques pour aboutir à une construction finale qu'Albert Thomas, le premier directeur de l'OIT, développe dans l'intérêt des travailleurs.

---

3. Ross McKibbin, « Great Britain », in Robert Gerwarth (ed.), *Twisted Paths, Europe 1914-1945*, Oxford, Oxford University Press, 2007 ; Margaret MacMillan, *Paris 1919, six months that changed the world*, New York, Random House, 2001.

4. Georges Nicoll Barnes, *History of the International Labour Office*, London, William and Norgate Ltd, 1926 ; James Thomson Shotwell, *Origins of the International Labour Organization, op. cit.* ; Harold Butler, *Confident morning*, London, Faber & Faber, 1950.

5. Victor-Yves Ghebali, *L'Organisation internationale du travail*, Genève, Georg Éditeur, 1987 ; Anthony Alcock, *History of the International Labour Organisation*, London, Macmillan, 1971.

6. Butler et Phelan sont nommés fonctionnaires au BIT dès 1919, tandis que Delevingne est le délégué gouvernemental aux huit premières sessions du conseil d'administration.

Ainsi, grâce à la participation de nombreux Britanniques aux réseaux transnationaux d'avant-guerre impliqués dans le domaine social, le gouvernement britannique est bien informé sur les demandes du mouvement ouvrier international en faveur de plus de justice sociale, et les appels à créer des normes internationales. De plus, la guerre a non seulement révélé l'importance du rôle de l'ouvrier au sein de l'économie de guerre, mais également sa force politique en tant que groupe organisé. La capacité des Britanniques à intégrer ces idées transnationales dans des projets formulés au niveau national pour créer une organisation internationale du travail, est mobilisée pour défendre les intérêts nationaux. L'objectif est de préserver la domination économique du pays, une fois la guerre terminée et les marchés rouverts à la compétition. Du point de vue politique cependant, il importe au gouvernement de ne pas alimenter les critiques des cercles travaillistes et de ne pas donner l'impression de faire une paix en ignorant les questions sociales et en traitant les questions économiques uniquement sous leur aspect commercial. La volonté britannique de maîtriser les contours de la future organisation doit être perçue comme un moyen stratégique de maintenir la paix sociale.

En 1919, les Britanniques sont omniprésents à Paris dans la commission de législation internationale du travail qui crée l'OIT, dans le comité d'organisation de la conférence de Washington, lors de la conférence elle-même en octobre-novembre1919, puis lors des premiers pas de l'Organisation[7]. Le rôle d'architectes des Britanniques dans la création et le fonctionnement d'une organisation que le gouvernement ne soutient pas, apparaît comme un paradoxe qui force à s'interroger. Son coût semble trop élevé aux Britanniques. Le fait que l'OIT soit dirigée par un socialiste, français de surcroît, accentue leur mécontentement. Les gouvernements conservateurs estiment qu'Albert Thomas fait trop de propagande politique et qu'il ne cesse d'élargir les domaines de compétence de son Organisation[8]. Par

7. Sur le rôle des Britanniques dans la création de l'OIT : Olga Hidalgo-Weber, « Social and Political Networks and the Creation of the ILO : the Role of British Actors », in Sandrine Kott, Joëlle Droux (ed.), *Globalizing social rights.., op. cit.*, pp. 17-31.

8. ANB, CAB 27/272, International Labour Policy Committee, 7 April 1925.

ailleurs, ils considèrent que les travailleurs anglais bénéficient déjà d'un système de protection sociale avancé et craignent que ratifier les conventions de l'OIT ne nuisent à la concurrence économique. Ici transparaît un second paradoxe en lien avec le processus de transfert et d'interprétation des modèles sociaux qui circulent par le biais de l'OIT : les Britanniques s'impliquent dans les travaux de l'Organisation mais, contrairement à ce qu'énonce Sir William Joynson-Hicks, le pays ne ratifie pas toujours les mesures édictées au plan international. Il s'agit d'éclairer ces paradoxes. Quelles sont par conséquent les raisons de l'engagement britannique dans l'OIT ? Quels motifs décident de leur part active dans l'émergence d'une organisation qui a profondément marqué les débats sociaux internationaux de l'entre-deux-guerres ? L'objectif de cet ouvrage est d'identifier les acteurs britanniques impliqués à l'OIT, ainsi que les réseaux auxquels ils appartiennent, afin d'éclairer les raisons de la contribution réelle des Britanniques au devenir de l'Organisation.

Certains éléments propres au contexte de politique intérieure de la Grande-Bretagne nous éclairent sur les forces en présence. En effet, la Première Guerre mondiale a profondément transformé la société britannique en modifiant l'équilibre de ses forces sociales et politiques. Au lendemain de la guerre, la reconversion immédiate de l'économie est difficile, la Grande-Bretagne rencontre d'importantes difficultés économiques qui engendrent des tensions sociales. En 1921, la brutale baisse des exportations entraîne une profonde dépression qui a pour conséquence directe une poussée du chômage et une baisse générale des salaires. Ces difficultés, jointes à l'abandon du dirigisme économique mené pendant la guerre par un gouvernement qui a choisi le retour à une économie libérale sans protectionnisme, déclenchent des actions de grèves dont la plus dure est lancée par les mineurs le 1er avril 1921. Elle aboutit au *Black Friday,* du 15 avril 1921, lorsque les leaders syndicaux des chemins de fer et des transports refusent de suivre les mineurs et affaiblissent ainsi le mouvement, marquant l'échec de la tentative de grève générale. Néanmoins, grèves, menaces de grèves, et violences sociales continent de jalonner la politique intérieure britannique dans les années 1920 et déstabilisent le pays, notamment la grande grève de 1926 liée à l'industrie charbonnière[9]. Ces contestations sociales, jointes au chômage, à la montée du *Labour* comme force politique et à l'augmentation des forces syndicales (5,8 millions en 1918, contre 2,7 en 1914) sont des caractéristiques essentielles du contexte qui prévaut à la compréhension des relations entre la Grande-Bretagne et l'OIT.

Néanmoins, ces difficultés sociales ne remettent pas en cause les gouvernements en place. Le pays connaît en effet une stabilité institutionnelle qui contraste avec celle de ses voisins continentaux. La situation politique de la Grande-Bretagne est unique en Europe dans la période de l'entre-deux-guerres. La tradition parlementaire y est ancienne et bien établie. La monarchie joue un rôle de stabilisateur. Le système politique s'est adapté au nouvel équilibre des forces politiques : en acceptant d'intégrer les élites syndicales et travaillistes dans le modèle parlementaire, l'ancienne classe dirigeante consent à un partage de ses prérogatives qui en retour permet la stabilité[10]. Cette solidité institutionnelle permet deux alternances travaillistes au gouvernement dans les années 1920. La force politique travailliste sert alors de relais aux dirigeants de l'OIT en Grande-Bretagne. Par ailleurs, la dépression économique est moins sévère qu'ailleurs et, contrairement aux États-Unis et à l'Allemagne, le système bancaire britannique reste intact. Enfin, la segmentation des activités économiques avec, comme corollaire, la concentration du chômage dans certaines régions, rendent les chômeurs moins menaçants pour la classe moyenne que dans d'autres pays. Ce contexte explique la faiblesse de la contestation politique par comparaison avec les autres pays européens.

La Grande-Bretagne est le seul pays qui peut dans les années 1920, se réclamer d'être « a global power »[11]. Or, dès 1919, elle est

---

9. Chris Wrigley (ed.), *A History of British industrial relations, volume II, 1914-1939*, Brighton, The Harvester Press, 1987.

10. En 1920, est créé le Parti communiste et en 1930 le *New Party*, qui devient en 1932 la *British Union of Fascists*, qui témoignent malgré tout des difficultés que traversent les grands partis traditionnels.

11. Martin Pugh, *State and Society, British Political and Social History 1870-1992*, London, Edward Arnold, 1994, pp. 189-192.

confrontée à deux organisations internationales façonnées dans un nouvel esprit de gestion des relations internationales. Comment cette grande puissance gère-t-elle sa relation avec ces nouvelles organisations internationales sises à Genève ? La SDN a été créée sans le soutien des conservateurs britanniques, qui ne l'apprécient guère, en raison de leur crainte qu'elle n'entrave leur souveraineté dans l'Empire. Ce raisonnement peut-il s'appliquer à l'OIT ? Comment dans ce contexte, la Grande-Bretagne conduit-elle ses relations avec une organisation au sein de laquelle elle doit simultanément traiter avec les autres gouvernements, mais aussi avec le patronat et les travailleurs ? Cet ouvrage sur les Britanniques et l'OIT a été conçu dans l'optique d'explorer une nouvelle voie de l'internationalisme britannique et de sa vision impériale du monde.

Cet internationalisme est interrogé en se saisissant de l'OIT comme d'une caisse de résonnance des objectifs politiques, économiques et sociaux de ses gouvernants. Les hommes politiques de l'époque edwardienne sont nombreux à penser que le principal moyen de maintenir la grandeur de la Grande-Bretagne et sa puissance économique réside dans le maintien de son Empire ; la Première Guerre mondiale a renforcé l'idée que la puissance économique britannique peut reposer sur le protectionnisme et l'exploitation des ressources coloniales. En 1919, l'Empire britannique est à son apogée territoriale et le sentiment partagé est la nécessité de trouver des moyens pour le consolider et le rendre efficient. Dans cet esprit, des nouvelles stratégies de partenariat politique doivent être trouvées afin de remplacer la subordination coloniale, concept désormais de plus en plus critiqué. L'impérialisme continue à faire débat au sein de la classe politique dans les années 1920 et le statut des Dominions en particulier est repensé dans cette période[12]. Quelle est la place de l'OIT dans cette stratégie politique ? Toute une frange de l'élite britannique est imprégnée de l'idée que préserver le monde anglo-saxon à l'intérieur de l'Empire c'est conserver la grandeur de la Grande-Bretagne[13]. Le

12. Andrew Thompson, *Imperial Britain : The Empire in British Politics, c.1880-1932*, London, Longman, 2000.

13. John Darwin, « A Third British Empire ? The Dominion Idea in Imperial Politics », in Judith Brown, Wm Roger Louis (dir.), *The Oxford History of the British*

modèle du *Commonwealth* devient une réalité dont les Britanniques se targuent dans l'entre-deux-guerres comme d'une expérience réussie d'internationalisme. Dans cet esprit, l'OIT nous sert doublement. D'une part pour comprendre comment les Britanniques conçoivent l'internationalisme, et d'autre part, pour analyser le positionnement des Dominions et de l'Inde qui sont des membres distincts de la Grande-Bretagne à l'Organisation, afin d'examiner si le monde anglo-saxon se reforme au sein de cette nouvelle institution internationale. En observant comment les Britanniques s'investissent à l'OIT, nous pouvons vérifier si la référence impériale continue d'être le modèle international pour eux. Comme les idées émancipatrices véhiculées par l'OIT vont à l'encontre de l'idéologie impériale, il s'agit d'expliquer les motivations réelles des Britanniques à mobiliser leurs ressources pour créer cette Organisation et leur investissement de la scène sociale internationale.

La politique de Londres est tournée prioritairement vers son Empire dans la période de l'entre-deux-guerres, néanmoins les États-Unis et l'Europe constituent également des partenaires économiques et politiques importants. La Première Guerre mondiale a entraîné l'intervention américaine dans les relations coloniales de la Grande-Bretagne. Cependant, malgré cette concurrence, les Britanniques poursuivent leur rapprochement avec leur allié américain, tout en maintenant un cap européen. Ces différents axes de politique étrangère sont analysés par le prisme de l'OIT, afin d'appréhender la nature des relations de la Grande-Bretagne avec le reste du monde sous un angle différent.

Examiner le poids et le rôle des Britanniques à l'OIT amène également à s'interroger sur les racines de l'identité britannique, la *Britishness*[14]. L'agrandissement de l'Empire, depuis la fin du

---

Empire. Volume IV : The Twentieth Century, Oxford, Oxford University Press, 1999, pp. 64-87.

14. Sur la « question britannique », voir Helen Brocklehurst et Robert Philips (ed.), *History, Nationhood and the Question of Britain*, Basingstoke, Palgrave Macmillan, 2004 et Keith Robbins, « L'historiographie britannique et la Britishness », *Revue d'Histoire du XIXe siècle*, n° 37, 2008, pp. 111-126.

18e siècle jusqu'au début du 19e siècle, est considéré comme un facteur de l'essor du nationalisme britannique. La possession d'un Empire a indéniablement influé sur le contenu de ce que signifie qu'être britannique. En effet, de la fin du 19e siècle jusqu'à la moitié du 20e siècle la concordance identitaire entre citoyen britannique et citoyen impérial est importante[15]. Cette composante impériale de l'identité britannique renforce la croyance britannique d'appartenir à une large communauté internationale[16]. Raison pour laquelle « impérialisme » et « organisations internationales » se rejoignent dans l'esprit notamment des libéraux internationalistes de l'entre-deux-guerres. Regroupés en Grande-Bretagne autour de la *League of Nations Union,* ce réseau internationaliste est particulièrement actif à la SDN et à l'OIT pour défendre les valeurs britanniques et créer ce nouvel internationalisme britannique.

Les travaux de John MacKenzie sur la propagande de l'idée impériale dans l'opinion publique ont montré l'influence de l'Empire sur une variété d'activités sociales[17]. L'argumentaire développé ici vient corroborer son analyse et indique que l'impérialisme est loin d'être une idée discréditée dans l'entre-deux-guerres même à l'OIT. Cet impérialisme populaire est diffus dans l'ensemble de la société et il explique en partie le comportement de la classe ouvrière qui ne défie pas ses gouvernants dans les débats sur l'Empire. En effet, le nationalisme impérial a réussi à répandre l'idée que l'Empire permet des bénéfices économiques. L'idéologie impériale imprègne la société britannique de l'entre-deux-guerres. John MacKenzie explique la persistance de cette idéologie par une combinaison de facteurs incluant un sens répandu de supériorité raciale, de dévotion à la royauté et une prise de conscience de la rivalité politique et économique internationale. Et de fait, à l'OIT l'impérialisme continue à servir de référence pour de nombreux Britanniques, comme le

15. Dane Kennedy, *Britain and Empire, 1880-1945*, London, Longman, 2002.

16. Helen McCarthy, « The League of Nations, Public Ritual and National Identity in Britain, c.1919-56 », *History Workshop Journal*, n°70, 2010, pp. 108-132.

17. John M. MacKenzie, *Propaganda and Empire, The manipulation of British Public Opinion, 1880-1960*, Manchester, Manchester University Press, 1986.

montrent les discussions autour de la mise en place de la convention sur le travail forcé à la fin des années 1920.

Néanmoins, si l'impérialisme participe de l'identité britannique, cette dernière ne se construit pas forcément en termes raciaux. L'élite dirigeante estime que la position prééminente de la Grande-Bretagne dans le monde a pu s'établir grâce à l'excellence de ses institutions, bien plus qu'elle ne se croit supérieure en termes de race[18]. Cette idée de la supériorité des institutions et des valeurs libérales britanniques (liberté, droit et justice) revient de façon récurrente dans le discours des acteurs, car ces valeurs sont sources de références et d'inspiration en matière sociale pour les Britanniques qui travaillent avec l'OIT. En effet, nombreux sont les fonctionnaires et les hommes politiques qui estiment le système social britannique progressiste et envisagent l'OIT comme une plateforme commune pour l'égalisation du niveau de protection sociale par les autres nations. Or, se pencher sur les travaux de l'OIT permet de relativiser l'apport réel des Britanniques dans le domaine social au niveau international.

Une histoire transnationale des organisations internationales

Dans le cadre d'une histoire globale des organisations internationales[19], l'OIT et la SDN bénéficient depuis quelques années d'un net regain d'intérêt[20]. Cet ouvrage s'inscrit dans la nouvelle approche transnationale des organisations internationales, qui

18. Peter Mandler, *The English National Character : The History of an Idea from Edmund Burke to Tony Blair*, New Haven (Connecticut), Yale University Press, 2006.

19. David Clark MacKenzie, *A World Beyond Borders : An Introduction to the History of International Organizations*, North York, University of Toronto Press, 2010 ; Akira Iriye, *Global Community, The Role of International Organizations in the Making of the Contemporary World*, Berkeley, University of California Press, 2004.

20. Voir *Database* www.lonsea.de et le site d'*History of International Organizations Network* : www.hion.ch.

aborde ces dernières en tant que lieux d'observation et d'analyse des phénomènes circulatoires, dans la mesure où de nombreux flux sont orchestrés ou cristallisés par ces institutions. Ces organisations sont en constante relation avec une diversité d'acteurs : acteurs nationaux (gouvernements, appareils d'États), acteurs individuels (experts), acteurs collectifs (réseaux et organisations non gouvernementales). L'étude des interactions complexes entre ces différents acteurs, au sein et autour des organisations internationales, a permis de renouveler profondément la connaissance que les historiens ont de ces institutions, qui, loin de n'être que des arènes de concurrence intergouvernementale, se révèlent être des organismes riches en matière d'expertise[21].

Depuis ses débuts, l'OIT a suscité un nombre important d'études : des ouvrages d'anciens fonctionnaires et des publications scientifiques[22]. Les travaux les plus récents montrent sa capacité à avoir su créer des modes d'organisation du débat international qui ont perduré à long terme, en cartographiant d'une part les milieux transnationaux actifs dans cette enceinte internationale, et en valorisant d'autre part tout le travail souvent précurseur mené par les fonctionnaires de cette Organisation[23]. En ce qui concerne l'historiographie britannique sur l'OIT, elle comporte un nombre

21. Davide Rodogno, Shaloma Gauthier and Francesca Piana, « What Does Transnational History Tell Us about a World with International Organizations ? », in Bob Reinalda (ed.) *Routledge Handbook of International Organizations*, Routledge, London, 2013 ; Sandrine Kott, « Les organisations internationales, terrains d'études de la globalisation. Jalons pour une approche socio-historique », *Critique internationale*, vol. 3, n° 52, 2011, pp. 9-16.

22. Pour un bilan historiographique sur l'OIT : Jasmien van Daele, « The International Labour Organization (ILO) in Past and Present Research », *International Review of Social History*, vol. 53, 2008, pp. 485-511.

23. Sandrine Kott et Joëlle Droux (ed.), *Globalizing social rights.., op. cit.* ; Jasmien van Daele (ed.), *ILO Histories, Essays on the International Labour Organization and its Impact on the World during the Twentieth Century*, Berne, Peter Lang, 2010 ; Isabelle Moret-Lespinet, (dir.), *L'Organisation internationale du travail : origine, développement, avenir*, Rennes, PUR, 2011 ; Gerry Rodgers (ed.), *L'Organisation internationale du travail et la quête de la justice sociale, 1919-2009*, Genève, BIT, 2009.

substantiel d'ouvrages à caractère biographique notamment de la part des acteurs qui ont participé à sa création[24]. Ces sources sont précieuses comme matériel historique afin de comprendre les attentes britanniques pour l'OIT, néanmoins elles présentent toutes un biais relativement similaire, celui d'hommes politiques ou de fonctionnaires qui souhaitent justifier leur action *a posteriori* et mettre en valeur le rôle primordial joué par la Grande-Bretagne au sein de l'OIT. Tel est également le sens de l'étude publiée à l'occasion du cinquantième anniversaire de l'Organisation[25].

Dans les travaux récents en histoire transnationale, l'OIT est appréhendée comme un lieu de recherche et cet espace est mis à profit pour analyser les modalités par lesquelles les expertises sont produites et échangées entre les scènes nationales. Ces études permettent de valoriser non seulement le travail interne de l'Organisation et la construction de normes sociales internationales, mais également la fabrication de l'expertise et la connexion des idées et des pratiques par le biais des acteurs[26]. L'approche transnationale accorde en effet une large place aux acteurs et aux réseaux qui travaillent avec ces organisations. Cette nouvelle perspective transnationale sur les organisations internationales n'exclut pas pour autant le rôle joué par les États et le référent national. Bien au contraire, elle permet d'analyser de nouveaux aspects des histoires nationales en utilisant les connexions existantes entre pays pour étayer les informations ou renouveler les sources permettant la construction de l'histoire nationale. Les travaux de Sandrine Kott et Jasmien van Daele sont éclairants à cet égard. Ces historiennes ont renouvelé les perspectives d'analyse des politiques

24. Georges Nicoll Barnes, *History of the International Labour Office*, *op. cit.* ; Harold Butler, *The Lost Peace : a personal Impression*, London, Faber, 1942 ; Edward Phelan, *The birth of the ILO : the personal memories of Edward Phelan, formerly Director-General of the ILO*, Geneva, ILO, 1967.

25. Margaret Stewart, *Britain and the ILO, the Story of Fifty Years*, London, Her Majesty's Stationery Office, 1969.

26. Glenda Sluga, « Editorial - The transnational history of international institutions », *Journal of Global History*, vol. 6, n°2, 2011, pp. 219-222 ; Patricia Clavin, « Time, Manner, Place : Writing Modern European History in Global, Transnational and international Contexts », *European History Quarterly*, vol. 40, n°4, 2010, pp. 624-640.

sociales allemandes et belges à partir du prisme de l'OIT, en faisant apparaître pleinement la place des ressources nationales dans la construction des normes internationales[27]. Cet ouvrage s'inscrit dans la même perspective. Il interroge, par le prisme de l'OIT, la présence et le rôle des Britanniques dans cette Organisation, en conjuguant, de manière constante, les différentes échelles d'observation : nationale, internationale et transnationale. Il s'agit d'examiner la fabrique de l'international à partir du national, de voir si celui-ci se distingue de l'impérialisme, et de manière inverse, de montrer comment les acteurs et les pratiques nationales sont sources de savoir-faire pour l'organisation internationale.

Dans l'esprit de l'approche transnationale, cet ouvrage accorde une large place aux acteurs afin d'analyser les évènements : les Britanniques qui travaillent à Genève, ceux délégués aux conférences de l'Organisation, ainsi que ceux qui servent de relais au travail de l'OIT dans leur pays. Les problématiques choisies ont pour conséquence d'entraîner un focus plus important sur le gouvernement que sur les autres partenaires de l'OIT, les syndicats et le patronat. Néanmoins, ces deux derniers sont loin d'être absents de l'analyse. En effet, l'œuvre de l'OIT repose sur la collaboration entre les gouvernements, les organisations d'employeurs et de travailleurs. Le tripartisme de l'OIT est unique dans l'histoire des organisations internationales. Il est la conséquence d'une situation historique particulière liée aux revendications syndicales et socialistes. Du point de vue de l'analyse, il démultiplie de manière enrichissante les prismes explicatifs des politiques adoptées et menées par l'Organisation, afin de favoriser le progrès social. Les travailleurs ouvriers sont les principaux bénéficiaires des travaux de l'OIT. Ils sont représentés par les syndicats britanniques à l'OIT. Ce travail s'appuie sur les ouvrages qui analysent le syndicalisme anglais dans la première moitié du

27. Sandrine Kott « Dynamiques de l'internationalisation : l'Allemagne et l'organisation internationale du travail (1919-1940) », in *Critique internationale*, 2011, vol. 3, No. 52, pp. 68-84 ; Jasmien van Daele, « Engineering Social Peace : Networks, Ideas, and the founding of the International Labour Organization », *International Review of Social History*, vol. 50, 2005, pp. 435-466.

20e siècle[28], ainsi que sur les historiens qui ont travaillé sur les liens entre les syndicalismes anglais et international[29].

Aux côtés des syndicats, le mouvement internationaliste constitue l'autre soutien des organisations internationales de l'entre-deux-guerres. Ce mouvement est animé à la fois par l'idéalisme wilsonien, le courant légaliste américain et le libéralisme britannique, d'où l'utilisation récurrente du vocable *internationalisme libéral*[30]. Inspirés par des hommes politiques comme le Président américain Woodrow Wilson, ou les écrits des penseurs britanniques Alfred Zimmern, Leonard Woolf ou Gilbert Murray, les tenants de ce courant forment une nébuleuse estimant que le droit international et les organisations internationales constituent les meilleures garanties pour préserver la paix dans les relations internationales. Les acteurs de ce mouvement internationaliste sont très présents dans la société britannique de l'entre-deux-guerres. On les trouve dans les milieux pacifistes regroupés dans la *League of Nations Union*[31], dans les milieux féministes et ils inspirent également le gouvernement et les fonctionnaires du service public[32]. Ces internationalistes libéraux qui travaillent en lien

28. En particulier les travaux de Keith Laybourn, Henry Pelling, Robert Taylor, Chris Wrigley et Noel Whiteside.

29. Marcel van der Linden (ed.), *Workers of the World, Essays toward a Global Labor History*, Leiden, Brill, 2008 ; Geert van Goethem, *The Amsterdam International : the world of the International Federation of Trade Unions (IFTU), 1913-1945*, Burlington, Ashgate, 2006.

30. Martin Ceadel, *Semi-Detached Idealists, The British Peace Movement and International Relations, 1854-1945*, Oxford, Oxford University Press, 2000 ; Warren F. Kuehl and Lynne K. Dunn, *Keeping the Covenant, American Internationalists and the League of Nations, 1920-1939*, Kent, Ohio, The Kent State University Press, 1997 ; David Long and Peter Wilson (ed.), *Thinkers of the Twenty Years' Crisis, Inter-War Idealism Reassessed*, Oxford, Oxford University Press, 1995 ; Lucian M. Ashworth, « Where Are the Idealists in Interwar International Relations ? », *Review of International Studies*, vol. 32, n° 2, 2006, pp. 291-308.

31. Donald S. Birn, *League of Nations Union 1918-1945*, Oxford, Clarendon Press Oxford, 1981.

32. Cecelia Lynch, *Beyond Appeasement, Interpreting interwar peace movements in World Politics*, Ithaca and London, Cornell University Press, 1999 ; Christian Birebent,

avec l'OIT sont des réformistes légalistes, dans la mesure où ils sont convaincus que les lois internationales promulguées par l'OIT sont un moyen de sauvegarder la paix sociale en Grande-Bretagne.

En procédant au croisement entre une analyse transnationale des organisations internationales avec l'histoire du *Welfare State* britannique, il s'agit de « dénationaliser » la politique sociale britannique et de faire apparaître les modalités par lesquelles les acteurs nationaux de la politique sociale se situent par rapport à une organisation internationale du travail. À cet égard cet ouvrage est redevable aux différentes études entreprises par les auteurs qui ont cherché à identifier les acteurs, ou les groupes sociaux, à l'origine des réformes britanniques, ceux de Joseph Melling et James Hay sur le patronat, Hugg Clegg, Keith Laybourn, Henry Pelling, Pat Thane, Noel Whiteside et Chris Wrigley sur les syndicats, Rodnew Lowe et José Harris qui ont étudié le rôle des fonctionnaires.

La recherche porte essentiellement sur les acteurs britanniques et les liens qu'ils entretiennent avec différents réseaux transnationaux, afin d'élucider leur rôle dans la mise en place des transferts de modèles et de normes dans l'espace de l'OIT. Afin de rendre toute leur place aux acteurs, la recherche accorde une large place à la thématique des circulations. Ce terme recouvre à la fois les acteurs qui mettent en œuvre celles-ci et le contenu des échanges. L'analyse des circulations permet de saisir les influences réelles des Britanniques sur les processus de construction des politiques des organisations internationales et, à l'inverse, d'appréhender les projections de l'international dans les politiques nationales. L'objectif est de proposer une analyse historique du travail effectué par les Britanniques à l'OIT, des liens qu'ils entretiennent avec différents acteurs, ainsi que des milieux transnationaux dans lesquels ils s'insèrent et qui définissent les contours de la politique développée par leur pays à l'égard de l'Organisation, afin de voir si on peut parler « d'anglicisation » de l'OIT. Le poids de la Grande-Bretagne sur la scène internationale pendant cette période et son rapport avec le nouveau système

Militants de la Paix et de la SDN : les mouvements de soutien à la Société des nations en France et au Royaume-Uni 1918-1925, Paris, L'Harmattan, 2007.

multilatéral d'une part, le rôle pionnier que cet État et ses ressortissants ont joué depuis le début du siècle dans le domaine social d'autre part, sont en effet autant de facteurs qui conduisent à s'interroger sur le rôle des Britanniques au sein de l'OIT. Cette étude s'attache par conséquent à identifier les acteurs nationaux et internationaux, les figures politiques comme les administrateurs, les phénomènes d'échanges d'informations et de circulation des savoirs, afin de définir dans quelle mesure la Grande-Bretagne poursuit sa politique impérialiste en utilisant les organisations internationales.

Trois problématiques principales traversent cet ouvrage. La première concerne les motivations gouvernementales britanniques à collaborer avec l'OIT pour développer des normes sociales internationales. Au tournant du 20e siècle, les libéraux ainsi que les travaillistes, pour des raisons différentes, s'élèvent contre les pratiques philanthropiques et les *Poor laws.* Les libéraux estiment que l'épargne réalisée par les caisses mutuelles empêche l'économie de fonctionner correctement, tandis que les travaillistes estiment que la charité est une manière bien trop facile pour les riches de garder une bonne conscience. Même une *Fabienne* comme Beatrice Webb[33], qui participe aux débuts de la *Charity Organisation Society* s'en désengage à la fin du 19e siècle, en particulier après avoir aidé Charles Booth dans ses enquêtes sur la pauvreté[34]. Une intervention plus centralisée et plus forte de l'État apparaît aux yeux de ces personnes comme le remède contre la pauvreté.

Les réformes britanniques sont également motivées par une certaine forme d'impérialisme social, politique menée à l'origine par le gouvernement libéral à la fin du 19e et au début du 20e siècle. L'expression anglaise *social imperialism* utilisée dans les années 1960 par des historiens britanniques comme Bernard Semmel, distingue

---

33. Beatrice et Sydney Webb sont des éminents représentants de la *Fabian Society*, organisation socialiste créée en 1884. Margaret Cole, *The Story of Fabian Socialism*, Stanford, Stanford University Press, 1961 ; Mark Bevir, *The Making of British Socialism*, Princeton NJ, Princeton University Press, 2011.

34. Christian Topalov, « La ville, "terre inconnue". L'enquête de Charles Booth et le peuple de Londres, 1886-1891 », *Genèses*, vol. 5, 1991, pp. 4-34.

deux formes principales d'impérialisme social en Angleterre. Le premier courant met en avant la nécessité de maintenir l'Empire, soutenant que le bien-être de la classe ouvrière dépend de la force impériale. Inversement, le second a mis en avant les conditions sociales de la classe ouvrière comme fondement de l'impérialisme, c'est-à-dire la nécessité d'avoir une population impériale en bonne santé et vigoureuse sans laquelle il serait impossible de maintenir l'Empire[35]. L'effet catalyseur de cette pensée est constitué par les deux guerres des Boers, à la fin du 19e siècle, que les Britanniques gagnent avec difficulté. À cette occasion, le gouvernement et l'élite politique prennent conscience des conséquences de la grande précarité sanitaire des soldats issus de la classe ouvrière sur leur condition physique. Il apparaît alors nécessaire au début du siècle de développer des lois sociales afin d'améliorer leurs conditions de travail et de vie. En effet, en protégeant l'ouvrier, l'État s'assure des hommes en bonne santé qui font des bons soldats pour défendre l'Empire. Inversement, les libéraux sont convaincus que l'Empire est une bonne chose pour la classe ouvrière britannique, car les possessions territoriales engendrent des bénéfices commerciaux, économiques et financiers qui ne peuvent à leur avis que se répercuter de manière positive sur la classe ouvrière.

L'impérialisme social britannique, tel que je l'entends sur la base des idées et des politiques développées par les libéraux britanniques au début du 20e siècle, est donc un montage idéologique d'un cycle vertueux : l'Empire pour améliorer la condition sociale des Britanniques ; réformer les conditions de vie des ouvriers pour servir l'impérialisme britannique. Quel est le prolongement de cette politique dans l'Organisation qui est chargée après la Première Guerre mondiale de promouvoir des conventions internationales ? En effet, une motivation essentielle derrière les politiques britanniques menées à l'OIT et à la SDN est la préservation des prérogatives du pays dans l'Empire. Dans ce sens, toutes les impulsions britanniques pour développer des politiques sociales internationales peuvent être analysées au crible d'une motivation économique et impérialiste. Les comportements et les démarches des Britanniques au sein de ces

35. Bernard Semmel, *English Social-Imperial Thought, 1895-1914*, London, George Allen &Unwin Ltd, 1960.

arènes internationales dans l'entre-deux-guerres, témoignent du savoir-faire et des moyens d'une grande puissance. Cependant, la position des gouvernements conservateurs et des industriels est contrebalancée par la force des syndicats britanniques, ainsi que d'autres mouvements issus de la société civile qui défendent leurs propres intérêts. C'est tout ce jeu de pouvoir, se déroulant à la fois sur la scène nationale et au sein de l'OIT, qui est ici développé.

La deuxième problématique consiste à mesurer la part des Britanniques dans l'influence de l'OIT sur la formation d'une norme sociale européenne dans l'entre-deux-guerres. À la veille de la guerre, la Grande-Bretagne a rompu avec une longue tradition de *laissez-faire* et dispose, après l'Empire allemand, d'une des législations sociales les plus avancées d'Europe. Néanmoins, celle-ci vise essentiellement à la protection des risques encourus dans une société industrielle, sans intégrer ni la question de la redistribution sociale ni la question du niveau de vie. On peut s'interroger sur les éventuels paradoxes qui se révèlent à l'observation des processus de transferts sociaux qui s'opèrent durant cette période : en identifiant si les Britanniques possèdent une volonté propre d'exporter leur modèle, s'ils le considèrent eux-mêmes comme un modèle européen, universel, ou non, ou si inversement dans certains domaines, ils cherchent à tirer profit de l'expertise de l'OIT pour construire leur programme social.

Enfin, le dernier axe de recherche concerne la place de la Grande-Bretagne dans le système international. L'OIT sert de cadre conceptuel afin de positionner le pays au centre de trois différents types de relations entretenues avec son Empire, l'Europe et les États-Unis. C'est-à-dire ses intérêts respectifs dans le monde, selon la formule des « trois cercles » énoncée postérieurement par Winston Churchill dans un discours prononcé en octobre 1948[36]. Ce discours churchillien a eu un retentissement important en Grande-Bretagne et a nourri le discours

36. Winston Churchill, « Speech at a Conservative Mass Meeting, Llandudno, 9 October 1948 », reproduit in Randolph S. Churchill (ed.), *Europe Unite-Speeches : 1947 and 1948 by Winston S. Churchill*, London, Cassell, 1950, pp. 417-18.

d'exceptionnalisme qui dirige sa politique étrangère[37]. À cet égard, le prisme de l'Organisation permet de questionner certaines données, en cernant les germes de cette politique dans l'entre-deux-guerres.

Dans le prolongement des travaux de Ludovic Tournès, Daniel Rodgers et Ian Tyrell, cet ouvrage remet en cause l'isolationnisme des États-Unis de l'entre-deux-guerres[38]. Mon analyse montre comment la Grande-Bretagne se sert précisément des organisations internationales de Genève pour faire participer les Américains aux affaires européennes pour ses propres intérêts. Ou inversement, on peut considérer que les Américains utilisent la Grande-Bretagne comme cheval de Troie pour se positionner politiquement et financièrement en Europe à travers ces organisations internationales.

L'OIT offre également l'opportunité d'interroger de manière différente les relations que la Grande-Bretagne entretient avec son Empire. En lieu et place de la traditionnelle analyse historique coloniale qui part de la métropole pour regarder les liens avec les différentes entités composant l'Empire, l'Organisation est l'occasion d'inverser la focale afin d'analyser les effets de la participation des Dominions et de l'Inde à ces organisations dans l'esprit des travaux entrepris par la *New Imperial History*[39]. La question impériale joue un rôle important dans les organisations internationales de l'entre-deux-guerres que ce soit à travers la question des mandats, la commission de l'esclavage ou celle sur le travail forcé. Mark Mazower affirme que la SDN a été conçue

37. Sur la question de l'exceptionnalisme britannique, William Wallace, « Foreign Policy and National Identity in the United Kingdom », *International Affairs*, vol. 67, n° 1, 1991, pp. 65-80.

38. Ian Tyrell, *Transnational nation, United States History in Global Perspective since 1789*, New York, Palgrave MacMillan, 2007 ; Daniel T. Rodgers, *Atlantic Crossings, Social Politics in a Progressive Age*, Cambridge (Mass.), The Belknap Press of Harvard University Press, 1998 ; Ludovic Tournès, *Les États-Unis et la Société des Nations (1914-1946), Le système international face à l'émergence d'une superpuissance*, Bern, Peter Lang, 2016.

39. Kathleen Wilson (ed.), *A new Imperial History, Culture, Identity and Modernity in Britain and the Empire 1660-1840*, Cambridge, Cambridge University Press, 2004.

comme un lieu de maintien des empires dans cette période[40]. Cette affirmation est-elle aussi valable pour l'Empire britannique à l'OIT ? Sachant que par ailleurs d'autres historiens suggèrent au contraire que ces nouvelles enceintes internationales sont des lieux d'affirmation de l'indépendance politique pour les Dominions et l'Inde[41]. Mon ouvrage montre comment ces deux affirmations *a priori* contradictoires se complètent, en développant d'une part la position des Dominions et de l'Inde à l'OIT qui se servent de cette enceinte pour obtenir plus de reconnaissance internationale, et, en analysant d'autre part, comment le gouvernement britannique utilise cette Organisation pour renforcer sa présence internationale et sa légitimité impériale.

L'analyse porte sur la période 1919-1946. Cette périodisation inclut l'entre-deux-guerres (1919-1939) qui constitue une notion historiographique largement utilisée pour analyser la période existante entre les deux guerres mondiales du 20e siècle. Si, de manière schématique, les années 1920 sont celles de l'enthousiasme envers l'OIT pour ses possibilités d'amélioration des conditions de la classe ouvrière internationale, les années 1930 sont celles du repli et de la réorientation des activités de l'Organisation, en raison de la crise économique mondiale. De plus, la coupure entre ces deux décennies recoupe presque exactement la durée des mandats d'Albert Thomas et d'Harold Butler, puisque Thomas dirige l'Organisation de 1919 à 1932 et Butler de 1932 à 1937. Or, les deux directeurs ont des manières bien différentes de gérer l'OIT et de peser sur ses travaux.

Au-delà de l'entre-deux-guerres, cet ouvrage poursuit l'analyse jusqu'en 1946 afin de couvrir la période de la Seconde Guerre mondiale, moment paroxystique de la relation entre les Britanniques et l'OIT tout autant qu'elle met fin à la domination de ce pays sur l'Organisation. Le sens des projets britanniques pour l'après-guerre, le

---

40. Mark Mazower, *No enchanted palace : the end of empire and the ideological origins of the United Nations*, Princeton, Princeton University Press, 2009.

41. Madeleine Herren, « Global corporatism after World War I, the Indian case », in Sandrine Kott, Joëlle Droux (ed.), *Universalizing social rights…*, *op. cit.* ; Daniel Gorman, *The Emergence of International Society in the 1920s*, Cambridge, Cambridge University Press, 2012.

rôle éventuel de William Beveridge et de son rapport publié en 1942, ainsi que l'imbrication de différentes idées sociales sont développées pour comprendre dans quelle direction les Britanniques souhaitent amarrer l'OIT, afin de dresser au final un bilan de leur action sur l'évolution de l'Organisation dans cette période d'incertitude. L'analyse s'arrête en 1946, date à laquelle l'OIT devient officiellement une institution spécialisée dans le système des Nations Unies, ouvrant une ère différente pour l'Organisation.

Première partie

Influences des Britanniques à l'OIT : acteurs et réseaux

Introduction

En accordant une large place aux acteurs et aux modalités de construction des normes sociales internationales, l'étude de l'OIT permet de saisir les processus de fabrication de l'expertise, par le biais de l'articulation entre les idées, leur contexte de formulation et leur mise en œuvre programmatique. Il convient d'éclairer les liens entre une nation et les différentes formes de sa projection dans une institution internationale. En effet, « travailler à partir de l'OIT invite à remettre en question la réduction classique de la nation à sa représentation gouvernementale et à réfléchir sur la diversité des ressources nationales mobilisées dans l'élaboration de normes internationales »[1]. Cette perspective s'applique pleinement à la Grande-Bretagne. En effet, l'existence de l'OIT a eu des répercussions sur la gestion des politiques sociales britanniques de l'entre-deux-guerres, ainsi que sur les acteurs chargés de ces politiques. Or, si la sphère d'action nationale des acteurs britanniques à l'origine des mesures sociales en Grande-Bretagne a été largement étudiée par l'historiographie, la sphère internationale d'action de ces acteurs est peu connue. Outre les acteurs ayant participé à la création de l'Organisation, quels sont les experts et fonctionnaires britanniques de celle-ci ? Dans quelle mesure ces derniers sont-ils, en sens inverse, les relais des programmes de l'OIT en Grande-Bretagne ?

1. Sandrine Kott, « Dynamiques de l'internationalisation…, *op. cit.*, p. 71.

La mise à plat à caractère systématique des profils des acteurs britanniques, sans préjuger de leur importance rétrospective, permet de questionner avec un regard neuf les pratiques sociales des Britanniques. Elle valorise le parcours individuel d'hommes et de femmes dont certains sont absents de l'historiographie nationale. Elle apporte également des éléments inédits sur les relations entre l'OIT et les Britanniques au cours de la période étudiée. Cette recherche révèle les rapports d'influence réciproque qui s'établissent entre une grande puissance et une organisation internationale. Ainsi se dévoile le tissage des réseaux, combinatoire d'acteurs, d'idées et de pratiques, qui fabriquent l'international à partir du national[2].

L'objectif visé n'était pas de procéder à l'étude à caractère sociologique d'un groupe spécifique en lien avec une institution, mais de cerner la part biographique constitutive des réseaux et les dynamiques à l'œuvre entre la dimension individuelle et la dimension collective, entre la sphère nationale et la sphère internationale. Ainsi, l'ensemble des circulations entre l'espace national et l'OIT se font jour. Cet acquis, en révélant la perméabilité des niveaux, national et international, nuance la compréhension d'une organisation internationale mise unilatéralement au service des intérêts politiques et économiques britanniques. Il a néanmoins fallu organiser la mise à plat systématique des profils des acteurs britanniques de l'OIT, en grand nombre au sein de l'Organisation pour la période qui nous occupe. Plusieurs critères ont semblé pouvoir répondre à cet objectif d'organisation du corpus, tout en limitant le risque d'une analyse à caractère téléologique du groupe d'acteurs ainsi établi. Le critère tout d'abord de la position hiérarchique au sein de l'OIT ; celui ensuite, de leur appartenance active à un courant politique ; celui enfin de la durée de l'engagement au sein de l'Organisation. L'objectif étant de documenter l'existence des Britanniques qui évoluent dans des cercles en lien avec l'OIT et valoriser leur travail, à Genève ou en Grande-Bretagne, afin de comprendre les relations entre le pays et l'Organisation. Il s'avère en effet que la politique gouvernementale

2. Le corpus d'une telle analyse est constitué par les archives du BIT qui conservent de nombreux dossiers personnels de fonctionnaires britanniques de l'Organisation.

britannique à l'égard de l'OIT connaît, durant la période étudiée, des changements d'orientation et peut sembler indécise. La mise en lumière des dynamiques d'échanges à partir des acteurs permet d'expliquer ces paradoxes et de comprendre les motivations de ces changements.

L'OIT constitue à la fois un lieu d'observation des processus de formulation et de réception, par effet retour, d'initiatives prises ailleurs. En effet, durant l'entre-deux-guerres, Genève est un carrefour où circulent et se rencontrent de nombreux acteurs internationaux qui sont amenés à travailler ensemble au sein de l'OIT. Le fait que cette Organisation soit tripartite et constitue un lieu de réunion entre représentants des organisations ouvrières, patronales et des gouvernements, permet d'identifier les différentes forces et courants en interaction, constitutifs des politiques internationales et de dépasser le caractère strictement gouvernemental de l'analyse. Les parcours des acteurs britanniques, antérieurement à leur intégration à l'OIT puis au sein de l'Organisation, sont autant d'éléments pris en considération afin de cerner les caractéristiques de ces réseaux et l'éventuelle cohérence propre à un groupe qui peut s'en dégager. Dans un premier temps, la catégorisation des acteurs britanniques, ainsi que des réseaux auxquels ils appartiennent, permet de mettre en lumière les groupes d'influence des acteurs britanniques à l'OIT. Dans un second temps, par l'étude des interventions des différents groupes d'acteurs britanniques, il est possible de comprendre les enjeux que l'Organisation rassemble à leurs yeux, leurs ambitions et leurs stratégies afin d'atteindre leurs objectifs.

En outre, l'étude des pratiques professionnelles des acteurs britanniques permet de distinguer plusieurs de leurs apports essentiels à l'Organisation, tels que le savoir-faire administratif, l'expertise technique et l'expérience en matière de législation sociale. Les Britanniques bénéficient d'une longue tradition d'administration civile avec ses règles et ses pratiques, ainsi que d'une expertise en matière de protection sociale. En effet, le développement de pratiques dans le monde industriel depuis le milieu du 19e siècle, telles que le contrôle dans les usines, la prévention des accidents au travail ou d'autres mesures de protection, constitue un champ d'expérience propre aux acteurs britanniques. La promulgation de législations en matière d'assurances sociales représente en outre un réservoir de savoir-faire national, qui peut être utilisé au plan international par le biais de l'OIT. L'étude menée sur les acteurs britanniques permet par conséquent de cerner ces transferts de compétence. Elle contribue aussi à faire apparaître les modes par lesquels les acteurs britanniques cherchent à exporter leurs méthodes de travail au sein des commissions de travail de l'OIT, s'ils tentent de privilégier le recours à leurs experts au sein des comités, ou s'ils préfèrent contribuer au développement de nouvelles pratiques internationales.

Durant ses premières années d'existence, la position de l'Organisation est très fragile. Le directeur, Albert Thomas, s'appuie par conséquent sur le concours des syndicats et des travaillistes pour soutenir l'action globale de l'OIT. Il s'engage personnellement dans cette stratégie et se rend régulièrement en Grande-Bretagne, afin de faire connaître les missions de son Organisation[3]. L'OIT a besoin de relais politiques et civils dans la société britannique afin que le travail international réalisé, en particulier les conventions internationales, soit véritablement suivi d'effets par le développement de politiques nationales. La ratification des conventions internationales par la Grande-Bretagne est en effet un sujet sensible, car nombre d'États suivent son exemple et conditionnent leur ratification à la décision britannique. Dans ce contexte, les réseaux de soutien de l'Organisation au sein des structures gouvernementales, ministérielles et parlementaires, et au sein de la société civile sont examinés. De fait, la Grande-Bretagne est le pays où le mouvement en faveur de la SDN est le plus actif et le plus important durant l'entre-deux-guerres. L'hypothèse qui en découle est de savoir si ce mouvement pacifiste en faveur du droit international trouve un prolongement dans le domaine du social par le soutien apporté au travail de l'OIT ; ou, en d'autres termes, si les motifs respectifs de soutien à la SDN et à l'OIT en Grande-Bretagne sont identiques.

3. Deux à trois voyages annuels en moyenne, Archives du Bureau international du travail (ABIT), CAB Albert Thomas, CAT 1-20 à 32.

Cette première partie s'organise en quatre chapitres. Le premier dresse un panorama des acteurs britanniques qui travaillent en lien avec l'OIT, à Genève et à Londres : fonctionnaires, experts, acteurs gouvernementaux, patronaux et syndicaux. La présentation des acteurs et des réseaux offre dans le deuxième chapitre la possibilité de mesurer les influences normatives entre l'OIT et la Grande-Bretagne. Le troisième chapitre développe un exemple de relation entre l'OIT et la société civile britannique, à travers la *League of Nations Union*, afin d'illustrer les pratiques qui existent en Grande-Bretagne pour relayer le travail de l'Organisation. Enfin, le quatrième chapitre analyse les positionnements des femmes britanniques sur la question de l'internationalisation des mesures de protection sociale de l'OIT.

Chapitre 1

Les acteurs et les réseaux britanniques

La Grande-Bretagne constitue le bailleur de fonds le plus important de l'OIT (jusqu'à l'adhésion des États-Unis en 1934). Elle contribue à hauteur de dix pour cent au budget total de l'OIT qui s'élève, pour la période allant du 1er novembre 1919 au 31 mars 1920, à 10'000 livres sterling[1]. Néanmoins, les Britanniques cherchent en permanence à réduire le budget de l'Organisation et leur participation financière constitue une arme politique pour orienter les travaux de l'Organisation. Les limitations financières, que le gouvernement britannique impose à celle-ci, se doublent d'une volonté d'influence dont les fonctionnaires britanniques nommés à l'OIT constituent le relais. Certes le directeur est français, mais le sous-directeur est britannique et dispose de soutiens nationaux. Les fonctionnaires du ministère de l'Intérieur anticipent le départ d'Albert Thomas et planifient déjà, en 1925, son remplacement par Harold Butler ou un autre ressortissant britannique[2].

Trois catégories professionnelles de Britanniques travaillent pour l'OIT dans l'entre-deux-guerres : les fonctionnaires internationaux, les experts et les délégués. Les premiers sont employés directement par l'Organisation ; les experts sont la plupart du temps choisis par les gouvernements pour participer aux travaux de commissions *ad*

1. ABIT, Compte rendu de la CIT de l'OIT, novembre 1919.

2. ANB, HO 45/20069, Action of International Labour conference in relation to H.O. subjects.

hoc ; les délégués désignent les représentants du gouvernement, de la Confédération des employeurs et du *Trade Union Congress (TUC)* aux travaux du conseil d'administration et de la conférence internationale du travail. Chacune de ces catégories a une légitimité différente et contribue à sa manière à la fabrique de l'international.

1. Les fonctionnaires internationaux du BIT

Arthur Salter (1881-1975), fonctionnaire britannique à la SDN jusqu'en 1930, livre dans ses mémoires le témoignage suivant :

> « À la conférence de Cannes en 1921, Robert Horne, alors ministre des Finances, me dit que Lloyd George souhaite que je devienne le Secrétaire général de la prochaine conférence de Gênes qu'il planifiait. J'ai demandé du temps pour considérer cette demande et consulter la Commission des réparations dont j'étais fonctionnaire. Horne me répondit : "Je ne pense pas que vous vous rendez compte que je parle pour le Premier ministre, qui peut sûrement donner un ordre à un fonctionnaire britannique". Je lui dis que j'étais un fonctionnaire international, et non national, et donc pas sous les ordres du Premier ministre. "Que diable est-ce un fonctionnaire international ?" dit Horne. "Il est à la fois britannique et non-britannique ? C'est un hermaphrodite ?" »[3].

Cette anecdote met en exergue la question des conflits de loyauté qui se pose pour les fonctionnaires internationaux lors de l'émergence des organisations internationales. La nature de la relation entre le gouvernement britannique et les fonctionnaires de nationalité britannique en poste à l'OIT est parfois ambiguë, alors que le caractère indépendant et international de cette fonction est souligné dans la

3. Sir Arthur Salter, *Memoirs of a Public Servant*, London, Faber and Faber, 1961, traduction de l'auteure.

constitution de l'OIT[4]. Il s'agit d'une déclaration de loyauté envers l'Organisation que tout fonctionnaire s'engage, lors de sa prise de fonction, à respecter.

À l'OIT, le recrutement des fonctionnaires britanniques atteint trente pour cent du personnel en 1919-1920, ce qui représente une trentaine de Britanniques engagés en 1920, ces derniers se partageant les postes clefs avec les Français[5]. La nomination d'Albert Thomas comme directeur de l'OIT s'est faite sur le compromis d'offrir le poste de directeur adjoint à Harold Butler. Ce dernier est en charge de la section administrative de l'Organisation et à ce titre il supervise l'engagement du personnel. Pour ce faire, il mobilise ses relations au sein des ministères du Travail et de l'Intérieur. L'engagement de Britanniques avec un niveau élevé de compétence se révèle néanmoins difficile pour des raisons financières : les salaires genevois sont moins attractifs que les salaires britanniques au sein de la fonction publique.

Les premiers fonctionnaires britanniques engagés à l'OIT et qui occupent les fonctions les plus élevées hiérarchiquement ont des points communs : il s'agit soit d'anciens syndicalistes recrutés par les relations d'Albert Thomas, soit de personnes qui travaillent pour la branche britannique de l'Association internationale pour la protection des travailleurs (AIPLT), soit de fonctionnaires britanniques, ou enfin de professeurs issus de la *London School of Economics and Political Science* (LSE). Lors de la nomination des fonctionnaires, le gouvernement britannique maintient la représentation des différents groupes politiques et idéologiques (réformistes, travaillistes et syndicalistes) qui ont œuvré à la création de l'OIT. Il s'assure ainsi d'une légitimité nationale au sein de la nouvelle organisation internationale. Tous les

---

4. « Les fonctions du Directeur général et du personnel auront un caractère exclusivement international. Dans l'accomplissement de leurs devoirs, le Directeur général et le personnel ne solliciteront ni n'accepteront d'instructions d'aucun gouvernement ni d'aucune autorité extérieure à l'Organisation. », article 9 de la Constitution de l'OIT.

5. Véronique Plata, *Le recrutement des fonctionnaires du Bureau international du travail en 1920 : une approche prosopographique*, Mémoire de Master, Université de Genève, 2010.

fonctionnaires recrutés ont par ailleurs fait des études supérieures, mis à part les syndicalistes, comme Sydney Parlett, ou le journaliste Joseph Herbert. La majorité de ces fonctionnaires a suivi un cursus universitaire à *Oxbridge*. La *LSE* est également très présente dans les cercles de l'OIT[6]. Cette université, fondée en 1895 par les époux Béatrice et Sidney Webb afin de développer l'enseignement et la recherche en sciences sociales, concurrence *Oxbridge* dans la formation des élites. L'internationalisme, la recherche, le soutien des *Fabiens* ainsi que l'adhésion de la *LSE* aux idées des milieux réformistes, concourent au développement d'une collaboration active entre cette université et l'OIT et la *LSE* constitue un réservoir de cadres pour l'administration du BIT.

Issus des mêmes écoles, les premiers fonctionnaires britanniques de l'OIT engagés en 1920 appartiennent à la même génération. Ils sont âgés d'une trentaine d'années, voire d'une vingtaine pour certains comme Millward Burge, qui dirige le bureau de Londres à partir de 1924, ou Sydney Parlett, qui est responsable des relations avec les organisations ouvrières. Cette seconde caractéristique n'est cependant pas spécifique des fonctionnaires britanniques. Elle est plutôt caractéristique de la naissance du système international qui motive l'engagement de jeunes diplômés et non les fonctionnaires de carrière des organismes nationaux. Ce n'est pas sans conséquence sur les relations entre le gouvernement et les fonctionnaires britanniques à l'OIT. Ainsi que la rencontre entre Arthur Salter et Robert Horne l'a illustré au début de ce chapitre, le gouvernement britannique attend des fonctionnaires une forme de loyalisme, contraire au statut d'indépendance des fonctionnaires internationaux. La relation entre Harold Butler et le gouvernement britannique permet de mieux saisir cette réalité.

La carrière d'Harold Butler (1883-1951) est emblématique de celles des fonctionnaires britanniques qui passent d'un travail dans un ministère national à une carrière internationale à l'OIT. Butler représente le relais le plus important entre le gouvernement britannique

6. Marie Scot, *La London School of Economics and Political Science*, Paris, Presses universitaires de France, 2011.

et l'OIT en raison des fonctions qu'il y occupe : sous-directeur puis directeur[7]. Né en 1883, au sein d'une famille aisée et érudite (son père est professeur et spécialiste de la langue copte), Harold Butler étudie à Eton, puis à Oxford. Il intègre la fonction publique britannique où il espère rejoindre le ministère des Affaires étrangères, mais il est assigné au ministère de l'Intérieur en 1908, puis du Travail en 1916. Lorsqu'il rejoint l'OIT, ses relations avec les réseaux socialistes et syndicalistes se multiplient, néanmoins politiquement il reste toujours un libéral, profondément convaincu des valeurs de l'internationalisme pour parvenir à la paix sociale. En 1919, à trente-six ans (Albert Thomas en a quarante-et-un), il devient sous-directeur de l'OIT. Sa nouvelle position lui confère un statut qui l'amène à dialoguer directement avec les ministres et les hommes d'État britanniques, qu'il critique parfois avec véhémence. Il déplore en particulier l'ignorance dont font preuve certains dirigeants britanniques à l'égard des missions de l'Organisation. Néanmoins, sa position à l'intérieur de cette dernière est dépendante du bon vouloir du gouvernement britannique, Butler ne peut donc s'affranchir totalement de sa tutelle et risquer une politique qui déplairait trop au gouvernement en place. En outre, sa position hiérarchique élevée l'expose au jeu des influences et des interférences britanniques dans les missions de l'OIT. Le financement de celle-ci dépend largement de la contribution britannique et, chaque année, Butler discute du budget de l'Organisation avec les autorités anglaises afin de l'avaliser avant de le proposer au conseil d'administration de l'OIT. C'est donc en Grande-Bretagne que les décisions budgétaires initiales sont prises, et le conseil d'administration de l'OIT ne fait qu'entériner des chiffres déjà acceptés par le plus important bailleur de fonds de l'Organisation. De plus, Butler est en contact avec les membres britanniques gouvernementaux du conseil

7. Seules trois sources d'information biographiques relativement limitées existent sur Butler : l'une dans l'*Oxford Dictionary of National Biography*, une seconde dans le *Biographical dictionary of internationalists*, enfin une notice dans le dictionnaire biographique des directeurs généraux des organisations internationales de Bob Reinalda, *The Biographical Dictionary of Secretaries-General of International Organizations* (www.ru.nl/fm/iobio). Le portrait que l'on peut dresser de Butler se complète de l'étude des archives du BIT, de sa correspondance privée, de son autobiographie et du travail de l'historien Rodney Lowe.

d'administration qu'il consulte régulièrement. Ainsi qu'il l'écrit lui-même, Butler estime cette relation normale, voire nécessaire[8]. En effet, comme les consultations régulières qu'Albert Thomas entretient avec son gouvernement, cette manière d'agir tend à démontrer que, bien qu'étant convaincus de l'indépendance de leur fonction, ces fonctionnaires considèrent que leur position nationale antérieure constitue un atout, propice au dialogue, dans leurs missions au service de l'organisation internationale.

Par ailleurs, comme le système des organisations internationales est en 1919 un phénomène nouveau, les règles de fonctionnement de l'OIT et de la SDN doivent être inventées. Un transfert d'expérience et de pratiques s'effectue par l'intermédiaire des fonctionnaires issus des administrations nationales. Britanniques et Français, qui dominent ces administrations, puisent naturellement dans leurs pratiques nationales. Ce sont des Britanniques qui sont chargés de la mise en place des administrations au sein des organisations internationales (Harold Butler à l'OIT et Sir Eric Drummond à la SDN), ce qui entraîne une prévalence des méthodes britanniques de travail qui servent de référence. À plusieurs reprises, Butler demande à des anciens collègues du ministère du Travail, ou de l'Intérieur, des copies des règlements pour mettre en place les règles administratives et financières de l'OIT. Il essaie au mieux de résister aux tendances centralisatrices des Français pour créer un système décentralisé, selon la méthode britannique pratiquée dans les ministères. Si nombre des pratiques du *civil service* britannique, surtout les règlements financiers, sont adoptées comme méthodes de travail pour la nouvelle administration internationale, elles ne le sont pas sans mal et l'OIT est finalement régie par un mélange franco-britannique de règles administratives.

Une évolution sensible dans les relations entre le gouvernement britannique et Butler est perceptible entre la période où il est sous-directeur (1919-1932) et celle où il devient directeur (1932-1937). Pendant les années 1920, durant le mandat d'Albert Thomas, Butler suit la politique des gouvernements britanniques et les directives du ministre du Travail. Butler est en effet en contact journalier avec

8. ABIT, Cabinet files, CAT 7-141, Lettre de Butler à Bondfield du 19 février 1924.

le ministère du Travail britannique pour tout ce qui concerne le traitement des informations que produit l'OIT et dont le ministère souhaite obtenir copie. Il est également l'interlocuteur privilégié du comité ministériel interdépartemental[9], qui se réunit environ deux fois par mois en Grande-Bretagne, pour centraliser le travail effectué avec l'OIT, décider des grandes lignes politiques à suivre, et énoncer les sujets estimés pertinents pour la rédaction d'une nouvelle convention. Les membres de ce comité utilisent Butler comme relais pour tenter de concrétiser leurs politiques en l'invitant à exercer une pression sur ses interlocuteurs au sein de l'Organisation à Genève. La dépendance de Butler à l'égard de l'avis de l'administration britannique est évidente, lorsqu'il s'agit de choisir des experts britanniques pour les différentes commissions mises en place, pendant cette période, pour assister l'OIT dans ses travaux. Butler s'incline devant les propositions du gouvernement, comme par exemple dans le cas du choix des experts en silicose pour la conférence de Johannesburg en 1930[10].

La relation de Butler avec les autorités britanniques change quand il devient directeur de l'Organisation en 1932. C'est pendant la 59e session du conseil d'administration de l'OIT, en juillet 1932, que se joue la succession d'Albert Thomas. Aux termes de l'article 8 de la constitution de l'OIT, c'est au conseil d'administration qu'appartient la décision de nommer le nouveau directeur. Or, Butler est l'unique candidat, soutenu activement par son gouvernement. Il obtient également le soutien d'autres gouvernements (France, Italie, Allemagne, Japon et Pologne), ainsi que celui du groupe des employeurs ; en revanche le groupe ouvrier est aussi circonspect à son égard qu'en 1919. Sans le critiquer explicitement, Léon Jouhaux souhaite que la nomination soit ajournée jusqu'au prochain Conseil, afin que le groupe ouvrier puisse proposer un autre candidat. Cette proposition est rejetée par les membres du Conseil, au cours d'une séance privée, et, Butler est finalement élu avec 21 voix et 3 abstentions.

---

9. Le comité interdépartemental est un organe interministériel mis en place par le gouvernement dès 1920 afin de coordonner la politique entre les différents ministères britanniques sur les sujets de l'OIT.

10. ABIT, Cabinet Files, XR 25/1/11 Correspondance d'Harold Butler avec Sir Malcolm Delevingne.

Le vote du Conseil a consolidé la position de Butler, bien qu'élu sans l'appui du groupe ouvrier, sa nomination a été activement soutenue par plusieurs gouvernements et il est désormais affranchi de l'autorité de Thomas. Pendant les six années passées à la tête du BIT, Butler tente de donner une nouvelle orientation à l'Organisation en dépit de la crise économique mondiale. Les deux caractéristiques principales de son mandat sont une réorientation des travaux de l'OIT vers une approche plus économique que sociale, ainsi qu'un rapprochement avec les États-Unis, dont il obtient l'adhésion en 1934.

Durant l'entre-deux-guerres, Butler fait de nombreuses conférences, organisées par la *LNU* en Grande-Bretagne, qui participent d'un effort général de propagande afin de faire connaître l'action de l'OIT au public britannique ainsi qu'il se rend à des réunions syndicales. Ces différentes enceintes sont autant d'occasions de rencontrer et nouer des liens avec des personnalités britanniques. En dépit des opportunités que sa position lui offre, Butler reste loyal au *civil service* et, contrairement à Albert Thomas, il ne s'engage pas en politique. Sa relation avec le monde syndical est beaucoup plus ténue que celle qu'entretient son directeur. Butler correspond certes régulièrement avec les principaux dirigeants des syndicats britanniques et notamment le délégué syndical britannique à la conférence internationale du travail Edward Poulton (1865-1937). Cependant, c'est Thomas qui de manière globale nourrit les relations avec les syndicats britanniques et Edward Phelan qui prend le relais à son décès en 1932. On constate en effet une tendance des syndicats britanniques à utiliser Butler uniquement comme un centre de renseignements sur ce qui se passe à l'étranger. Butler n'a pas d'expérience du monde syndical comme Thomas. Cette réalité affaiblit sa position non seulement au sein de l'OIT, mais également dans ses rapports avec le gouvernement britannique qui, en cas de conflit social, ne peut tirer avantage de ses relations avec les syndicats britanniques pour l'utiliser comme intermédiaire par exemple.

Bien qu'il ait été élu en 1932 pour un mandat de dix ans, Harold Butler annonce sa démission du poste de directeur au conseil d'administration de l'OIT en avril 1938. La raison invoquée, et entretenue dans l'histoire officielle de l'Organisation, est qu'il souhaite se retirer de l'OIT pour occuper le poste de doyen du *Nuffield College* à Oxford. La vraie raison de sa démission est à chercher du côté des manœuvres politiques en vue du renouvellement du poste de directeur du bureau de l'OIT à Paris, à la suite du décès de Fernand Maurette. En effet, le chef du service de la presse et de l'information de l'OIT, le Français Marius Viple est soutenu par son gouvernement pour succéder à Maurette. Ce n'est cependant pas le choix de Butler qui entretient de mauvaises relations avec Viple. Butler aurait alors choisi de démissionner afin d'éviter un conflit avec le gouvernement français[11]. D'autres sources soulignent que Butler choisit de quitter l'OIT afin de faciliter une candidature américaine et ainsi d'aider l'Organisation, dans le contexte de la crise économique, à opérer une réorientation géographique du champ de ses activités[12].

Le parcours de Butler caractérise certains aspects communs aux fonctionnaires britanniques, il est toutefois unique en raison de sa position hiérarchique dans l'Organisation. Le parcours d'Harold Atheling Grimshaw (1880-1929) à l'OIT montre d'autres facettes de la relation qu'un fonctionnaire international d'origine britannique peut entretenir avec son pays. Contrairement à la carrière administrative de Butler, celle de Grimshaw témoigne de l'expertise britannique apportée à l'OIT. Grimshaw est en effet emblématique de ces intellectuels internationalistes qui s'engagent par conviction dans le système international émergent dans l'entre-deux-guerres. Ces carrières à l'international leur permettent d'acquérir une expérience qui les sert pour influer sur les cercles nationaux qui décident de la politique étrangère de leur pays[13]. Né en 1880, Grimshaw enseigne

11. Ivan M. C. S. Elsmark, *The resignation of Harold B. Butler*, Geneva, ILO, 2000 ; Bob Reinalda (ed.), *The Biographical Dictionary of Secretaries-General of International Organizations*, (www.ru.nl/fm/iobio).

12. Stephen Hughes, Nigel Haworth, « A shift in the centre of Gravity : the ILO under Butler and John G. Winant », in Jasmien van Daele, (eds), *ILO Histories..., op. cit.*

13. Les informations sur Harold Grimshaw sont tirées de sa correspondance privée, de son activité au sein de la commission sur le travail indigène, et de son dossier personnel : ABIT, London Branch Office, Memoir of Harold Grimshaw, *The Opener of the Road : Letters of a League of Nations Official 1920-1929* ; série N206 - travail indigène ; dossier personnel P131.

l'histoire économique à la *LSE* et postule à l'OIT où Butler l'engage en 1920, en dépit de la recommandation quelque peu perfide de Beveridge qui dirige alors la *LSE* :

> « Grimshaw est certainement un homme de qualité et un professeur de valeur que je serais extrêmement désolé de perdre, mais s'il est un bon administrateur je ne peux pas le dire, puisqu'autant que je sache il n'a aucune expérience en la matière »[14].

Grimshaw est nommé à la division diplomatique pour laquelle il fait de fréquentes missions en Europe afin de développer la visibilité de l'Organisation. Puis, en suivant le travail de la commission des mandats de la SDN et en chapeautant les travaux de l'OIT sur le travail forcé, il se forge au fil des années une solide réputation en matière de travail indigène[15]. À la fin des années 1920, Grimshaw devient un expert du sujet reconnu internationalement, aussi bien par le système OIT-SDN que par des acteurs extérieurs, des organisations britanniques ou internationales de lutte contre l'esclavage qui l'invitent à des conférences et souhaitent lui conférer des titres honorifiques. Albert Thomas, conscient du travail qu'il a accompli, lui rend un éloge posthume éloquent :

> « Nul peut-être au point de vue international ne connaissait comme lui les problèmes de protection des indigènes. Son autorité était reconnue même par les gouverneurs les plus illustres des colonies britanniques et françaises. Il était aussi plus capable que quiconque de faire comprendre à tous les milieux d'affaires la nécessité de notre grande œuvre de défense des indigènes »[16].

14. ABIT, P131, Lettre de Beveridge à Butler du 29 mars 1920.

15. L'OIT emploie l'expression *travail indigène* comme un terme commode pour signifier le travail de personnes qui ne sont pas encore jugées capables de prendre une part effective à l'administration, ni d'agir directement sur la législation du pays dans lequel elles vivent et qui, en conséquence, lorsqu'elles travaillent au service d'autres personnes, exécutent ce travail dans des conditions sur lesquelles elles n'ont aucun contrôle, et sans avoir un moyen direct de se faire entendre pour en fixer les modalités.

16. ABIT, N206/1/25/12, Correspondance with L.H. Green, Flour Milling Employers' Federation, Lettre de Thomas à Green du 9 novembre 1929.

Si Butler apporte l'expertise de l'administration britannique à l'OIT, Grimshaw fait lui circuler les idées libérales britanniques professées au sein de la *LSE* dans l'entre-deux-guerres. Il est en effet proche des *Fabiens* et des milieux de la *LSE* et s'inscrit dans les réseaux libéraux-travaillistes[17]. Sa position à l'égard du gouvernement britannique et du *Colonial Office* se révèle toutefois prudente ; officiellement il entretient une excellente relation avec Lord Lugard (1858-1945), administrateur colonial et membre de la commission des mandats de la SDN, puis de la commission sur le travail indigène de l'OIT. Il est consulté par le gouvernement britannique ainsi que par le *Colonial Office,* qui le mandate en 1926 pour effectuer différents voyages en Palestine et en Afrique de l'Est. Ces missions contribuent à renforcer son autorité dans le domaine. Il n'en reste pas moins critique envers la politique coloniale. Sa position à l'OIT lui permet de participer aux travaux de différents comités nationaux anti-esclavage, comme ceux de la *British and Foreign Anti-Slavery Society,* et de dénoncer les abus dans les colonies françaises et portugaises. Mais Grishaw ne rejette pas en bloc tout le système impérial britannique auquel il trouve des avantages économiques et des qualités administratives : il loue beaucoup la supériorité des administrateurs coloniaux britanniques sur leurs collègues français et portugais. Son attitude modérée convient aux autorités britanniques qui apprécient son expertise acquise au sein de la SDN et de l'OIT en matière de gestion coloniale. En effet, c'est sous la direction de Grimshaw qu'une commission d'experts de l'OIT travaille pour aboutir en 1930 à la Convention n° 29 sur le travail forcé. Cet acquis international motive le *Colonial Office* à créer en 1931 un *Colonial Labour Committee,* dont la fonction est de conseiller le ministère sur les questions de travail affectant les colonies.

Une dernière catégorie d'acteurs britanniques, les syndicats, fournit dès 1919 des fonctionnaires à l'OIT. Albert Thomas recrute facilement grâce aux nombreuses amitiés et relations qu'il a nouées dans les milieux socialistes et syndicalistes avant la guerre. En 1922,

17. Le courant lib-lab (*Liberal-Labour*) renvoie à une pratique, remontant à la fin du 19e siècle, d'associations libérales qui, au niveau local, soutiennent des candidats financés par les syndicats, permettant ainsi à des candidats de représenter la classe ouvrière au Parlement.

il engage Sydney Parlett (1893-1943) à l'âge de vingt-neuf ans pour travailler à la division diplomatique, au service des relations avec les organisations ouvrières. Parlett maîtrise plusieurs langues (allemand, hollandais et français), il est membre de l'IFTU, et avant de rentrer au BIT, il est employé comme traducteur par la Fédération dans ses bureaux de Berlin et d'Amsterdam, puis comme assistant du secrétaire de la fédération nationale des transports britanniques, Ben Tillett. Son dossier personnel à l'OIT comporte de nombreuses lettres de recommandation et fort de ce soutien syndical anglais et international, Parlett travaille jusqu'en 1943 à l'OIT. Ses compétences et ses relations sont utilisées par Thomas, puis Butler, pour renforcer les relations avec les organisations et les chefs syndicaux en Angleterre, où il assiste à la plupart des réunions annuelles du parti travailliste et du *TUC*, mais également en Australie, aux États-Unis et en Afrique du Sud. Il sert donc de relais entre les intérêts de l'OIT et le monde syndical anglophone.

Ces trois portraits sont emblématiques des principaux milieux britanniques qui travaillent avec l'OIT et lui fournissent du personnel : le service public britannique, la *LSE* et les syndicats. Cette pluralité des origines des fonctionnaires britanniques est spécifique à l'OIT et est liée à son tripartisme. L'OIT se distingue ainsi de la SDN. En effet, les premiers fonctionnaires britanniques engagés à la SDN, en 1919-1920, proviennent tous du service public ou ont travaillé dans des commissions interalliées pendant la Première Guerre mondiale[18]. Cette différence s'explique par la nature différente des deux organisations et le poids particulier que jouent les syndicats à l'OIT. Cette présence syndicale réduit de fait la mainmise des gouvernements britanniques sur l'Organisation.

Les parcours de ces Britanniques à l'OIT nous renseignent sur plusieurs points. Premièrement, les fonctionnaires britanniques engagés ne sont jamais des hommes isolés : ils proviennent de réseaux très spécifiques qui peuvent servir de soutien pour le travail du

18. ASDN, Dossiers personnels Britanniques Série S, 1919-1920 : Dame Rachel Eleanor Crowdy, James Arthur Salter, Franck Paul Walters, Philip John Noel-Baker, George Herbert Mair, Alexander Loveday, Franck Horsfall Nixon.

fonctionnaire, mais également représenter un frein si ce dernier doit respecter les consignes de ceux qui l'ont mis en place. Ainsi Butler compte de nombreux soutiens au sein du *civil service* britannique. Cependant, il est comptable auprès du gouvernement britannique de la ligne que suit l'Organisation. Or, les gouvernements conservateurs sont très critiques de l'action d'Albert Thomas dans les années 1920, ce qui met souvent Butler dans une position délicate. L'attitude critique du gouvernement britannique envers l'OIT se base sur des motifs financiers et de compétences de cette dernière :

> « Le meilleur résumé de l'opinion critique du gouvernement est que la Société des Nations en fait trop peu et que le Bureau international du travail en fait beaucoup trop. Dans les cercles gouvernementaux, la SDN est appelée la ligue de la stagnation. Votre bureau ne risque pas d'encourir le même reproche. Bien au contraire, comme je l'ai déjà suggéré, *Whitehall* semble penser que votre bureau est hyperactif. (...) C'est la raison pour laquelle, je crois, le gouvernement britannique cherche par différents moyens à entraver les actions de votre bureau. L'avis répandu du gouvernement est qu'il doit résister à quoi que ce soit qui ressemble à une dissipation des énergies et des ressources financières de la part d'une organisation qui tire un quart de ses fonds de l'Empire britannique »[19].

Deuxièmement, si la position hiérarchiquement élevée de Butler l'expose aux pressions politiques de son gouvernement qui tente de contrôler les activités de l'OIT, la plupart des autres fonctionnaires travaillent en relative indépendance vis-à-vis du gouvernement britannique, afin de mettre en œuvre des projets internationaux auxquels ils sont profondément attachés. Dans cette tâche, ils sont aidés par les fonctionnaires du bureau anglais de l'OIT.

---

19. ABIT, London Office, C302/0, Confidential correspondence between the London correspondent and Albert Thomas.

2. Les fonctionnaires du bureau de Londres

La décision de l'OIT de créer en 1919 des bureaux nationaux de correspondances répond à une nécessité. Ces bureaux sont essentiellement conçus comme des relais de l'action de l'OIT dans certains pays, afin de faciliter son travail, à une époque où les voyages et les transmissions sont lents. Les bureaux qui sont mis en place dès le début dans les grandes capitales européennes ainsi qu'à Washington, Tokyo et Delhi constituent donc des lieux privilégiés pour analyser les relations entre les fonctionnaires internationaux et les gouvernements. Ainsi, contrairement à l'Allemagne, où le bureau régional de Berlin est une antenne infiltrée par le ministère du Travail allemand, le bureau régional de Londres sert en priorité les intérêts de l'Organisation et de son directeur Albert Thomas. Il est central pour l'activité de l'OIT à plus d'un titre. Londres constitue un pôle financier, c'est la capitale du premier bailleur de fonds de l'Organisation et sur le plan politique c'est un centre névralgique : plateforme d'échanges entre les milieux pacifistes et internationalistes pendant l'entre-deux-guerres, les gouvernements en exil en lutte contre le nazisme s'y retrouvent ensuite pendant la Seconde Guerre mondiale.

Le bureau de Londres développe plusieurs activités : la première, c'est le compte rendu au BIT de la vie politique britannique. Sa seconde fonction est relationnelle : il assure la liaison entre le BIT et les acteurs britanniques concernés par les questions du travail (gouvernement, ministères, parlement, syndicats et associations patronales). Le bureau mène également des campagnes d'informations, afin de faire connaître l'OIT et s'assurer que ses objectifs sont compris. Enfin, il se charge de différentes tâches administratives comme celle de s'occuper des fonctionnaires en mission en Grande-Bretagne, l'envoi de courrier et la distribution de rapports et publications. Toutes ces activités sont menées par une équipe de six à sept personnes : un directeur et un sous-directeur entourés de commis et secrétaires[20]. En 1920, Albert

20. ABIT, C302/029, Statement of activities during the year 1925 ; C002-0, Mr. Gallone's Report on the activity of the nation correspondents offices.

Thomas choisit Joseph Herbert (1885-1955), un journaliste du *Times* spécialisé dans les questions du travail, pour diriger le bureau de Londres. Il apprécie le fait qu'il parle français et le choisit pour ses compétences journalistiques. En effet, les premières années qui suivent la création de l'Organisation, la presse britannique est assez hostile envers l'OIT et son directeur, il importe donc à Albert Thomas de corriger cette image. Le bureau de Londres est ainsi mobilisé, au début des années 1920, pour des tâches de prosélytisme et de relations publiques qu'accomplit Herbert selon les conditions que lui impose le directeur de l'OIT. Ce dernier l'emmène avec lui lors de son premier voyage aux États-Unis pour le sensibiliser aux objectifs qu'il souhaite assigner à l'Organisation[21]. En 1924, Herbert est transféré à Genève à la division éditoriale et est remplacé par Milward Rodon Kennedy Burge (1894-1968). Les raisons de ce transfert sont circonstancielles, l'épouse de Burge décède soudainement et ce dernier souhaite revenir vivre à Londres, faveur que lui accorde Thomas. Mais ce transfert correspond également à une réorientation des activités du bureau de Londres. En effet, en 1924, le conseil d'administration de l'OIT réduit de manière drastique le budget du bureau de Londres et demande une modification de ses activités : désormais la fonction de liaison du bureau est privilégiée et les relations avec la presse ne sont plus qu'une tâche parmi d'autres. Le personnel est également réduit. Alors qu'Herbert était entouré de deux assistants, Burge ne dispose plus que de Clifton Robbins, avocat de formation et journaliste au *Daily Mail*.

Milward Burge a étudié à Oxford, puis a servi dans l'armée pendant la Première Guerre mondiale avant d'entrer dans le service public et de travailler pour différents ministères (ministère de la Guerre, de l'Approvisionnement, des Finances). Sa formation et son expérience administrative le rapprochent de Butler qui l'engage dès 1920 et l'emploie comme secrétaire particulier. Il quitte Genève en 1924 pour diriger le bureau de Londres jusqu'en 1945. Sa longévité à la tête de ce bureau le rend incontournable pour l'analyse des relations entre les Britanniques et l'OIT. Or si en 1919, Burge peut être perçu comme un

21. ABIT, dossier personnel Joseph Edward Herbert, P313.

proche de Butler car il travaille dans son Cabinet, au fil du temps, il se rapproche plutôt de Thomas et Phelan[22].

Burge poursuit les campagnes d'information sur l'OIT initiées par Herbert, à travers des articles pour la presse, des conférences, et la publication de pamphlets[23]. Il développe des relations personnalisées avec les acteurs intéressés par les activités de l'OIT, comme les membres de la *LNU*, des politiciens, des administrateurs et surtout des syndicalistes. Il est associé à toutes les activités qui ont un lien avec l'OIT en Grande-Bretagne : il est invité comme observateur aux réunions nationales syndicales, devient membre du comité industriel de la *LNU* et assiste à titre d'observateur à certaines réunions du ministère du Travail. Il évite néanmoins d'être associé à une tendance gouvernementale afin de servir au mieux l'OIT.

Burge noue des relations avec les trois partenaires de l'Organisation (gouvernement, employeurs et travailleurs) et cet équilibre lui permet d'être reconnu par tous comme un interlocuteur de valeur, même si en réalité sa sensibilité personnelle va plutôt à la défense des intérêts des travailleurs. Cette parfaite connaissance des affaires de l'OIT et des acteurs britanniques, qui la soutiennent en Grande-Bretagne, font de Burge un passeur entre la scène britannique et l'international. En effet, au début des années 1920, il est essentiel pour Albert Thomas de savoir ce que les hommes politiques pensent de son Organisation, et également de connaître les projets des dirigeants des syndicats. Burge facilite la circulation des informations nationales vers l'OIT et sert d'entregent entre le directeur de cette dernière et les acteurs britanniques. Sa connaissance des dossiers l'amène ensuite à jouer un rôle clef pendant la Seconde Guerre mondiale : en effet, alors que l'OIT est transférée avec un personnel réduit à Montréal et que de nombreux gouvernements alliés de la Grande-Bretagne se trouvent en

22. ABIT, C300-C302 Création du bureau de Londres, CAT 5-64-3, Cabinet Albert Thomas, Correspondance avec le bureau de Londres.

23. Milward Burge est un fonctionnaire international doté d'imagination et d'excellentes capacités d'écriture, puisqu'il rédige également de nombreux romans d'espionnage sous différents pseudonymes, dont le plus courant est Milward Kennedy. Je remercie Remo Becci du BIT d'avoir attiré mon attention sur ce fait.

exil à Londres, le bureau de Londres prend une importance stratégique de relais des gouvernements en exil vers l'OIT. En outre, pendant cette période, grâce à son expérience et ses relations, Burge peut poursuivre les activités de l'OIT en Grande-Bretagne, même si les instructions mettent souvent plusieurs mois à lui parvenir.

Ainsi, le bureau de Londres développe des compétences et des activités qui sont mises en priorité au service des intérêts de l'OIT. Un flux constant d'informations circule de Londres vers Genève. C'est un bureau vivant qui permet à Albert Thomas, surtout dans les années 1920, de se rapprocher des hommes politiques et des internationalistes britanniques. S'il ne semble pas exister de tentatives de la part du gouvernement britannique d'influer sur les missions du bureau, la longévité de la carrière de Burge à la tête du bureau témoigne néanmoins d'une personnalisation de la conduite des affaires de celui-ci.

3. Les acteurs gouvernementaux

L'émergence au fil de l'entre-deux-guerres d'une véritable éthique internationale engendre une certaine incompréhension entre les réseaux nationaux et le milieu internationaliste : les acteurs britanniques à Genève sont extrêmement critiques envers leurs collègues de Londres et leur reprochent une méconnaissance des dossiers. En 1921, Butler relate à Thomas le déroulement d'une réunion à Londres sur la question des huit heures au cours de laquelle les dirigeants britanniques ont fait preuve d'une méconnaissance de l'OIT, Chamberlain ne sachant même pas citer correctement le nom de l'Organisation[24]. Inversement, les acteurs de Londres qui ne s'occupent pas seulement de l'OIT, mais aussi des questions sociales nationales, estiment que les acteurs de Genève sont trop inféodés aux

24. ABIT, Cabinet Butler, Lettre de Butler du 13 juillet 1921.

lignes politiques de l'Organisation[25]. Ces rivalités témoignent des difficultés pour les Britanniques de mener une politique internationale qui se distingue de leurs propres pratiques impériales. L'analyse qui suit identifie ces acteurs gouvernementaux afin de qualifier la politique menée par cette nation et certifier que la politique britannique à l'OIT est une politique conservatrice de défense de ses intérêts (économiques, sociaux et impériaux) et non une politique audacieuse, qui utilise ce forum international pour faire écho à ses propres préoccupations sociales.

Le gouvernement, les syndicats et les associations d'employeurs britanniques ont chacun des représentants au sein des deux principaux organes de l'OIT : la conférence internationale du travail qui se réunit une fois par an avec tous les États membres, et le conseil d'administration qui se réunit deux fois par an. Le conseil est l'organe exécutif de l'OIT, il décide de la politique du BIT, de l'agenda de la conférence et adopte le programme et le budget de l'OIT avant de les soumettre à la conférence. Il se compose, en 1919, respectivement de douze personnes représentant les gouvernements, six les employeurs, et six les travailleurs ; huit sur les douze personnes représentant les gouvernements étant nommées par les pays membres, dont l'importance industrielle est la plus considérable[26]. Quant à la conférence internationale du travail, sa fonction principale dans l'entre-deux-guerres est d'adopter des conventions internationales du travail. Elle sert également de forum international où les délégations tripartites de chaque pays (deux délégués pour les gouvernements, un pour les employeurs et un pour les travailleurs) peuvent s'exprimer sur les questions sociales qui les concernent, énoncer leurs priorités ou dénoncer des abus.

---

25. ANB, LAB2/847/IL106, LAB2/962/IL111, International Labour Committee ; ABIT, XR25/1/11 (Delevingne), XR25/1/31 (Wolfe), CAT5-64-1-1 (Barlow).

26. À plusieurs reprises, la composition du conseil d'administration a été modifiée à la suite de l'augmentation des membres de l'OIT. En 2013, le conseil se compose de 56 membres titulaires (28 gouvernementaux, 14 employeurs, 14 travailleurs) et de 66 membres adjoints (28 gouvernementaux, 19 employeurs et 19 travailleurs).

Chacun des interlocuteurs britanniques de l'OIT (gouvernement, *NCEO* et *TUC*) envoie des délégués à Genève pour les réunions de l'Organisation qui dépendent de leurs affiliations en Grande-Bretagne. L'examen des milieux qui soutiennent les trois partenaires de l'OIT permet d'aborder la problématique des transferts des idées et des pratiques, ainsi que de préciser les politiques souhaitées et suivies par ces acteurs. C'est l'occasion de présenter la diversité des interlocuteurs d'une organisation internationale sur une scène nationale et de comprendre par conséquent la complexité des relations qui en résultent. La politique du gouvernement britannique à l'égard de l'OIT s'exprime dans trois enceintes différentes : au sein du ministère du Travail, du comité interdépartemental et du Cabinet. Ces trois entités sont successivement présentées, afin de poursuivre la cartographie des acteurs et des réseaux britanniques et de montrer les qualités organisationnelles du *civil service.*

La politique gouvernementale à l'égard de l'OIT repose sur le principe de la concertation. Avant toute discussion d'importance dans l'enceinte de l'OIT, le gouvernement consulte les différents acteurs compétents de son administration, ainsi que les représentants des Dominions à Londres, ceci afin d'avoir une position commune et affirmée, dans l'optique de rassembler les voix d'autres États à l'OIT et donc de sauvegarder ses intérêts. Le principe de la concertation n'est sans doute pas le seul fait des Britanniques (des études d'autres cas nationaux seraient nécessaires), néanmoins celle-ci est particulièrement bien organisée et efficace en Grande-Bretagne. En particulier quand les travaillistes sont au pouvoir en 1924, ils consultent les partenaires administratifs, mais également les représentants des syndicats et des employeurs (comme sur la question des salaires par exemple) pour avoir une position britannique commune avant d'inscrire un sujet à l'ordre du jour de la conférence internationale du travail.

Néanmoins chez les conservateurs, la conduite des affaires en lien avec l'OIT est dirigée par l'idée très répandue chez les hommes politiques britanniques que le système de protection sociale britannique est le meilleur au monde : « Même si un certain nombre de pays semblent avoir des systèmes d'assurance maladie adéquats, le système d'assurance chômage britannique est sans aucun doute le meilleur au monde »[27]. Cette croyance engendre des comportements et des prises de position spécifiques envers les autres pays à l'OIT. En effet, comme le commerce international est une priorité pour l'équilibre britannique, le gouvernement utilise l'Organisation dans le but de réduire les inégalités salariales entre pays, afin de diminuer la concurrence pour le patronat britannique.

Le ministère du Travail : l'interlocuteur privilégié

Le principal interlocuteur national de l'OIT est le ministère du Travail, créé en décembre 1916 par David Lloyd George. La création de ce nouveau ministère a impliqué une réorganisation importante de la machine administrative ; le ministère de l'Intérieur conserve les affaires liées à l'administration du Travail (comme les inspections dans les mines et les usines), tandis que le ministère du Travail se trouve chargé de tous les autres dossiers et notamment celui de conseiller le Cabinet de guerre sur les aspects politiques de la question du travail. Il est instrumental dans la création de l'OIT en 1919, qui correspond à une victoire pour les syndicats et les travaillistes. C'est la prise en considération de leurs intérêts et la reconnaissance de leur poids dans la société. Par ailleurs, ce ministère fait rapidement preuve de dynamisme pendant l'entre-deux-guerres, il absorbe un des plus gros budgets ministériels et constitue le deuxième plus grand département. Ceci est dû essentiellement à la multitude des tâches et des responsabilités qui lui sont confiées dès l'origine : gestion des relations entre partenaires de l'industrie, politique sociale (chômage et assistance à la pauvreté), politique économique (surtout au niveau régional). Ces responsabilités font du ministère un vecteur central entre le gouvernement et les partenaires sociaux et un acteur incontournable pour le BIT.

Lors des premiers pas de l'OIT des rivalités se font jour entre le ministère de l'Intérieur et celui du Travail pour savoir qui aura la

27. ANB, LAB2/962/IL111/2/1924, Intervention de H. Wolfe et CAB27/272 International Labour Policy.

responsabilité de gérer les dossiers liés à l'Organisation. Ces rivalités s'expliquent par le fait que même après la création d'un ministère du Travail chargé de ces questions, d'autres ministères – ceux de l'Intérieur, de l'Éducation, du Commerce, de la Santé et de l'Agriculture – gardent un intérêt à contrôler certains aspects particuliers de la question du travail. Au cours d'une réunion du Cabinet, le 23 décembre 1920, le gouvernement tranche en faveur du ministère du Travail et lui donne la responsabilité de centraliser toutes les questions en relation avec l'OIT, sauf pour les questions d'ordre général, comme le budget, qui passeront par le Cabinet. Au cours de cette même réunion, le Cabinet de Lloyd George prend deux autres décisions administratives : un comité interdépartemental doit être formé pour s'occuper des dossiers de Genève avec un ministre à sa tête ; et une section spéciale du ministère du Travail doit être dévolue aux affaires de l'OIT[28]. Albert Thomas salue cette organisation britannique qu'il souhaite voir prendre en modèle par les autres États membres qu'il encourage à être aussi efficaces[29].

À la suite des instructions du Cabinet, le ministère du Travail créé en 1920 une nouvelle division, *International Labour Division,* spécifiquement chargée des relations avec l'OIT, qui avec deux autres divisions, *Statistics* et *Employment,* sont désormais chargées de collecter et compiler des informations sur les questions du travail à l'étranger, tâches que réalisaient le ministère du Commerce auparavant. Humbert Wolfe et Frederick Leggett, respectivement dans les années 1920 et 1930, sont les directeurs du département général qui chapeaute cette nouvelle division. Le rôle des hommes officiant dans ce nouveau département est capital dans la formulation de la politique britannique à l'égard de l'OIT. Néanmoins, les relations entre celle-ci et le ministère dépendent également de la personnalité et de l'ancrage politique des ministres officiant.

En 1924, Ramsay Mac Donald devient Premier ministre, à la suite des élections remportées par les travaillistes, et nomme Tom Shaw

28. ANB, LAB2/1021/IL189/1924, Correspondence concerning the policy procedure and appointment of substitute members.

29. ABIT, CAB AT, Lettre du 4 mars 1921 d'Albert Thomas à Sir Montague Barlow.

dirigeant du syndicat des textiles, ministre du Travail. Ces nouvelles réjouissent les dirigeants de l'OIT, qui considèrent la participation travailliste au gouvernement comme l'occasion de nouer des relations de travail plus dynamiques avec la Grande-Bretagne[30]. Tom Shaw collabore depuis le début avec l'OIT (il est membre de la délégation britannique à la conférence de Washington en 1919). Cependant, comme ministre, il déçoit les attentes des officiels de l'OIT. En effet, sa marge de manœuvre réduite au sein d'un gouvernement minoritaire l'empêche de développer une politique sociale en adéquation avec la politique et les idées de son parti et il échoue, en particulier, à faire ratifier la Convention des huit heures[31]. Il est remplacé, dès la chute du gouvernement travailliste, par le conservateur Sir Arthur Steel-Maitland, qui reste cinq années à la tête du ministère : cet intervalle lui permet de prendre connaissance des dossiers de l'OIT et son expérience en matière sociale en fait un bon interlocuteur de l'Organisation. Il décide de participer au conseil d'administration du BIT, en mars 1929 à Genève, afin de prouver la bonne foi du gouvernement britannique dans le processus de ratification de la Convention des huit heures. Il y fait un discours éloquent dans lequel il souligne l'importance attachée par son gouvernement à cette convention, tout en expliquant qu'il ne peut la ratifier en l'état pour cause de problème d'interprétation. En conséquence, il propose une série de nouvelles mesures pour la révision de cette convention. Ce discours à double sens est typique des gouvernements conservateurs de l'entre-deux-guerres et témoigne de l'ambivalence de leur attitude à l'égard de l'OIT : tout en souhaitant ne pas s'aliéner les ouvriers, ils ne sont prêts à faire aucune concession.

Le second gouvernement travailliste de Ramsay Mac Donald, en 1929, offre pour la première fois le ministère du Travail à une femme, Margaret Bondfield. Syndicaliste, soutenue par Arthur Henderson tout au long de son mandat, Bondfield possède une longue expérience des relations sociales qui la qualifie pour ce poste. Les dirigeants de l'OIT se félicitent de cette nomination car Bondfield en est une alliée

30. ABIT, CAB AT, CAT5-64-1-2, Correspondance with Mr. John Ramsay MacDonald.

31. ABIT, CAB AT, CAT5-64-1-1, Correspondance 1920-1932, Mr. Tom Shaw .

depuis le début. Néanmoins, durant son bref mandat exécuté dans des conditions économiques difficiles, elle tente surtout de développer l'assurance chômage dans son pays et, si elle collabore activement avec l'OIT pendant cette période, elle ne réussit pas plus que ces prédécesseurs à faire ratifier la Convention des huit heures par le Parlement britannique. Le dernier ministre à collaborer de manière constructive avec l'OIT pendant l'entre-deux-guerres est Sir Henry Betterton. Sa fonction de Secrétaire parlementaire de tous les ministres du Travail conservateurs, avant de finalement devenir lui-même ministre en 1931, lui assure une excellente connaissance des dossiers de l'OIT et il noue des liens de travail importants avec Harold Butler[32].

On constate de manière générale que les changements de ministres ne jouent qu'un rôle mineur dans les relations globales entre le ministère et l'OIT, et ceci pour deux raisons principales. Si les ministres changent, les directeurs du département du travail international restent en place, ce sont eux qui assistent aux assemblées de l'OIT et jouent un rôle de premier plan grâce à leur connaissance des dossiers. La seconde raison tient au fait que le ministère lui-même est mis en minorité en politique intérieure, indifféremment de la sensibilité politique gouvernementale. En effet, tous les gouvernements ont tendance à souhaiter diminuer, plutôt qu'augmenter, le rôle joué par l'État dans les relations sociales et de ce fait ont diminué la marge de manœuvre du ministère du Travail dans ses relations avec l'OIT.

Le premier directeur du département du travail international est Humbert Wolfe (1885-1940). Wolfe étudie à Oxford et entre ensuite au ministère du Commerce où il collabore avec Beveridge. Pendant la guerre, il est le secrétaire de Lloyd George au ministère des Munitions ; puis il entre au ministère du Travail en 1918 où il fait carrière. Pendant les années 1920, il est chef du département général et responsable des questions sociales au niveau international et, à ce titre, suit de près les activités de l'OIT : il est de toutes les réunions du conseil d'administration et de la conférence internationale du travail, soit comme conseiller, suppléant ou délégué (conférence de 1928). Polyglotte, il interrompt souvent les interprètes du BIT pour

32. ABIT, CAB Butler, XR25/1/2, Sir Henry Betterton 1929-1935.

traduire lui-même ses discours et ses contemporains, au ministère et à l'OIT, soulignent sa vive intelligence. Il est apprécié par ses collègues de l'OIT pour ses qualités de négociateur et joue un rôle important de modérateur dans le déroulement des sessions du conseil et de la conférence. Ses prises de positions à l'OIT le classent dans le réseau des libéraux internationalistes : il est profondément attaché et convaincu de la coopération internationale en matière sociale, et déploie une intense activité pour faire ratifier les conventions de l'OIT par son pays. Il coopère avec ses collègues à Genève pour la défense du travail de l'OIT, néanmoins sa position officielle l'oblige à défendre les intérêts de son gouvernement. Ainsi par ses interventions au BIT, il tente de couper court à la poursuite de l'étude de sujets qu'il estime sans intérêt (par exemple la question des conseils d'entreprises en 1925) et il tente de limiter l'implication de l'OIT dans des sujets que son gouvernement estime chasse gardée, comme les questions maritimes et l'émigration. En revanche, il propose des enquêtes sur des thématiques pour lesquelles le ministère voit un intérêt immédiat pour l'industrie britannique. Wolfe est ainsi à l'origine de l'initiative d'une convention sur la question des méthodes de fixation des salaires minima, dans les industries où l'organisation des employeurs et des travailleurs est insuffisante et dans lesquelles les salaires sont exceptionnellement bas, et préside d'ailleurs la commission sur le sujet en 1928. Parallèlement, Wolfe assiste aussi à toutes les réunions du comité interdépartemental ministériel en Grande-Bretagne[33].

Dans les années 1930, c'est Frederick Leggett (1884-1983) qui lui succède. Comme Wolfe, Leggett entre au ministère du Commerce en 1904, puis est détaché au ministère du Travail lors de sa création où il mène toute sa carrière jusqu'à devenir ministre adjoint en 1945. La comparaison s'arrête là car Leggett, qui a aussi une influence considérable sur le ministère, est un conservateur et la politique qu'il mène à l'OIT, au nom de son gouvernement qu'il représente pendant les années 1930, est beaucoup moins audacieuse que celle de Wolfe. Leggett est partisan d'un volontarisme extrême en politique, c'est-à-dire qu'il pense que, pour la bonne marche de la démocratie, la responsabilité individuelle est essentielle. Il est contre

33. *Ibid.*, XR25/1/31, Relations with Humbert Wolfe.

toute intervention extérieure dans les relations sociales, qu'elle soit gouvernementale ou internationale, car il estime important que les parties intéressées s'accordent directement entre elles. Cette opposition à l'intervention gouvernementale dans les relations économiques et sociales a des répercussions sur la politique que le gouvernement britannique mène dans ces années à l'OIT car, quand il parle par la voix de Leggett, ce dernier est moins enclin à soutenir le travail normatif de l'Organisation que d'autres délégués britanniques. Par contre, il valorise l'existence de l'OIT comme espace de discussion pour les travailleurs et les employeurs selon le modèle britannique des *Whitley Council*[34]. S'il est avéré que Leggett ne tient pas l'OIT en estime, le délégué gouvernemental ne travaille néanmoins jamais de manière solitaire ; comme tous ceux des grandes puissances, il s'entoure toujours de quatre ou cinq conseillers techniques en fonction des sujets qui sont traités. Ceci permet à la délégation britannique de toujours disposer d'une bonne expertise et en conséquence d'avancer plus aisément des propositions et des arguments afin de diriger les travaux qui comptent à ses yeux. Ainsi dans les années 1930, le gouvernement britannique participe activement aux travaux qui aboutissent aux conventions maritimes et à celle sur le travail forcé en choisissant les experts qui siègent dans les commissions et en les chapeautant, car en tant que puissance impériale ces deux sujets lui importent.

Cette perspective biographique des conseillers du gouvernement montre comment les choix décisionnels reposent sur très peu d'acteurs. Wolfe donne des impulsions et du dynamisme à la politique de son pays, mais il n'est pas certain que ses convictions reflètent complètement la position officielle des gouvernements britanniques à l'égard de l'OIT. Cette dualité explique partiellement la difficulté d'appliquer ensuite, en Grande-Bretagne, les mesures décidées internationalement dans le forum OIT. La longévité des délégués britanniques gouvernementaux a tendance à entraîner une personnalisation des politiques menées à l'OIT. En effet, ce sont les mêmes personnes qui viennent à Genève, travaillent au ministère du Travail, participent au comité interdépartemental et conseillent le

34. ABIT, XR25/1/17, Correspondence with F.W. Leggett.

Cabinet qui décide de la politique à suivre. Néanmoins, si la politique du ministère devient plus modeste dans les années 1930, c'est en partie seulement à cause de Leggett, le contexte économique freinant lui aussi les velléités de développement social.

Le comité interdépartemental du travail

Dès 1920, le Cabinet de Lloyd George décide la création d'un organe interministériel, le comité interdépartemental du travail, dont l'objectif principal est de coordonner les politiques entre les différents ministères afin d'adopter une position commune et de faire rapport directement au Cabinet[35]. Ce comité, qui se réunit environ deux fois par mois, décide des instructions à donner au délégué gouvernemental britannique qui siège au conseil d'administration et à la conférence internationale du travail. Les rapports des séances de ces comités renseignent sur les préoccupations sociales des fonctionnaires et des hommes politiques britanniques, ainsi que des rapports de forces qui existent entre les différents ministères et entre les acteurs à titre individuel. C'est en effet ce comité interdépartemental du travail, où siègent des représentants des ministères de l'Intérieur, du Commerce, de l'Agriculture et de la Pêche, des Finances et des Colonies et présidé par le ministre du Travail en exercice (ou son substitut), qui façonne la politique britannique à l'égard de l'OIT. Les conseillers du délégué gouvernemental à l'OIT assistent toujours à ces réunions (Wolfe, puis Leggett), auxquelles participent également comme observateurs les hauts-commissaires des Dominions à Londres.

Deux grandes lignes se dégagent de ces discussions : premièrement l'attitude générale à l'égard de l'OIT est très critique, conservatrice et défensive. Deuxièmement, il arrive de manière ponctuelle au gouvernement de souhaiter exporter ses pratiques en matière sociale, mais ces tentatives rencontrent un succès très mitigé, ce qui le conforte en fin de compte dans son attitude première. Cette position globalement négative de prime abord n'empêche pas une

35. ANB, LAB2/1021/IL189/1924, Minutes of a meeting at Montagu House, 6 janvier 1921.

collaboration quotidienne entre les fonctionnaires de l'OIT et ceux du ministère du Travail, notamment par des échanges d'informations et de statistiques. De plus, cette position de méfiance à l'égard de l'OIT ne s'affiche jamais officiellement : le comité énonce clairement que cette politique restrictive doit être prudente afin de ne pas s'aliéner le monde ouvrier ou donner l'impression que le gouvernement veut détruire l'Organisation.

L'attitude critique du comité interdépartemental envers l'OIT se manifeste essentiellement par la volonté des différents ministères de réduire au maximum les finances et les champs d'activités de celle-ci. Toute initiative qui risque d'entraîner des dépenses supplémentaires comme par exemple la création d'une nouvelle division à l'OIT en 1921 est désapprouvée. Le financement de l'Organisation est un sujet discuté en permanence au sein du comité interdépartemental, car le gouvernement est soucieux que les activités de l'OIT coûtent le moins possible, il pousse donc perpétuellement son directeur à les réduire si c'est le seul moyen de ne pas creuser le déficit. Le comité conseille ainsi constamment au Cabinet de réduire la participation financière britannique, ainsi que le budget général de l'Organisation. Cependant, afin de ménager Albert Thomas et les syndicats, le comité recommande d'éviter de parler d'économies, mais plutôt de suggérer au directeur de restreindre le champ des activités de l'OIT, en argumentant qu'elles auront ainsi plus de chance d'être menées à terme avec succès et augmenteront la crédibilité de l'Organisation.

Ainsi les tentatives d'Albert Thomas pour étendre les activités de l'OIT, en établissant des comités qui font concurrence aux champs d'activités de la SDN, sur des sujets comme par exemple, les réfugiés, les mutilés de guerre ou l'hygiène, sont systématiquement bloquées par ce comité qui craint la mainmise d'un socialiste sur des sujets n'ayant pas directement trait au travail. Les Britanniques préfèrent voir traiter ces questions par la SDN, où les syndicats n'ont pas voix au chapitre. Dans le cas particulier des mutilés de guerre, Albert Thomas estime que la question revêt un aspect international et que l'OIT doit s'en charger. Il ne s'agit ni de construire des termes de paix, ni de réconciliation, mais simplement de mettre en place une commission d'études sur le sujet. Or, en Grande-Bretagne, les relations entre les syndicats et les mutilés de guerre sont assez vives et le gouvernement estime que le sujet doit être traité uniquement du point de vue de la santé[36].

Concernant les thématiques dont se saisit l'OIT, le comité interdépartemental critique dans les années 1920 son enquête sur la production, car il l'estime beaucoup trop vaste, mais il se révèle difficile pour le délégué gouvernemental britannique d'imposer ses vues, car il se retrouve en position minoritaire sur le sujet au conseil d'administration de l'Organisation. Le comité recommande également au délégué de tenter de circonscrire l'implication de l'OIT dans le domaine de l'émigration. En effet, la mise en place d'un comité permanent de l'émigration risque d'interférer avec les *Empire settlements,* qui ont toujours été considérés comme une chasse gardée[37], et avec les intérêts britanniques maritimes. Le gouvernement britannique estime son cas particulier puisque la majeure partie de son émigration a pour destination son Empire. En conséquence, il souhaite que cela reste une question nationale, or d'autres pays, comme l'Italie, souhaitent au contraire que l'OIT s'occupe de cette question afin de l'internationaliser. Lorsque l'Organisation se penche sur la question en 1924, le comité interdépartemental soutient la nomination d'un directeur français à la tête du comité permanent sur l'émigration, afin d'éviter celle d'un Italien qui risquerait de léser les intérêts britanniques.

Les membres du comité interdépartemental britannique sont souvent sur la défensive afin de sauvegarder les intérêts du pays, mais des initiatives positives et concrètes sont également prises. Les ministères participant au comité ont chacun des champs de compétence différents

---

36. ANB, LAB2/1203/IL126/1921, Correspondence concerning 1rst meeting of the International Labour Committee, regarding suggested international conference of ex-service men, Allen note dated 16 March 1921.

37. La loi de 1922, *Empire Settlement Act,* vise à encourager et faciliter l'émigration dans les colonies en particulier vers les Dominions pour remédier au manque de main-d'œuvre après la Première Guerre mondiale. Des plans d'émigration sont construits en partenariat avec les gouvernements des Dominions, ainsi que des organisations privées, pour former les émigrants et leur fournir assistance.

qu'ils souhaitent voir traiter à l'international. Ainsi, le ministère de l'Intérieur, avec l'appui du ministère du Commerce, propose d'inscrire les problèmes de l'anthrax et de la prévention des accidents à l'ordre du jour de l'Organisation. Quant au ministère du Travail, il souhaite utiliser le terrain de l'OIT pour discuter de la question des salaires minima, en espérant que la pratique britannique inspire les autres pays. Dans cette optique, le délégué gouvernemental Malcolm Delevingne propose à l'OIT, en 1921, de réaliser une enquête sur la méthode de réglementation des salaires minima dans les différents pays pour les industries les moins organisées. Sa référence est les *Trade Board,* qui sont des conseils composés de représentants des employeurs et des travailleurs de l'industrie concernée, chargés de fixer les salaires au cas par cas. Plusieurs lois ont édicté, en 1909 et 1918, quelles industries sont concernées et susceptibles de constituer des *Trade Board.* Néanmoins, le gouvernement ne souhaite pas une comparaison des salaires entre pays, il suggère simplement un état de la question sur la *manière* de fixer les salaires minima, dans le but non avoué d'établir une uniformisation des bas salaires qui nuirait moins à la compétition économique. En fin de compte, l'initiative du ministère du Travail lui échappe car, lorsqu'Albert Thomas lance cette enquête pour le BIT, il élargit la requête britannique en demandant la réalisation d'enquêtes comparatives sur le terrain. Dans ce contexte, Albert Thomas envoie une relation normalienne, Joseph Chappey, en Grande-Bretagne pour réaliser une enquête sur les salaires. Son voyage donne lieu à des échanges de notes surréalistes entre fonctionnaires du ministère du Travail, car ces derniers soupçonnent Joseph Chappey d'être en réalité un agent secret du gouvernement français venu comparer les conditions de travail dans les mines anglaises. Or, les fonctionnaires se demandent comment il va pouvoir réaliser sa mission, étant donné qu'il ne parle pas un mot d'anglais[38] ! Derrière l'absurdité de cet épisode, se cache l'hostilité des fonctionnaires britanniques à l'égard des proches engagés par Thomas et la vexation, que ce dernier leur inflige sur cette question des salaires, a surtout pour conséquence de renforcer leur méfiance à l'égard de l'OIT. Le ministre du Travail

38. ANB, LAB2/847/IL106/1922, ILO : Correspondence concerning International Labour Committee ; Denis Guérin, *Albert Thomas au BIT, De l'internationalisme à l'Europe*, Genève, IEUG, 1996. p. 31.

a tenté d'utiliser l'Organisation pour lever l'opposition au niveau national du Trésor, et des employeurs britanniques, sur une extension du système des *Trade Board*, mais se faisant déborder par les projets de Thomas, il est désormais plus réticent à utiliser cette Organisation pour faire avancer son agenda national.

Le Cabinet

La vocation principale du comité interdépartemental est de servir le Cabinet à qui il transmet ses recommandations concernant la politique à tenir à l'égard de l'OIT. Le Cabinet britannique est l'organe de décision collectif du gouvernement, composé du Premier ministre et des principaux membres du gouvernement. Son fonctionnement avec un bureau, un secrétariat et des comités a été instauré par Lloyd George, pendant la Première Guerre mondiale, pour améliorer la rapidité de la prise de décision et a eu pour conséquence de « présidentialiser » la fonction de Premier ministre[39]. Le Cabinet a également un secrétaire qui joue un rôle clef, notamment dans les gouvernements de Lloyd George, poste occupé par Maurice Hankey (1877-1963) de 1916 à 1938. C'est par lui que passent les différents ministres concernés par les questions du travail pour obtenir une décision du Premier ministre.

Aux yeux des dirigeants britanniques, l'OIT incarne un forum utile où rassembler de l'expertise pour des discussions constructives qui ne pourraient se tenir ailleurs. Le gouvernement britannique coopère donc avec elle. Cependant, le travail mené par l'Organisation ne mobilise jamais vraiment le Cabinet, car elle possède à ses yeux deux défauts majeurs dès le début : l'absence des États-Unis et la nomination d'un directeur français et socialiste. Les Britanniques souhaitent ménager leur allié américain et développent une relation bilatérale, afin de compenser l'absence de ces derniers des institutions genevoises. De plus, le directeur français n'est pas apprécié dans les cercles gouvernementaux britanniques, qui craignent qu'il ne mène

39. Bentley Brinkerhoff Gilbert, *David Lloyd George : a political life*, 2 vols, London, B. T. Batsford, 1987-1992.

une politique sociale trop « à gauche », alors que le gouvernement envisage cette Organisation plutôt comme l'occasion de mener une politique de modération, afin de montrer que la coopération peut exister entre les partenaires sociaux dans une économie capitaliste. Pour ces deux raisons, l'Organisation est marginalisée dans les projets du gouvernement britannique dès le début[40].

L'existence de différents courants politiques au sein du ministère du Travail, comme des gouvernements, rend parfois l'attitude générale du gouvernement à l'égard de l'OIT ambiguë. Les conservateurs ont en fait peu d'estime pour cette Organisation, si ce n'est qu'elle permet de construire une voie concurrente au bolchévisme, tandis que les internationalistes et les travaillistes pour des motivations distinctes pensent que la voie du droit international peut amener le progrès social dans leur pays. Cette rivalité empêche les Britanniques de se saisir réellement des opportunités qu'offre cette Organisation. En effet, un point sur lequel tous les acteurs gouvernementaux s'entendent est celui d'affirmer que le système de protection sociale anglais est supérieur à tous les autres. Ils n'envisagent pour autant que très rarement l'OIT comme une opportunité de développer leurs pratiques à l'international, ils voient plutôt l'Organisation comme une occasion pour les autres pays de les rattraper. En effet, dans l'esprit des Britanniques, diminuer les différences de protection sociale permet une uniformisation des coûts de production et, en conséquence, une réduction de la concurrence commerciale au niveau international comme l'énonce clairement Sir Arthur Steel-Maitland : « Nous devons profiter de l'OIT autant que possible afin d'aligner les normes étrangères sur celles de la Grande-Bretagne »[41].

Un des moyens pour le gouvernement d'intervenir dans les prises de décisions de l'OIT est la nomination des experts. Bien que le BIT précise à maintes reprises que les membres des commissions doivent être désignés uniquement en leur qualité d'experts et ne doivent ni représenter leur gouvernement respectif, ni les divers intérêts en jeu, le gouvernement britannique (comme les autres grandes puissances)

40. ANB, CAB 27/272, International Labour Policy, 1925.

41. *Ibid.*, Memorandum by Arthur Steel-Maitland, 13 March 1925

se sert de ce levier pour influer sur les travaux auxquels il tient particulièrement, en proposant des experts britanniques dont il sait les positions conformes aux intérêts du pays.

Il est caractéristique que le gouvernement ne se fasse presque jamais représenter au niveau ministériel à la conférence internationale du travail dans l'entre-deux-guerres. Plusieurs internationalistes britanniques critiquent cet état de fait qui témoigne, à leur avis, du peu d'égards que le gouvernement accorde à cette Organisation. Les exceptions notables sont la venue de Margaret Bondfield, en 1930 à la conférence internationale du travail, et la présence du ministre conservateur, Sir Clement Anderson Montague-Barlow (1868-1951), qui assiste à plusieurs sessions du Conseil et de la Conférence dans les années 1920. Le déplacement de Margaret Bondfield est très apprécié : c'est une alliée de l'OIT depuis sa création et sa venue, en tant que première femme ministre britannique, a un certain retentissement. Il engendre cependant des attentes que la brièveté de son mandat comme ministre du Travail a tendance à décevoir, car le résultat de ses efforts pour améliorer la visibilité du travail normatif de l'OIT est faible.

L'implication de Sir Montague-Barlow à l'OIT est plus surprenante pour un ministre conservateur servant successivement deux Premiers ministres du même parti, Andrew Bonar Law et Stanley Baldwin, tous deux ne témoignant d'aucun intérêt pour l'Organisation[42]. Son parcours politique explique son intérêt pour celle-ci et son engagement dans ses travaux. En effet, Sir Montague-Barlow est un proche de William Beveridge avec qui il travaille sur des projets de lois pour contrer le chômage et, en tant que ministre du Travail, il tente au début des années 1920 d'introduire un système de protection sociale pour lutter contre la maladie et le chômage qui touchent les travailleurs ouvriers, anticipant ainsi de vingt ans les recommandations du rapport Beveridge. Il se heurte à une fin de non-recevoir de la part du cabinet de Baldwin au sein duquel il n'a aucun poids : ses idées pour construire un schéma général de protection sociale ne sont pas prises en compte. Néanmoins, cette position de réformateur lui vaut

42. Rodney Lowe, *Adjusting to Democracy, Adjusting to democracy, the role of the Ministry of Labour in British politics, 1916-1939*, Oxford, Clarendon, 1986.

le soutien des milieux travaillistes et syndicalistes. Il collabore de façon constructive aux travaux de l'OIT pendant plusieurs années et tente de faire avancer certains dossiers comme l'assurance chômage, la question des mutilés de guerre et l'émigration. Sir Montague-Barlow reste en poste quatre ans au ministère du Travail : deux années comme secrétaire parlementaire et deux comme ministre. Pendant cette période, il utilise l'échelle internationale pour faire avancer son agenda national. En effet, se heurtant à l'opposition de son gouvernement, il tente en passant par l'international de faire progresser les travaux sur des questions sociales qu'il estime de première importance pour son pays comme la question du chômage.

4. Les acteurs patronaux

Le patronat britannique du début du 20e siècle est plus diversifié que celui de l'Allemagne ou de la France[43]. En 1914, il pèse surtout dans le secteur bancaire et dans l'industrie lourde. Les établissements britanniques bancaires dominent au niveau international par l'actif de leurs bilans, offrant un pouvoir politique à la *City*. Les firmes de grandes tailles ont diversifié leur production vers l'industrie navale, l'armement, la sidérurgie et le charbon. De grandes entreprises existent également dans le secteur des biens de consommation (brasserie, tabac), de la chimie, des textiles et de la construction ferroviaire. Le secteur des services connaît une expansion au début du 20e siècle : le secteur dominant est l'armement, mais celui des docks est également florissant, ainsi que les négociants. Enfin, l'émergence de la presse à grand tirage permet l'expansion de ce secteur d'activité. À partir des années 1920, on assiste à un lent recul de l'industrie lourde et à la croissance des nouvelles industries : automobile, chimie et textiles synthétiques, électricité et caoutchouc. Cette réorientation de l'industrie et de l'économie britannique n'est pas sans conséquence sur les relations sociales, comme en témoigne la grande grève de 1926

43. Youssef Cassis, *Big Business : The European Experience in the Twentieth Century*, Oxford, Oxford University Press, 1997.

qui démarre dans l'industrie charbonnière où la situation se dégrade progressivement après la Première Guerre mondiale. La nature du patronat britannique est enfin modelée par l'existence de l'Empire, en effet de nombreuses entreprises mènent leurs activités principales à l'étranger comme l'exploitation des mines et les communications.

Le pouvoir politique de ces hommes d'affaires est loin d'être négligeable, néanmoins, le patronat britannique tarde à s'organiser en groupe de pression. En Allemagne, le *Central Verband Deutscher Industrieller* est créé en 1876, alors qu'en Grande-Bretagne il faut attendre l'entre-deux-guerres pour que le patronat s'organise au niveau national et non plus seulement par industrie. Malgré l'existence de deux autres organisations d'employeurs, la *National Union of Manufacturers* (NUM) et la *Federation of British Industries* (FBI), c'est dans les rangs de la *National Confederation of Employers'Organizations* (NCEO) que sont choisis les délégués patronaux pour l'OIT. La *NCEO* est née en 1919 du besoin qui s'est fait sentir pendant la Première Guerre mondiale de disposer d'un organe unique capable de réunir les vues du monde patronal pour répondre aux demandes de l'État en matière industrielle. Elle sert ensuite de canal de communication entre les industriels et le gouvernement sur les questions sociales d'après-guerre. Après quelques balbutiements initiaux, la *NCEO* se réorganise en 1922 et acquiert rapidement un statut de respectabilité et de sérieux dans le monde industriel. Cette organisation qui regroupe des organisations d'employeurs (et non des firmes individuelles) obtient la reconnaissance du gouvernement et devient la contrepartie au *TUC* pour les négociations sur la scène nationale. À la fin des années 1920, la *NCEO* rassemble plus de quarante organisations d'employeurs dont les usines emploient plus de sept millions d'ouvriers. Sa collaboration avec le monde politique fait craindre aux syndicats britanniques une collusion d'intérêts entre les employeurs et le gouvernement.

L'historien Keith Middlemas a précisément souligné le biais corporatiste du gouvernement britannique qui, dans cette période, prendrait parti pour la défense de l'industrie britannique en s'opposant de manière récurrente à la défense des intérêts des travailleurs[44]. Cette idée n'est pas dénuée de fondement puisque beaucoup d'industriels sont proches des élus conservateurs, ont parfois eux-mêmes un siège au Parlement, et de plus collaborent avec le gouvernement par le biais du ministère du Travail. Cette collaboration est l'occasion pour les employeurs d'influer directement sur le processus législatif et l'administration. Néanmoins, cette soi-disant collusion d'intérêts est réfutée par Rodney Lowe qui démontre au contraire que toutes les conditions nécessaires à une entente corporatiste font défaut en Grande-Bretagne dans l'entre-deux-guerres : les relations entre le gouvernement et les industriels sont caractérisées par une suspicion mutuelle, un manque de sympathie réciproque et des rivalités. De plus, le ministère du Travail, soi-disant au cœur de ce corporatisme, est en fait, selon Lowe, son plus grand opposant[45]. En effet, un des traits saillants de la position de la *NCEO* dans l'entre-deux-guerres est son opposition à l'intervention étatique dans les relations sociales et, en particulier, son opposition à ce que l'État développe le *social welfare*. Le développement d'une politique sociale étatique est estimé en effet beaucoup trop coûteux. Qu'il s'agisse des heures de travail, du salaire minimum ou des régulations du travail, la *NCEO* est farouchement opposée à toute interférence de l'État et préfère régler directement les problèmes que pose l'industrie par des conventions collectives avec les syndicats.

Une analyse des rapports entre gouvernement et partenaires sociaux britanniques par le prisme de l'OIT apporte des éléments nouveaux sur cette controverse. En particulier, l'étude des comportements de vote de la part des employeurs et du gouvernement britannique dans les enceintes de l'Organisation permet de voir si la crainte de biais corporatiste existe. En effet, une des craintes des syndicats en 1919, lors de la création de l'OIT, est que les employeurs votent de manière systématique avec les gouvernements, privant ainsi les travailleurs de toutes opportunités de faire avancer leurs revendications dans ce

44. Keith Middlemas, *Politics in Industrial Society : the Experience of the British System since 1911*, London, A. Deutsh, 1979.

45. Rodney Lowe, « Corporate bias : fact or fiction », *SSRC Newsletter*, N°50, November 1983.

nouveau cadre international. C'est pour cette raison que, pendant les travaux de la Commission de législation du travail à Paris en 1919, les syndicats négocient pour changer la pondération des votes au sein de la conférence, afin d'essayer de trouver un équilibre entre les partenaires sociaux et les gouvernements. Cette question est très débattue sans résultats : les tentatives des syndicats pour modifier la proposition britannique se sont révélées infructueuses et la formule 2-1-1 (deux représentants pour le gouvernement, un pour le patronat, un pour les syndicats) est restée.

Dans l'immédiat après-guerre, la *NCEO*, comme le gouvernement, témoigne d'une attitude conciliante envers les syndicats dans le contexte potentiellement révolutionnaire de 1919. Cette attitude se manifeste par différentes collaborations entre la *NCEO* et le *TUC* : des discussions informelles à l'initiative du gouvernement ont lieu sur le chômage. Le gouvernement tente également de faire collaborer les partenaires sociaux dans la conférence industrielle nationale de 1919. Mais ces tentatives de dialogue social sont des échecs, dont les partenaires se rejettent mutuellement la responsabilité. Au fur et à mesure que la reprise économique se fait sentir, que les grèves se résorbent et que la menace bolchévique diminue, la position de la *NCEO* se durcit pour faire place à une stricte confrontation, caractéristique des relations sociales dans la suite de l'entre-deux-guerres en Grande-Bretagne. L'approche de « master and hands », qui prévaut encore auprès des employeurs britanniques, rend les discussions difficiles, puisque le mouvement patronal ne souhaite pas négocier avec ses ouvriers sur un pied d'égalité[46].

Au-delà de son rôle de partenaire dans le dialogue social avec les travailleurs, la *NCEO* développe également sa propre ligne politique, recommande une rationalisation de l'industrie et énonce sa position sur la plupart des sujets sociaux discutés pendant l'entre-deux-guerres : la question des salaires, des heures de travail, des conditions d'emploi,

---

46. Cette relation « master and hands », qui qualifie les débuts de l'industrialisation en Angleterre, renvoie aux relations qui prévalent entre patron et ouvriers : le patron est un maître qui dispose de mains pour faire le travail. Alan Bullock, *The Life and Time of Ernest Bevin*, London, Heinemann, 1960.

des lois pour les syndicats, du chômage et même de l'éducation, dépassant désormais le rôle traditionnel de défense de l'industrie pour s'impliquer dans des stratégies plus globales. La *NCEO* développe ainsi des liens avec le gouvernement et le ministère du Travail, afin de faire entendre sa voix[47].

La *NCEO* rassemble d'importants industriels et entrepreneurs de l'entre-deux-guerres avec une excellente connaissance du management à l'image de J. B. Forbes-Watson (son directeur), Sir Alan Smith (industrie lourde), Lord William Weir (ingénierie), Sir James Lithgow (construction navale), Evan Williams (mines), Roscoe Brunner (chimie), Fred Holroyd (coton) et F. C. Allen (commerce maritime). Ces hommes sont des conservateurs qui ont en commun une foi inébranlable dans le capitalisme et le laissez-faire économique, et défendent les intérêts de l'industrie britannique en tentant au maximum de réduire les coûts sociaux du travail. L'équipe dirigeante de la *NCEO*, « le redoutable trio écossais[48] » composé de Sir Alan Smith, Lord William Weir et Sir James Lithgow, est antisocialiste et a des liens très tendus avec Albert Thomas pendant son mandat de directeur de l'OIT. Les relations entre la *NCEO* et l'Organisation s'améliorent dans les années 1930 sous la direction de Butler, dont ils soutiennent d'ailleurs l'élection en 1932[49].

C'est la *NCEO* qui est reconnue par le gouvernement comme l'organisation la plus représentative et qui, à ce titre, obtient le droit exclusif d'envoyer des délégués siéger à l'OIT[50]. Alan Smith, le président de l'*Engineering Employers' Federation* (1916-1934) et président de la NCEO (1919 à 1922), représente les patrons britanniques à l'OIT de 1920 à 1922. Grand capitaliste, partisan de la

47. Terence Rodgers, *Work and Welfare : the National Confederation of Employers' Organisations and the unemployment problem, 1919-1936*, PHD Thesis, University of Edinburgh, 1981.

48. Rodnew Lowe, *Adjusting to Democracy*, *op. cit.*

49. ABIT, Cabinet AT, CAT 5-64-1-1, Relations et informations, Royaume-Uni, Correspondance 1920-1932 ; Cabinet H.B, XR25/2/2, Relations with J.B. Forbes Watson.

50. ANB, LAB2/771/CS125/1919, Council Secretariat, Correspondence with the National Confederation of Employers Organisations.

libre entreprise, il défend bec et ongles les intérêts de l'industrie lourde britannique. Figure très respectée pour son intégrité, son opposition à toutes les mesures de protection sociale lui aliène néanmoins le groupe des travailleurs à l'OIT qui lui reprochent son inflexibilité. Alan Smith reste influent au sein du mouvement patronal britannique de l'entre-deux-guerres mais, à partir de 1923, ce sont John Forbes-Watson, avocat écossais, secrétaire (1921-1924) puis directeur de la *NCEO* (1925 à 1952), et James Lithgow, un industriel écossais dans la construction navale et la production du charbon du fer et de l'acier, qui représentent les intérêts des patrons britanniques au sein des organes de l'OIT. Forbes-Watson qui dirige le secrétariat de la *NCEO* chargé de formuler la politique de l'Organisation, devient un expert de l'assurance chômage dont il suit les débats à l'OIT, tandis que Sir James Lithgow et F.C. Allen (1864-1934) participent aux conférences maritimes de l'OIT (1920, 1926, 1929, 1936), afin de défendre l'intérêt de cette puissante industrie britannique.

Tous ces hommes ont une fonction à la *NCEO* et deviennent délégués à l'OIT. Ils sont plutôt de grands capitalistes gérant des fortunes et participant à la vie politique, que des patrons en relation avec leurs ouvriers. Ils mènent tous une politique très conservatrice défendant les grands pans de l'industrie britannique (industrie navale, transports, acier, charbon). Comme les délégués patronaux britanniques à l'OIT sont les mêmes hommes qui forgent la politique de la *NCEO,* cela signifie que les employeurs britanniques tentent par tous les moyens de réduire au minimum les tentatives de l'OIT, en particulier les volontés de rédiger des conventions internationales en matière du travail. La *NCEO* est très critique à l'égard de l'OIT, qu'elle juge responsable de mener une politique socialiste poussant le gouvernement à légiférer sur des sujets qu'elle préfère garder sous son contrôle. Sur certaines thématiques générales, le gouvernement britannique et la *NCEO* mènent effectivement la même politique à l'OIT, mais, dès qu'il s'agit de légiférer, l'attitude de la *NCEO* est beaucoup plus conservatrice en particulier sur la question des heures de travail. L'attitude du patronat britannique observée par le prisme de l'OIT confirme donc les dires de Lowe sur l'indépendance du gouvernement à l'égard de la pression des employeurs, qui se révèlent dans le cadre des débats à l'OIT un adversaire beaucoup plus coriace pour les syndicats que le gouvernement.

5. Les syndicats

Lors de la création de l'OIT, Albert Thomas prend appui sur les syndicats britanniques pour renforcer sa légitimité. Ces derniers se révèlent des alliés fidèles de l'Organisation pendant l'entre-deux-guerres. Leur organisme fédérateur, le *Trade Union Congress* (*TUC*), collabore activement avec l'OIT sous la forme de contacts réguliers entre ses dirigeants, d'échanges de renseignements, de participations aux réunions ou de soutien à la politique de l'Organisation lors de ses conférences. Créé en 1868, le *TUC* fédère la majorité des syndicats nationaux d'Angleterre et du pays de Galles. Il est dirigé par trois différents secrétaires pendant cette période : Charles William Bowerman de 1911 à 1923, Fred Bramley de 1923 à 1925, puis Walter Citrine de 1925 à 1946. Comme le *TUC* est l'organisation la plus représentative des syndicats, au sens où l'entend la Constitution de l'OIT, les délégués ouvriers britanniques à l'OIT sont choisis dans ses rangs.

En 1925, Ernest Bevin et Walter Citrine sont élus au Conseil général du *TUC* et vont utiliser cette plateforme pour donner une ligne directrice plus cohérente à cette institution. Ils dirigent le syndicalisme britannique vers le réformisme et accordent une large place au développement des conventions collectives de travail pour régler les conflits sociaux en Grande-Bretagne. La concordance de vue entre les projets nationaux des syndicats britanniques et le réformisme d'Albert Thomas permet une collaboration constructive. L'influence réelle du mouvement travailliste et syndicaliste sur la politique sociale britannique pendant l'entre-deux-guerres est néanmoins un sujet discuté parmi les historiens[51]. Cette question nécessite de distinguer les acteurs syndicalistes des hommes politiques du

51. Matthew Worley, *Labour inside the Gate : a history of the British Labour Party between the wars*, London, I. B. Tauris, 2009 ; Andrew Thorpe, *History of the British*

Labour et d'observer leurs interactions. En effet, l'influence réelle des syndicats sur les travaillistes n'est pas toujours évidente à percevoir, car les frontières sont floues. Officiellement les rôles sont divisés entre mobilisation sociale et action politique et les deux réseaux tentent de respecter leur indépendance mutuelle. Néanmoins, depuis l'origine, les syndicats occupent une place prépondérante dans l'organisation du parti travailliste et les liens financiers sont importants. Il en découle une influence des syndicats sur le parti même si cette dernière fluctue dans le temps et en fonction des dirigeants en présence.

Les travaillistes ne participent qu'à deux reprises au gouvernement pendant cette période : du 22 janvier au 4 novembre 1924, et du 5 juin 1929 au 21 août 1931. Les deux mandats de Premier ministre de Ramsay MacDonald étant très brefs, il est difficile pour son parti de mettre en place une politique sociale ambitieuse, et ce d'autant que les travaillistes sont minoritaires au gouvernement et doivent composer avec les libéraux. De plus, la montée du chômage crée un environnement peu propice à l'augmentation de dépenses sociales[52]. La plupart des progrès sociaux, mis en place sous forme de lois pendant l'entre-deux-guerres, sont plutôt l'œuvre de gouvernements conservateurs ou de coalition (conservateurs-libéraux). Si leur rôle politique actif est faible, les travaillistes et les syndicats jouent cependant un rôle de groupe de pression très important. Des dissensions internes existent certes entre travaillistes et syndicalistes, ou avec des factions d'extrême gauche, et il est vrai que le nombre des adhérents syndicaux diminue après 1926. Néanmoins, le mouvement garde une position influente dans toute la période à travers la circulation des idées politiques travaillistes et la menace de la grève par les syndicats.

En 1926, les syndicats britanniques tentent en effet la manière forte pour aboutir à leurs revendications : c'est la grève générale de mai 1926, un mouvement social de grande ampleur suivi par plusieurs syndicats en solidarité avec le secteur minier à l'origine de

---

Labour party, 3[ed], Basingstoke, Palgrave MacMillan, 2008 ; Keith Laybourn, *A century of Labour : a history of the Labour Party*, Stroud, Sutton Publ., 2001.

52. David Howell, *MacDonald's Party : Labour identities and crisis, 1922-1931*, Oxford, Oxford University Press, 2002.

la grève[53]. L'intransigeance gouvernementale du Premier ministre Stanley Baldwin, orchestrée par Winston Churchill, alors Chancelier de l'échiquier, finit par l'emporter sur la combativité des syndicats. Le gouvernement mobilise l'armée et rend la grève illégitime causant ainsi des dommages irrémédiables au mouvement syndical qui, en capitulant, sort affaibli de la lutte. L'issue de cette grève majeure de 1926 représente un tournant dans le syndicalisme britannique : la chute du nombre de syndiqués se poursuit (8.3 millions en 1920 contre 5,5 en 1925 puis 4.8 en 1930) et surtout, elle sonne le glas du syndicalisme révolutionnaire en Grande-Bretagne.

À la suite de cette crise nationale, qui a fait ressurgir des craintes de révolution en Grande-Bretagne, la collaboration entre l'OIT et le *TUC* prend un nouveau souffle. La voie conciliatrice choisie par Albert Thomas, en vue de faire avancer la condition sociale des travailleurs par la création d'une législation sociale internationale, peut être explorée. Un syndicalisme réformiste, privilégiant la négociation, se développe en effet sous le leadership d'Ernest Bevin et de Walter Citrine en Grande-Bretagne et ce choix politique pousse également les syndicats britanniques vers la sphère internationale, dans l'optique d'utiliser la plateforme de l'OIT pour dépasser les blocages nationaux[54]. En effet, les revendications syndicales britanniques, qui tournent principalement autour de l'amélioration de l'assurance chômage, de la diminution des heures de travail, de l'augmentation des salaires et de l'allongement de la durée de la scolarité obligatoire, peuvent être énoncées à l'OIT pour tenter de faire pression sur le gouvernement britannique qui, malgré l'augmentation constante du chômage,

53. Laura Beers, « Is this Man an Anarchist ? Industrial Action and Battle for Public Opinion in the Interwar Britain », *The Journal of Modern History*, vol. 82, n°1, 2010, pp. 30-60 ; Anne Perkins, *A Very British Strike*, London, Macmillan, 2006 ; Chris Wrigley, « Churchill and the Trade Unions », *Transactions of the Royal Historical Society*, vol. 11, 2001, pp. 273-293 ; Robert Taylor, *The TUC : from the General Strike to the New Trade Unionism*, London, Palgrave, 2000.

54. Casper Sylvest, « Interwar Internationalism, the British Labour Party, and the Historiography of International Relations », *International Studies Quarterly*, vol. 48, n°2, June 2004, pp. 409-432 ; Lord Citrine, *Men and Work : an autobiography*, London, Hutchinson, 1964.

continue à poursuivre une politique de laissez-faire économique et est réticent à faire des concessions sur le plan social.

Tableau I : Principaux syndicalistes britanniques en relation avec l'OIT dans l'entre-deux-guerres.

Appleton William (secrétaire de la *British General Federation of Trade Unions*)
Bevin Ernest (transport et travailleurs non-spécialisés)
Bondfield Margaret (travailleurs municipaux et non spécialisés)
Bowerman Charles William (secrétaire général du *TUC* de 1921 à1923)
Browley John (mécaniciens et chauffeurs de locomotives)
Citrine Walter (secrétaire général du *TUC* de 1923 à 1944)
Cook Arthur James (mineurs)
Elvin Herbert Henry (administration et employés de bureau)
Findlay Allan (modeleurs-mécaniciens)
Hallsworth Joseph (employés du commerce et de détail)
Hancock Florence (transport et travailleurs non spécialisés)
Hayday Arthur (ouvriers non spécialisés et municipaux)
Hicks George (bâtiment)
Hill John (chaudronniers et ouvriers des constructions navales)
Holmes William (travailleurs agricoles)
Loughlin Anne (ouvriers tailleurs et du vêtement)
MacArthur Mary (fédération nationale des ouvrières)
Poulton Edward Lawrence (manufactures de chaussures)
Pugh Arthur (industries du fer et de l'acier)
Purcell Alf (commerces de l'ameublement)
Shaw Tom (textiles)
Shirkie Robert (secrétaire de la fédération nationale des ingénieurs)
Stuart-Bunning George Harold (postiers)
Thomas James Henry (cheminots)
Thorne William (travailleurs municipaux et non spécialisés)
Tillett Benjamin (transport et ouvriers non spécialisés)
Turner Ben (textiles)
Varley Julia (ouvriers non spécialisés)
Walker Robert Barrie (ouvriers agricoles),
Wilson Havelock (marins)

(Source : ABIT, Comptes rendus de la CIT et du CA, 1919-1939)

Le tableau I présente les principaux dirigeants syndicalistes britanniques, qui ont travaillé avec l'Organisation ou ont participé à ses débats durant l'entre-deux-guerres. Ces hommes et ces femmes sont délégués ou conseillers techniques de la délégation syndicale britannique, qui vient à Genève chaque année pour les réunions du conseil d'administration et de la conférence internationale du travail, dont ils président certaines commissions. Par ailleurs, ils correspondent avec Albert Thomas et Edward Phelan pour se tenir informés mutuellement de leurs préoccupations et de la situation politique en Grande-Bretagne[55]. Pour les syndicats britanniques, la coopération internationale avec l'OIT est différente de celle menée dans le cadre de l'*IFTU* qui est exclusivement syndicale. La conférence internationale du travail de 1927 est ainsi commentée très positivement par le *TUC* dans son rapport annuel, qui souligne l'intérêt de travailler à l'international à travers une organisation ayant gagné la confiance des travailleurs et qui permet aux syndicats du monde entier de collaborer avec leur gouvernement dans un cadre élargi.

Dans cet esprit, Albert Thomas soigne les collaborations avec les syndicats britanniques pour renforcer l'action de son Organisation dans les années 1920. Le directeur envoie en Grande-Bretagne de nombreuses brochures sur l'OIT, pour une distribution auprès des organisations syndicales affiliées, et fait publier des petits pamphlets pour expliquer le travail accompli par la conférence aux ouvriers. De leur côté, les dirigeants syndicaux britanniques utilisent l'OIT comme un centre de renseignements à la fois sur les activités syndicales d'autres pays, sur l'obtention de statistiques et sur les normes internationales promulguées par l'Organisation. Pour ces syndicalistes britanniques, l'OIT représente une opportunité d'internationaliser leurs revendications. Ils participent activement aux débats de l'OIT, notamment sur la question des heures de travail, sur la question du chômage et des congés payés. Ils s'appuient sur les recherches et les efforts normatifs de l'Organisation dans l'optique finale de peser sur les décisions gouvernementales. En cela, les syndicats suivent la

55. ABIT, CAB A.T. CAT 7-141 Margaret Bondfield, CAT 5-64-1-1 Relations et Informations Royaume-Uni (Mr. Walter Citrine, Mr. Tom Shaw, Mr. J. H. Thomas, Mr Ben Tillett) ; CAB E. Phelan Z1/25/1/2 Ernest Bevin, Z1/25/3/1 Sir Walter Citrine.

tendance du parti travailliste dont les dirigeants prennent conscience dans les années 1920 qu'un règlement international des problèmes peut amener plus facilement des solutions nationales sur des sujets comme la question des dettes, les réparations de guerre et les tarifs commerciaux. Ainsi, lors des travaux de la commission sur les congés payés, le délégué ouvrier britannique Herbert Elvin introduit des amendements en se basant sur la pratique anglaise qu'il cherche à faire consacrer par le biais d'une convention internationale, afin d'égaliser les charges qu'une telle réforme imposerait à l'industrie[56].

C'est le président du *TUC* en 1919, George Harold Stuart-Bunning (1870-1951) de la fédération syndicale des postiers, qui est choisi comme premier délégué syndical britannique à l'OIT de 1919 à 1922. Il est remplacé par Edward Lawrence Poulton (1865-1937), homme politique et secrétaire du syndicat national des ouvriers des manufactures de chaussures, qui officie comme délégué ouvrier au conseil d'administration et à la conférence internationale du travail de 1923 à 1931 et comme vice-président du groupe ouvrier de 1928 à 1931[57]. À partir de 1932, Arthur Hayday (1869-1956), élu travailliste et syndicaliste, membre influent du syndicat national des travailleurs non spécialisés et des travailleurs municipaux prend sa succession. Tout comme le gouvernement, le délégué ouvrier vient toujours entouré de plusieurs conseillers techniques, en fonction des sujets traités par la conférence, dont le nombre varie entre quatre et neuf personnes. Les membres de la délégation ouvrière sont, comparativement aux délégations gouvernementales et patronales, toujours les plus nombreux. Parmi ces conseillers, certains deviennent des réguliers des assemblées de l'OIT, à l'image de James Henry Thomas, secrétaire général du puissant syndicat des cheminots, Benjamin Tillett, secrétaire du syndicat des ouvriers des transports et des ouvriers non spécialisés, Margaret Bondfield, secrétaire de la section des femmes au syndicat national des ouvriers, et pour les conférences maritimes, J. Havelock Wilson, président du syndicat

56. ABIT, D620/1000/2, International Labour Session, Committee on Paid Holidays, Minutes French ; ABIT, CIT 20e session, 1936, intervention d'Herbert Elvin.

57. Alan Fox, *A History of the National Union of Boot and Shoe Operatives, 1784-1957*, Blackwell, Oxford, 1958; ABIT, Cabinet Files XR25/3/5, E. L. Poulton.

des marins et des pompiers. Dans les années 1930, autour d'Arthur Hayday, Ernest Bevin vient à plusieurs reprises à Genève, ainsi qu'Herbert Elvin, secrétaire de l'Union nationale des employés de bureau et Joseph Hallsworth, secrétaire de l'union des employés de commerce et travailleurs similaires, tous trois comme conseillers de la délégation syndicale britannique. Les représentants des principaux syndicats britanniques se déplacent donc en nombre à Genève pour collaborer avec l'OIT, faisant preuve de leur intérêt et de leur engagement en faveur de l'Organisation.

La participation régulière d'Ernest Bevin aux réunions de l'OIT offre l'opportunité de saisir les occasions de transfert d'idées et d'influences qui s'opèrent entre la sphère nationale et l'international. En 1928, Bevin assiste pour la première fois à la conférence internationale du travail, afin de défendre en plénière un projet de convention sur la prévention des accidents sur les docks. Il joue ainsi un rôle important comme leader du groupe ouvrier pour mener à terme les discussions sur cette convention essentielle pour les ouvriers britanniques car, en Grande-Bretagne, après le travail dans les mines, les quais de déchargement sur les docks sont le lieu où le plus d'accidents du travail sont comptabilisés. Une *Commission de la protection des ouvriers occupés au chargement et au déchargement des navires* est créée spécifiquement pour cette question lors de la Conférence. Bevin en est le vice-président et y défend l'idée de réaliser une convention internationale sur le sujet, basée sur les meilleures législations de différents pays qui ont développé un système de prévention des accidents du travail. Il souhaite notamment élargir la prévention des accidents à terre à ceux qui interviennent à bord des bateaux et que l'application des dispositions législatives votées par les parlements soit mieux contrôlée. Bien qu'ayant suscité de vifs débats, la plupart de ses suggestions sont retenues par la conférence internationale du travail et font l'objet de la Convention n° 28 de 1929, sur la protection des dockers contre les accidents. Ernest Bevin est présent également en 1933 pour participer aux discussions sur la semaine de quarante heures. Ces débats internationaux ont une influence sur la pensée de Bevin, qui propose au *TUC* d'inscrire la semaine de quarante heures en Grande-Bretagne comme recommandation pour réduire le chômage. Il a du mal à convaincre ses partenaires sociaux en Grande-Bretagne, mais cet épisode montre comment leur participation aux forums internationaux inspire les syndicalistes à tenter de nouvelles réformes au niveau national. La question des transferts de l'expérience internationale vers le national est ainsi signifiante dans plusieurs domaines liés à la protection de l'ouvrier dans l'entre-deux-guerres. En effet, à plusieurs reprises les syndicats nationaux utilisent les expériences internationales pour renforcer leur position au niveau national, en se servant des conventions négociées à l'OIT pour exiger plus de réformes du gouvernement[58].

Néanmoins, la transposition des conventions de l'OIT ne se fait pas sans mal en Grande-Bretagne. En effet, le problème majeur pour la relation entre l'OIT et les syndicats britanniques, est que les classes populaires sont souvent opposées à l'intervention de l'État[59]. Dans l'imaginaire collectif, l'État est essentiellement associé en matière sociale à des interventions négatives comme la *Poor Law,* la police ou les châtiments, plutôt que considéré comme une force positive. En conséquence, une politique législative intrusive est toujours vue avec méfiance de la part des syndicats, qui préfèrent généralement les négociations collectives pour satisfaire leurs revendications. Ces pratiques sociales rendent la transposition du travail de l'OIT en Grande-Bretagne difficile. Ainsi, même si les syndicats britanniques sont attachés à la promotion d'idées défendues à l'international, traduire les conventions internationales produites à l'OIT en acte législatif dans le pays relève d'un tout autre combat.

---

58. ALSE, Walter Citrine Papers ; Rapports annuels du British Annual Trade Union Congress disponibles en-ligne sur le site : http://www.unionhistory.info

59. Geoffrey Finlayson, *Citizen, State, and Social Welfare in Britain, 1830-1990*, Oxford, Clarendon Press, 1994 ; Noel Whiteside, « Social Welfare and Industrial Relations, 1914-39 » in Chris Wrigley (ed.) *A History of British Industrial Relations…, op. cit.*, pp. 211-242.

Chapitre 2

Circulations et transferts des pratiques sociales

Les pratiques du *civil service* britannique ont eu une influence majeure sur la mise en place administrative de l'OIT. Dans le même esprit, se pose la question de l'influence des normes et des pratiques sociales britanniques sur l'élaboration des conventions internationales de l'OIT. En effet, durant l'entre-deux-guerres, l'OIT mène deux activités principales. La première est une activité de recherche, afin de collecter des données sur le travail par pays, réaliser des études comparatives et produire des statistiques dans le domaine du travail. La seconde et principale fonction est normative : la plus grande partie du travail des fonctionnaires et des experts de l'Organisation est consacrée à l'élaboration de conventions et de recommandations internationales. Les conventions sont des instruments juridiques auxquels les États membres peuvent décider de devenir partie, tandis que les recommandations servent de référence aux gouvernements pour des standards à atteindre en matière de travail. Pas moins de soixante-sept conventions et soixante-six recommandations sont adoptées par la conférence internationale du travail entre 1919 et 1939[1]. Les conventions visent des améliorations générales de la condition ouvrière, comme la journée de huit heures, les congés

1. *Normlex*, base de données des instruments juridiques de l'OIT : http://www.ilo.org/dyn/normlex/fr. Sur les recommandations de l'OIT voir G. P. Politakis et M. Kroum, « Les recommandations internationales du travail : instruments mal exploités ou maillon faible du système normatif ? », in J. C. Javillier, B. Gernigon,

payés, et les assurances sociales (maladie, vieillesse, invalidité, décès), la protection des enfants et des femmes au travail, elles couvrent des métiers à risque tels les marins et les dockers, ainsi que l'interdiction de substances dangereuses dans l'industrie comme la céruse. Si les recommandations sont des instruments non contraignants, la constitution de l'OIT prévoit que les conventions adoptées par la conférence doivent ensuite être soumises à ratification pour avoir force de loi en droit national (article 19, alinéa 5). Néanmoins, aucune obligation ou sanction n'est prévue en cas de non-ratification desdites conventions, ce qui rend le travail normatif de l'Organisation étroitement dépendant de la bonne volonté politique de ses États membres, en particulier de celle des grandes puissances. En outre, le processus de ratification conditionnelle impose une relation de dépendance de nombreux pays vis-à-vis des grandes puissances dans la mise en œuvre des conventions[2].

En 1919, la Grande-Bretagne est dotée de lois, d'un système d'assurances et de pratiques sociales susceptibles de servir de référence à l'OIT. Certains experts affirment en conséquence que la Grande-Bretagne est une source majeure d'inspiration pour la formulation des conventions de l'OIT[3]. D'autres soutiennent qu'en matière de protection sociale dans l'entre-deux-guerres, c'est le modèle assuranciel allemand qui a servi de référence aux travaux conduits par l'OIT pour promouvoir des assurances sociales obligatoires, contributives et gérées par les partenaires sociaux[4]. Néanmoins, dans

---

G. Politakis (ed.), *Les normes internationales du travail : un patrimoine pour l'avenir. Mélange en l'honneur de Nicolas Valticos*, Genève, BIT, 2004.

2. Jean-Michel Servais, *International Labour Law*, The Hague, Kluwer Law International, 2010.

3. Paul O'Higgins, « International Standards and British Labour Law », in R. Lewis ed., *Labour Law in Britain*, Oxford, Basil Blackwell, 1986 ; George Alexander Johnston, « The Influence of International Labour Standards on Legislation and Practice in the United Kingdom », *International Labour Review*, n° 97, 1968, pp. 465-487.

4. Aiqun Hu, Patrick Manning, « The Global social insurance movement since the 1880s », *Journal of Global History*, vol. 5, n°1, 2010, pp.125-148 ; Patricia Toucas-Truyen, « L'internationalisation du thème de la protection sociale (1889-1939) », in Michel Dreyfus (ed.), *Les assurances sociales en Europe*, Rennes, PUR, 2009, pp. 209-259 ;

un domaine spécifique, celui de la protection des enfants au travail, le modèle anglais (les *Factory Acts*) a servi de référence. L'attention portée aux circulations d'idées et de pratiques entre les fonctionnaires de l'OIT et les responsables britanniques, politiques et syndicaux, révèle les emprunts et les transferts entre modèles nationaux et cadre international. Ce chapitre se consacre à en identifier les principales composantes.

Il nous est donné d'étudier d'une part l'influence du système social britannique sur le travail de l'OIT et, d'autre part, la réceptivité des Britanniques aux normes internationales, notamment la disponibilité à intégrer les normes de l'OIT dans l'arsenal législatif national. Cette circulation à double sens peut se mesurer, en premier lieu, par le nombre de conventions internationales ratifiées par la Grande-Bretagne et la production de nouvelles normes nationales qui en découlent, afin d'adapter la loi nationale aux référents internationaux. Mais au-delà du nombre de normes internationales ayant fait l'objet de ratifications par le gouvernement britannique, c'est l'identification et l'étude des mécanismes et des acteurs qui facilitent, ou freinent, les processus de ratification des normes internationales en Grande-Bretagne qui révèlent véritablement la réalité des circulations. L'exemple de la Convention de huit heures est à cet égard éclairant. En effet, la Grande-Bretagne qui a voté pour l'adoption de cette convention à la Conférence de Washington en 1919, refuse pendant une vingtaine d'années de la ratifier. La mise au jour des raisons de ce refus éclaire les forces profondes derrière la politique sociale britannique.

Les influences réciproques en matière normative ne se mesurent cependant pas uniquement en termes de ratification. Le travail réalisé en amont de l'élaboration des conventions internationales entre les fonctionnaires de l'OIT et les acteurs nationaux engendre de nombreuses discussions et échanges d'idées qui, et bien que difficilement quantifiables, sont les lieux de genèse des influences.

Sandrine Kott, « De l'assurance à la sécurité sociale. L'OIT comme acteur international (1919-1944) », 2009, http://www.ilo.org/public/english/century/information_resources/download/kott.pdf.

L'analyse des correspondances entre les acteurs de l'OIT et les Britanniques montre comment l'Organisation constitue un lieu d'échange de pensées et de pratiques et tend à prouver que son travail a un impact sur certains acteurs britanniques qui légitiment par ce biais leurs pratiques nationales. L'OIT joue ainsi un rôle de *clearing house*, c'est-à-dire un lieu où les acteurs nationaux et transnationaux échangent des informations[5].

L'importance du travail normatif, que réalise l'OIT dans l'entre-deux-guerres, permet de remettre en perspective la construction du *Welfare State* britannique. Les milieux libéraux internationalistes et syndicalistes sont au cœur de l'analyse, dans la mesure où ils négocient avec les acteurs politiques britanniques l'articulation des projets nationaux en rapport avec l'international. L'apport théorique et pratique des Britanniques au travail de l'OIT est analysé afin d'évaluer si leur modèle a servi de référence aux travaux de l'Organisation. Puis, dans un second temps, sont étudiés les processus de transfert et les tentatives d'incorporation des normes internationales dans l'arsenal juridique national. L'hypothèse est que l'existence de réseaux parallèles avec des motivations différentes, engendre un décalage entre le statut de grande puissance de la Grande-Bretagne, une réalité sociale nationale avancée, et une faible volonté internationale d'influer sur le développement des pratiques dans le reste du monde. Cette situation perdure jusqu'à la Seconde Guerre mondiale qui bouleverse alors les équilibres.

1. Le système de protection sociale britannique

En Grande-Bretagne, l'origine de l'expression de *Welfare State* est matière à controverse parmi les historiens. L'*Oxford English Dictionary* attribue le premier usage écrit à l'archevêque de Canterbury, William

5. Davide Rodogno et al. « Introduction », *Relations internationales*, vol. 151, n° 3, 2012, pp. 3-9.

Temple, qui, dans un ouvrage paru en 1941[6], emploie l'expression pour la mettre en opposition à celle de *Warfare State,* c'est-à-dire l'organisation de l'État à des fins de guerre. Plusieurs historiens montrent cependant que l'expression est utilisée auparavant, à la fin des années 1930, et de manière spécifique, afin de se différencier des régimes des États totalitaires (fascistes et communistes). L'internationaliste Alfred Zimmern l'utilise dans un discours fait en 1934, *Quo Vadimus,* en l'opposant au terme de *power state* qui désigne l'Allemagne nazie[7]. L'expression est ensuite popularisée par la publication du rapport Beveridge. Elle désigne alors couramment l'ensemble des lois travaillistes édictées après la Seconde Guerre mondiale par le gouvernement de Clement Attlee, afin de mettre en place un État social. On doit toutefois relever que Beveridge n'utilise pas l'expression de *Welfare State* dans son rapport, mais lui préfère le terme de *Social-Service State.*

Compte tenu du fait que le terme de *Welfare State* désigne, par son usage le plus répandu, un système propre à la période post-Seconde Guerre mondiale, il a semblé plus opportun de lui préférer celui de « modèle social britannique » pour qualifier la voie sociale spécifique à la Grande-Bretagne dans l'entre-deux-guerres. Parler de modèle social britannique pour l'entre-deux-guerres demeure néanmoins un raccourci commode. En effet, avant la publication du rapport Beveridge en 1942, la Grande-Bretagne dispose d'un nombre restreint de lois protectrices dans l'industrie et d'un système d'assurances chômage et santé qui ne constituent pas réellement un ensemble cohérent, mais plutôt une combinaison de pratiques et de lois. Cet ensemble compose néanmoins un cadre social qui est spécifique à la Grande-Bretagne : il s'agit d'une voie libérale qui se construit de manière progressive afin de bâtir un État social[8]. Le traitement pragmatique des problèmes

---

6. William Temple, *Citizen and Churchman*, London, Eyre & Spottiswoode, 1941.

7. Au sujet de la controverse, Peter Henessy, *Never again : Britain 1945-51*, London, J. Cape, 1992 ; David Edgerton, *Warfare State : Britain, 1920-1970*, Cambridge, Cambridge University Press, 2006.

8. Noel Whiteside « L'assurance sociale en Grande-Bretagne 1900-1950 », in Michel Dreyfus (ed.), *Les assurances sociales en Europe*, *op. cit.*, pp. 127-58.

sociaux est la caractéristique principale qui préside à la mise en place et à l'évolution des lois sociales britanniques dans l'entre-deux-guerres.

La construction de l'État-Providence par une série de mesures législatives et administratives est réalisée en Grande-Bretagne par des fonctionnaires de l'administration publique, les mêmes hommes qui collaborent avec l'OIT. L'étude de ces circulations permet d'appréhender le modèle social britannique comme un processus dynamique et non plus seulement comme un phénomène national tel qu'il apparaît dans l'historiographie du *Welfare State,* centrée sur les questions de son émergence et de son évolution[9]. La description de la voie sociale britannique, comprise comme le corpus de lois et de leur mise en application, permet d'éclairer une des facettes du paradoxe britannique, comme par exemple le fait de comprendre pourquoi, alors que de manière globale les syndicats soutiennent l'OIT, ils rejettent parfois certaines normes produites par l'Organisation. Les *Poor Laws* jouent à cet égard un rôle central dans l'histoire sociale britannique[10]. En effet, dès leur origine à l'époque des Tudors au milieu du 16e siècle, ces lois sont pensées dans le but de contrôler les populations pauvres. La *New Poor Law,* promulguée en 1834, supprime l'aide à domicile estimée trop onéreuse par l'élite britannique, afin de créer des hospices (*workhouses*) pour subvenir aux besoins des faibles et des pauvres : en théorie ces derniers sont logés, nourris, et habillés en échange d'un travail journalier. Ces hospices sont régis selon le principe de *less egibility,* qui signifie que les conditions de vie ne doivent pas y être plus attrayantes que celles à l'extérieur, ceci afin de décourager les prétendants à l'aide sociale[11]. Les conditions d'existence dans ces

9. Harris Bernard, *The Origins of the British Welfare State : Social Welfare in England and Wales, 1800-1945*, Basingstoke, Palgrave Macmillan, 2004 ; Sullivan Michael, *The Development of the British Welfare State,* London, Prentice Hall/Harvester Wheatsheaf, 1996.

10. Paul A. Fideler, *Social Welfare in Pre-industrial England, The Old Poor Law Tradition*, Basingstoke, Palgrave Macmillan, 2005 ; Anthony Brundage, *The English Poor Laws, 1700-1930*, Basingstoke Palgrave, 2002 ; Robert Humpreys (ed.), *Poverty and the Poor Law*, 6 Volume Set, Basingstoke, Palgrave Macmillan Ltd, 2003.

11. M. A. Crowther, « The later years of the workhouse 1890-1929 », in Pat Thane (ed.), *The Origins of British Social Policy, op. cit.*, pp. 36-55.

hospices sont dégradantes, parfois jusqu'à dix-huit heures de travail par jour, des châtiments corporels et des salaires de misère. Le réformateur industriel Richard Oastler les qualifie de prisons pour les pauvres. Les conditions stigmatisantes de cette *Poor Law,* qui associe la pauvreté à un crime, la rend particulièrement honnie du peuple britannique, tout autant que le sont les *Boards of Gardians* chargés de l'administrer. Elle joue néanmoins un rôle central dans l'édification de l'État social, car toutes les lois mises en place aux 19 et 20es siècles partent de réflexions autour de la *Poor Law* pour en améliorer le fonctionnement.

Les mouvements philanthropiques occupent ainsi une place centrale en Angleterre au 19e siècle ; leurs actions sont souvent guidées par des motivations à caractère religieux et ils sont à l'origine de l'élaboration des lois dites protectrices entre 1830 et 1880. L'assistance sociale se développe aussi dans le cadre des *Friendly Societies,* des syndicats, et des sociétés coopératives. Les *Friendly Societies* sont des sociétés de secours mutuelles indépendantes qui jouent un rôle de compagnies d'assurances sur la base de cotisations versées et gérées par leurs propres membres. Elles occupent une place prépondérante dans la société britannique au point de contraindre les promoteurs de l'assurance maladie, et David Lloyd George en particulier, à tenir compte de leur existence, lorsqu'il dessine les contours de la loi sur l'assurance maladie et chômage en 1911[12]. Alors que les *Friendly Societies* sont des organisations dont les membres ne sont pas forcément de la même profession, les syndicats et les guildes constituent également leurs propres caisses pour leurs affiliés, généralement regroupés par métier. Dans la deuxième moitié du 19e siècle, les syndicats issus de secteurs bien rémunérés, tels que la mécanique, le bâtiment et l'imprimerie, mettent ainsi en place des systèmes de prestations sociales (maladie, chômage et retraite) pour leurs membres.

Les développements de l'industrialisation entraînent une prise de conscience de l'inadéquation des dispositifs de la *Poor Law,* face à la montée du chômage et de la pauvreté à la fin du 19e siècle,

12. Humphrey Southall, « Ni l'État ni le marché. Les premières prestations sociales en Grande-Bretagne », *Genèses*, 1995, pp. 6-29.

à laquelle l'enquête sur la pauvreté de Charles Booth à Londres n'est pas étrangère[13]. Néanmoins, les raisons qui poussent le gouvernement britannique libéral à légiférer en matière sociale au début du 20e siècle sont principalement électorales et économiques. En effet, depuis le droit de vote accordé à la classe ouvrière (lois de 1867 et 1884), l'électorat travailliste a augmenté. Les réformes sociales servent dans cette optique la politique des libéraux en vue de rallier ces nouveaux électeurs. Ces réformes sont menées également dans le but d'assainir les finances publiques locales, sur lesquelles la progression de l'indigence finit par peser et par conséquent, à inquiéter.

Une étape majeure dans la construction du *Welfare State* est réalisée sous le gouvernement libéral d'Herbert Asquith. Entourés de fonctionnaires du *civil service,* notamment William Beveridge et Lewellyn Smith, David Lloyd George et Winston Churchill mettent en place une série de lois sociales assurant, au sein de l'école, repas et services médicaux aux enfants. Ils développent le logement social, introduisent le salaire minimum dans certaines industries (*Trade Board Act,* 1909) et cherchent à promouvoir la mobilité du marché du travail pour lutter contre le chômage (*Labour Exchanges Act,* 1908). Deux lois forment le cœur de cette législation libérale d'avant-guerre. En 1908, *l'Old Age Pensions Act* établit un régime de pensions de vieillesse financé par l'impôt, versé à partir de 70 ans et soumises à condition de ressources[14]. En 1911, le *National Insurance Act* fonde les premières assurances maladie et chômage obligatoires selon le principe contributif. La première partie de cette loi contient une assurance maladie, tandis que la seconde comporte une assurance chômage qui couvre cinq secteurs de l'industrie et offre des indemnités sur quinze semaines[15].

---

13. Charles Booth, *Life and Labour of the People,* 1st ed., Vol. I., Williams and Norgate, London, 1889.

14. John Macnicol, *The Politics of Retirement in Britain, 1878-1948,* Cambridge, Cambridge University Press, 1998.

15. Bentley Gilbert, *The Evolution of National Insurance in Great Britain, the Origins of the British Welfare State,* London, Michael Joseph, 1966 ; Noel Whiteside « L'assurance sociale en Grande-Bretagne 1900-1950 », *op. cit.*

Le *National Insurance Act* de 1911 a un impact très fort dans l'opinion en Grande-Bretagne. Cette loi signale en effet un changement dans les fonctions de l'État, tout autant qu'elle popularise l'idée que ce dernier peut être une source directe d'aide sociale, par le biais des assurances. Progressiste, cette loi a cependant des faiblesses, la plus importante étant le nombre de personnes non couvertes par l'assurance, en particulier les femmes et les enfants. Ayant principalement pour objectif de rationaliser le marché de l'emploi, ces lois ne rencontrent pas l'assentiment des syndicats. Ces derniers s'opposent en particulier à l'assurance chômage. Réfutant son côté obligatoire, ils souhaitent que les travailleurs puissent s'assurer sur une base volontaire[16]. Cet état d'esprit explique certaines réticences des ouvriers à ce que le gouvernement donne corps à toutes les conventions de l'OIT dans l'entre-deux-guerres.

La politique de concessions aux grévistes et au monde ouvrier en général tend à se raidir avec la fin de la Première Guerre mondiale, car la compétitivité de l'économie britannique redevient un sujet de préoccupation majeure pour le gouvernement. Ce dernier rejette toute mesure de nationalisation préconisée par le *Labour* et retient en revanche toutes les recommandations du rapport Cunliffe de 1919 : le retour à l'équilibre budgétaire et la remontée de la livre, couplée à l'augmentation de la pression fiscale et à la baisse des prix et des salaires. Dès 1919, le *Home rule for industry* est souhaité par le gouvernement de coalition, afin de revenir aux conditions de laissez-faire d'avant-guerre. Dans les années 1920, la Grande-Bretagne est la seule grande puissance à garder une économie de libre-échange et ce malgré les grèves, la montée des travaillistes et l'effondrement du système international financier. Le retour à l'orthodoxie économique libérale, voulu par les conservateurs qui souhaitent limiter les dépenses de l'État, paralyse les projets de réformes sociales promis par David Lloyd George pendant la guerre, mais gelés à partir de 1921[17].

---

16. Noel Whiteside, « Définir le chômage ; traditions syndicales et politiques nationales », in Malcolm Mansfield, Robert Salais et Noel Whiteside (ed.), *Aux sources du chômage 1880-1914 : une comparaison interdisciplinaire entre la France et la Grande-Bretagne*, Paris, Belin, 1994.

17. Chris Wrigley, *David Lloyd George and the challenge of Labour : the post-war coalition, 1918-1922*, London, Harvester Press, 1990 ; Inbal A. Rose, *Conservatism and*

Les réalisations gouvernementales de l'entre-deux-guerres se révèlent ainsi en deçà des attentes du monde ouvrier. L'État ne fait que développer les lois et les assurances déjà existantes, en particulier en ce qui concerne les assurances chômage, santé et vieillesse. De nouvelles catégories de travailleurs sont couvertes et les indemnités sont augmentées, mais le système n'est pas repensé dans son intégralité. La politique sociale britannique de l'entre-deux-guerres connaît des contradictions inhérentes : d'un côté le développement de certaines lois oriente le pays vers un État social, d'un autre côté, l'orthodoxie libérale amène à l'individualisme. Cette politique est qualifiée *d'Interwar Indeterminism*[18].

Si le développement de la législation à caractère social en Grande-Bretagne appartient à un processus plus vaste, qui se retrouve dans les autres pays industrialisés à la fin du 19e siècle[19], certains traits lui sont propres, notamment en raison de la présence d'idéologies telles que l'empirisme, la volonté de financer les institutions d'aide sociale par des contributions volontaires plutôt qu'étatiques et la non-systématisation de la mise en place de mesures protectrices. Outre le développement de son arsenal législatif, la Grande-Bretagne connaît également des usages pratiques au sein de l'industrie qui ont des conséquences directes sur les relations avec l'OIT. La principale de ces pratiques est l'utilisation de conventions collectives, au niveau local dans les usines entre ouvriers et patrons, afin de fixer les conditions de travail, en particulier le nombre d'heures de travail. Cette pratique, ajoutée à la segmentation de l'industrie en Grande-Bretagne, détermine des conditions de travail qui peuvent varier fortement d'une région ou d'une industrie à l'autre. C'est l'existence de ces conventions collectives qui, souvent, temporise l'enthousiasme des ouvriers et des syndicats vis-à-vis des normes produites par l'OIT. Leur principale inquiétude est que la ratification par l'État britannique

---

Foreign Policy during the Lloyd George coalition, 1918-1920, London, F. Cass, 1999.

18. Anne Digby, *British Welfare Policy : Workhouse to workfare*, London, Faber & Faber, 1989.

19. E. P. Hennock, *The origins of the Welfare State in England and Germany, 1850-1914 : social policies compared*, Cambridge, Cambridge University Press, 2007 ; François-Xavier Merrien, (ed.), *L'État social, une perspective internationale*, Paris, Dalloz, 2005.

de ces conventions internationales contrevienne aux avantages qu'ils ont réussi à obtenir localement.

L'autre caractéristique essentielle du monde industriel britannique, est la réticence des deux principales organisations syndicales et patronales (*TUC* et *NCEO*) à ce que l'État intervienne ou interfère dans le monde industriel pour le réglementer. Pendant la Première Guerre mondiale, l'État a été contraint d'intervenir dans les relations industrielles afin d'en contrôler la production pour l'industrie de guerre. La guerre terminée, les grands industriels et le patronat exigent rapidement le démantèlement de ces contrôles et un retour au laissez-faire économique. Les syndicats expriment le souhait similaire. Ils sont réfractaires à ce que l'État intervienne dans leur sphère d'action pour une double raison : d'une part, ils préfèrent gérer directement les relations avec le patronat sans intermédiaire et, d'autre part, les travailleurs confèrent généralement aux interventions de l'État un caractère négatif, essentiellement à cause de son implication dans la *Poor Law*.

2. Rôle des acteurs britanniques dans l'élaboration des normes internationales

L'influence des Britanniques sur le travail normatif de l'OIT dans l'entre-deux-guerres est analysable selon deux modalités. La première consiste à étudier la présence d'acteurs britanniques qui collaborent de manière récurrente avec l'OIT. Le postulat que l'expérience et l'origine des décideurs jouent un rôle sur les transferts de savoirs, c'est-à-dire que la pratique nationale constitue la ressource référentielle quasi naturelle des acteurs, est en effet peu risqué à énoncer. La seconde modalité consiste en une étude comparative entre les normes nationales britanniques et les normes internationales créées par l'OIT.

Dans l'entre-deux-guerres, les circulations et les échanges entre les Britanniques et l'OIT sont nombreux. Le premier chapitre a montré les différentes formes de collaboration de ces derniers avec l'OIT, que ce soit comme fonctionnaires de l'Organisation, comme délégués du gouvernement, des travailleurs, des employeurs, ou comme experts. Les occasions de transmission du savoir-faire britannique sont donc multiples. Dans certains cas précis, ces influences sont particulièrement visibles et significatives. L'OIT a ainsi collaboré dans l'entre-deux-guerres, de manière plus ou moins régulière et intense, avec des économistes et sociologues britanniques de renom. Cette collaboration a revêtu plusieurs formes : des correspondances, des commandes d'articles pour la *Revue internationale du Travail* (plusieurs articles de Sydney Webb par exemple) ou des collaborations plus approfondies dans un domaine précis d'expertise. William Beveridge apporte ainsi son expertise sur la question du chômage en se servant des lois qu'il a contribué à élaborer. Le *Labour Exchange Act* de 1909 et le *National Unemployment Insurance Act* de 1911 ont servi de référence pour la commission de l'OIT, qui a produit la Convention n° 2 sur le chômage en 1919. Beveridge devient en 1920 membre de la Commission technique du chômage de l'OIT qui cherche à uniformiser les statistiques nationales du chômage[20]. Puis il travaille avec la section des assurances de l'OIT, dirigée par le Français Adrien Tixier, et est membre dans les années 1920 du comité de correspondance des assurances de l'OIT. Néanmoins, l'influence des Britanniques dans le domaine des assurances est moindre que l'influence allemande. En effet, la création en 1911 en Grande-Bretagne, d'une loi d'assurances chômage et santé n'a pas généré de réservoir particulier d'experts, regroupés au sein d'une institution publique centralisée, car la gestion de l'assurance santé en particulier est laissée essentiellement aux *Friendly Societies,* c'est-à-dire des assureurs privés[21].

20. Ingrid Libeskind, « Modern Unemployment : From the Creation of the Concept to the International Labour Office's First Standards », in S. Kott, J. Droux (ed.), *Globalizing Social Rights.., op. cit.*, pp. 67-84.

21. Sandrine Kott, « Une communauté épistémique du social ? Experts de l'OIT et internationalisation des politiques sociales dans l'entre-deux-guerres », *Genèses*, vol. 22, n°71, 2008, pp. 26-46 ; Noel Whiteside, « Private agencies for public purposes : some new perspectives on policy making in health insurance between the wars », *Journal of Social Policy*, vol.12, 1983, pp. 165-94.

Aux côtés de William Beveridge, l'économiste John Maynard Keynes est la seconde personnalité britannique dont la pensée a influencé la direction des travaux de l'OIT[22]. Keynes publie de nombreuses études dans l'entre-deux-guerres, notamment sur la question du chômage qu'il théorise en termes économiques et en analysant les dysfonctionnements du système capitaliste. Ses idées ont ainsi été largement diffusées en Europe. Keynes a été consulté à plusieurs reprises par l'OIT pour donner son avis sur des questions économiques et sur le chômage, et l'Organisation a joué un certain rôle dans la diffusion de ses idées. Dans son ouvrage de 1936, Keynes se félicite de la volonté de l'OIT de promouvoir des projets d'investissements par les pouvoirs publics pour parer au chômage selon ses préceptes[23].

La nomination des experts dans les différents comités ou commissions spécialisées de l'OIT est l'objet de fortes rivalités. L'enjeu est en effet d'investir ces lieux de travail afin, par le biais des experts qui y sont nommés, d'influencer les orientations de l'Organisation et de faire valoir les intérêts nationaux. Or les Britanniques figurent dans la majorité des commissions. C'est ainsi que la collaboration de leurs experts en raison de leurs parcours professionnels a permis des transferts de compétences et de connaissances. En tant que première nation à s'industrialiser, la Grande-Bretagne possède une expertise en matière de gestion du travail industriel et de ses corollaires, tels que les maladies liées à l'industrie, les substances dangereuses, ou les dispositifs de contrôles dans les usines, dont elle fait bénéficier les travaux de l'OIT. Par exemple, Malcolm Delevingne, sous-secrétaire au ministère de l'Intérieur, est un expert de l'inspection du travail et des contrôles dans les usines. Il a une connaissance des mécanismes de prévention des maladies industrielles et collabore avec l'OIT

22. Ingrid Liebeskind Sauthier, *L'Organisation Internationale du Travail face au chômage : compétences normatives et contribution à l'évolution de la pensée économique 1919-1939*, Thèse de doctorat, Université de Genève, 2005.

23. John Maynard Keynes, *La Théorie générale de l'emploi, de l'intérêt et de la monnaie*, 1936 (Paris, Payot, 1949 pour la trad. française), cité in Ingrid Libeskind Sauthier, « Histoire de la définition du chômage », *Courrier des statistiques*, n° 127, mai-août 2009.

afin de faire part de son expérience sur les pratiques britanniques dans les usines. En collaboration avec Butler, il conseille l'OIT sur la nomination des experts en silicose pour la Conférence de Johannesburg en1930 ; quatre experts britanniques sont nommés afin de collaborer à des travaux sur un sujet qui est bien documenté en Grande-Bretagne[24].

Un autre expert britannique, qui collabore plusieurs années avec l'OIT, est l'administrateur colonial Frederick Lugard (1858-1945). Il débute sa carrière comme officier dans l'armée en Inde, puis se rend en Afrique où, pendant une vingtaine d'années, il contribue à l'expansion britannique par le biais des compagnies commerciales, en particulier au Nigéria, dont il est le gouverneur de 1912 à 1918. De retour en Europe après sa retraite en 1918, il siège au comité d'experts sur l'esclavage et à la commission permanente des mandats de la SDN, jusqu'en 1933, et est membre de la commission de l'OIT sur le travail forcé de 1925 à 1941. La publication, en 1922, de son ouvrage *The dual Mandate in British Tropical Africa,* dans lequel il développe des idées progressistes sur la manière dont les gouvernements coloniaux doivent prendre en considération les peuples colonisés, lui vaut une reconnaissance internationale. Son expérience d'administrateur et les idées politiques qu'il a pu en tirer ont alimenté sa contribution aux travaux de la commission de l'OIT, qui prépare la Convention n° 29 sur le travail forcé, adoptée en 1930.

Les experts qui collaborent avec l'OIT légitiment les transferts des pratiques et contribuent à la fabrique de l'international. En sus de ce savoir-faire, les normes britanniques sont également une source d'inspiration pour les fonctionnaires de l'OIT. Bien que la collecte des arsenaux juridiques nationaux soit faite par l'OIT pour tous les États membres, le corpus britannique est toujours examiné avec une attention particulière par les services compétents de l'Organisation. Ainsi, un des domaines où les pratiques britanniques constituent un modèle pour l'OIT est celui de la protection des enfants au travail. La Grande-Bretagne légifère sur le sujet dès le début du 19e siècle en

24. ABIT, Studies and Reports Series F (Industrial Hygiene) No. 13, Silicosis Records of the International Conference held at Johannesburg, 13-27 August 1930.

promulguant plusieurs *Factory Acts* dans l'industrie du textile, étendus ensuite à d'autres secteurs de l'industrie. Le but du gouvernement est double : protéger les enfants dans les usines en limitant l'âge au travail, tout en développant des lois sur l'éducation allongeant la durée de la scolarité obligatoire, afin d'éviter un vide juridique entre le moment où l'enfant finit sa scolarisation et celui où il a le droit de travailler. La première loi sur le travail des enfants dans les usines date de 1802 (*The Health and Morals of Apprentices Act*, 1802). La loi de 1833 (*The Factory Act*, 1833) constitue un tournant. Elle interdit le travail en dessous de neuf ans et le limite à huit heures par jour pour les enfants de neuf à quatorze ans. Cette loi est la première à être effective, car elle est assortie d'un mécanisme de surveillance et de contrôle dans les usines. En contradiction avec les pratiques libérales dominantes, l'État britannique intervient dans la relation familiale : il décide à la place du père et édicte des restrictions sur la liberté individuelle. En effet, même si les *Factory Acts* sont promulguées pour protéger les enfants, elles visent en premier lieu l'intérêt de l'État (la guerre en particulier).

Le travail normatif britannique a servi de référence aux travaux de l'OIT, qui adopte seize conventions et recommandations dans l'entre-deux-guerres concernant la protection des enfants et des jeunes personnes[25]. De 1919 à 1922, l'OIT adopte cinq conventions sur l'âge minimum, une convention sur l'examen médical pour les jeunes gens en mer et deux recommandations. Dix ans après ces premières conventions, au début des années 1930, l'OIT reprend l'activité normative sur ce sujet pour adopter une convention d'âge minimum dans les emplois non industriels (1932). Cette influence doit être toutefois nuancée car la campagne, menée par l'OIT pour

25. Joëlle Droux, « From Inter-agencies Competition to Transnational Cooperation : the ILO contribution to Child Welfare Issues during the Interwar Years » in S. Kott, J. Droux (eds.), *Universalizing social rights.., op. cit.* ; Jane Humphries, *Childhood and Child labour in the British Industrial Revolution*, Cambridge, Cambridge University Press, 2011 ; G. K. Lieten « The ILO setting the Terms in the Child Labour Debate », in Jasmien van Daele (ed), *ILO Histories.., op. cit.*, pp. 443-460 ; Marjatta Rahikainen, *Centuries of child labour. European experiences from the 17th to the 20th century*, London, Ashgate, 2004 ; Marianne Dahlén, *The Negociable Child, The ILO Child Labour Campaign 1919-1973*, Universitetstryckeriet, Uppsala, Sweden, 2007.

l'introduction d'un âge minimum d'accès au travail, se construit sur l'expérience des nations industrielles et sur les normes du monde occidental en général. De plus, le fait que l'OIT se penche sur le travail des enfants n'est pas uniquement redevable au gouvernement britannique. C'est également par l'intermédiaire de l'influence des syndicats et de celle des réformateurs sociaux, qui travaillent sur ce sujet à l'AIPLT avant la Première Guerre mondiale, qu'un consensus existe.

Néanmois, il est vrai que l'expertise britannique est présente dès 1919 lors de la Conférence de Washington, grâce au Britannique Malcolm Delevingne qui en préside le comité d'organisation. Les réunions de ce comité qui préparent les canevas des conventions proposées à la première conférence internationale du travail se tiennent à Londres. Le comité étudie les lois britanniques pour préparer la Convention n° 5 sur l'âge minimum dans l'industrie, adoptée en 1919, et qui retient la limite de 14 ans avec des exceptions pour les pays dont l'école obligatoire finit avant 14 ans et qui ont demandé une période de transition comme les pays avec des conditions climatiques ou industrielles spéciales (le Japon, l'Inde, la Chine, la Perse et le Siam). C'est précisément parce que cette convention reprend un cadre normatif déjà appliqué que la Grande-Bretagne peut la ratifier immédiatement. On peut s'interroger sur le fait que ce soit un Britannique, mais non un expert des questions de l'enfance, John Daniel Dickinson, qui est nommé en 1923 pour gérer les questions de la protection des enfants au travail au sein du département des relations industrielles de l'OIT. Notaire de formation, Dickinson est engagé en 1920 à l'OIT, car il parle couramment le russe, mais il n'est en aucun cas un spécialiste des questions de l'enfance. Si les *Factory Acts* servent de source d'inspiration et de référence aux conventions de l'OIT en matière d'âge légal de travail, le choix de Dickinson à la tête de ce département tend à montrer que la mise en avant de l'expertise nationale britannique en matière législative ne constitue pas un objectif. C'est la maîtrise politique des commissions qui prime sur l'expertise à y apporter. Les réformateurs sociaux et les internationalistes britanniques se saisissent néanmoins de l'occasion du centenaire du *Factory Act* de 1833 pour faire de la publicité sur le travail de l'OIT pour la protection de l'enfance. Delevingne, en collaboration avec le comité industriel de la *LNU*, écrit une série d'articles sur les efforts législatifs britanniques, entrepris afin de protéger l'enfance depuis cent ans, et la manière dont l'OIT a pris le relais au niveau international pour protéger les enfants sur le marché du travail.

L'influence britannique est présente dans un deuxième domaine normatif, celui de l'organisation des travailleurs marins. Durant l'entre-deux-guerres, l'OIT convoque quatre conférences maritimes, en 1920, 1926, 1929, 1936 et adopte quatorze conventions réglementant le travail maritime. En tant que grande puissance navale, la Grande-Bretagne a un intérêt évident à surveiller les activités de l'OIT dans ce domaine, afin d'éviter la mise en place de règlements qui pourraient porter préjudice à ses intérêts commerciaux. La Grande-Bretagne ne ratifie d'ailleurs que la moitié de l'arsenal juridique de l'OIT sur ce sujet. Elle peut compter sur l'appui du puissant lobby des armateurs britanniques, représenté aux conférences maritimes de l'OIT par Cuthbert Laws, le directeur général de la *Shipping Federation* pour défendre les intérêts du pays. Dans le domaine maritime, et malgré l'opposition gouvernementale et patronale, l'influence britannique sur les normes est visible par le biais des syndicats et d'Ernest Bevin en particulier. En tant que dirigeant du syndicat *Transport and General Workers' Union*, Bevin a autorité sur l'ensemble des syndicats de dockers britanniques. Il défend leurs intérêts lors des conférences maritimes de l'OIT.

Bien que dilués dans l'ensemble des négociations internationales qui ont lieu dans l'enceinte de l'OIT, les influences et les emprunts normatifs sont identifiables dans les processus d'adoption des normes internationales. À l'exception des conventions sur l'âge minimum (industrie), qui sont directement inspirées du modèle britannique, les conventions internationales sont souvent des conventions hybrides qui empruntent à différentes traditions normatives afin de réconcilier des points de vue parfois très éloignés. Ce pragmatisme institutionnel conduit la plupart du temps à inclure au sein des conventions internationales des régimes d'exception, soit pour certaines catégories de travailleurs, soit pour certains pays. En fin de compte, si l'OIT emprunte peu au système social britannique c'est aussi que le système anglais d'assistance sociale ne correspond pas aux attentes de l'OIT. La question du droit social est appréhendée de manière minimaliste par les gouvernements britanniques de l'entre-deux-guerres. En conséquence, un pays comme l'Allemagne avec un modèle d'assurances sociales est plus attractif comme référence pour l'Organisation que le modèle britannique, où l'État légifère toujours dans le sens de l'assistance.

3. Réception en Grande-Bretagne de l'œuvre normative de l'OIT

La comparaison des ratifications des conventions de l'OIT par les trois grandes puissances européennes dans l'entre-deux-guerres, fait ressortir que sur 67 conventions adoptées par la conférence internationale du travail de l'OIT entre 1919 et 1939, la Grande-Bretagne et la France en ont ratifiées chacune 31 et l'Allemagne 18[26]. L'Allemagne quitte l'OIT en 1935, ce qui explique partiellement le nombre beaucoup moins élevé. En ce qui concerne la Grande-Bretagne et la France, elles n'adoptent même pas la moitié des normes juridiques de l'OIT pendant l'entre-deux-guerres[27]. En outre, il ne semble pas y avoir de corrélation en Grande-Bretagne entre le parti au pouvoir et l'agenda des ratifications. On ne distingue pas en effet de processus particulier de ratifications au moment où les travaillistes sont au gouvernement (1924, 1929-1931). Il n'y a donc pas de lien de causalité direct entre la politique travailliste et l'adoption des conventions internationales. Ce constat amène à chercher ailleurs que dans les lignes d'opposition idéologique et politique, les facteurs susceptibles d'influer sur l'incorporation de l'œuvre normative de l'OIT en Grande-Bretagne.

Si, au 21e siècle, les conventions internationales sont classées selon leur degré d'importance en conventions fondamentales,

26. Analyse faite sur la base de Normlex : http://www.ilo.org/dyn/normlex/fr.
27. Seule la Belgique fait mieux en ratifiant 32 conventions.

de gouvernances et techniques, ces distinctions n'existent pas dans l'entre-deux-guerres. Ce n'est pas pour autant que toutes les conventions sont d'égale importance pour l'équipe dirigeante du BIT ainsi que pour les travailleurs. Celles qui concrétisent des revendications anciennes du mouvement syndical international, comme la journée de huit heures, ont été considérées à cet égard comme fondamentales. Notons également que de nombreuses conventions adoptées dans l'entre-deux-guerres ne sont aujourd'hui plus en vigueur (comme celles sur l'âge minimum et sur les assurances). L'annexe I présente la position de la Grande-Bretagne sur les conventions adoptées entre 1919 et 1939. De manière générale, le pays ratifie les conventions considérées comme majeures par l'Organisation, comme celles sur le chômage, le travail forcé et sur les assurances sociales, avec deux exceptions notables : la Convention sur la journée de huit heures et celle sur les congés payés. Par ailleurs, les conventions en lien avec les méthodes de fixation des heures de travail dans l'industrie ne sont pas non plus ratifiées. Par conséquent, la Grande-Bretagne accepte la protection des droits des travailleurs élaborés au plan international, dans la mesure où celle-ci ne va pas à l'encontre des impératifs de production.

À partir des années 1950, l'OIT a publié une série d'études dans la *Revue internationale du travail* qui analysent les effets produits par son travail normatif sur les législations nationales. Le Britannique George Alexander Johnston (1888-1983), fonctionnaire à l'OIT de 1920 à 1957, a conduit une étude systématique sur la Grande-Bretagne. Elle couvre les efforts législatifs du pays, de 1921 à 1967, et classe les conventions ratifiées en trois différentes catégories : celles qui ont pu être ratifiées sans la nécessité de changer le droit national ; celles qui ont entraîné un changement dans la législation nationale ; et enfin une dernière catégorie de conventions non ratifiées, mais qui n'en ont pas moins exercé une influence sur la loi britannique du fait de leur existence[28]. Johnston argumente que la Grande-Bretagne ne ratifie que les conventions de l'OIT pour lesquelles des prescriptions de niveau identique existent déjà dans la loi britannique

28. George Alexander Johnston, « The Influence of International Labour Standards... », *op. cit.*

(en concordance avec la position de la plupart des pays). Il observe la tendance des gouvernements de l'entre-deux-guerres à ne pas ratifier les conventions sur des sujets qui historiquement sont régulés par des conventions collectives de travail.

Si je souscris pour l'essentiel à cette analyse, elle ne rend compte que de manière partielle des raisons qui motivent le gouvernement britannique à ratifier les conventions de l'OIT : d'autres facteurs sont à l'œuvre pour expliquer ces disparités. Il s'agit d'identifier quels sont les mécanismes qui facilitent, ou au contraire bloquent, les processus d'incorporation des normes internationales dans l'arsenal juridique britannique, afin d'expliquer pourquoi certaines conventions sont ratifiées plutôt que d'autres. Une déconstruction des mécanismes de politique interne permet d'amener des explications complémentaires, en se penchant sur le rôle et le poids des différents réseaux concurrents vis-à-vis du travail normatif de l'OIT.

L'importance et le rôle du comité interdépartemental dans les choix de politique du gouvernement britannique à l'égard de l'OIT ont été montrés dans le chapitre premier. C'est lors des réunions bimensuelles de ce comité que les représentants des différents ministères britanniques examinent les conventions de l'OIT et l'implication qu'elles auraient sur la loi britannique en cas de ratification. Ce comité détermine une ligne politique vis-à-vis de chaque convention qu'il soumet au gouvernement britannique en vue de discussions à la Chambre des communes. Afin d'élaborer sa politique, le comité interdépartemental classe les conventions selon deux critères majeurs : le premier consiste à savoir si la délégation gouvernementale britannique a voté en faveur de la convention à la conférence internationale du travail ; le second critère est de savoir si telle convention nécessite une adaptation de la loi nationale. Ainsi que Johnston l'a montré, le comité recommande de ratifier les conventions qui ne nécessitent pas d'adaptation de la loi britannique : tel est le cas pour les conventions sur le chômage (1919), sur le droit d'association dans l'agriculture (1921), sur la réparation des accidents du travail dans l'agriculture (1921), sur la réparation des accidents du travail (1925), sur les méthodes de fixation des salaires minima (1928), sur les assurances vieillesse, invalidité et décès dans l'industrie et l'agriculture (1933-1934), sur les maladies professionnelles (1934), le chômage (1934), les travaux souterrains pour les femmes (1935) et sur l'assurance maladie des gens de mer (1936). Concernant les femmes et les enfants, le gouvernement de Lloyd George édicte en 1920 une nouvelle loi, *The Employment of Women, Young Persons and Children Act,* qui permet au gouvernement de ratifier plusieurs conventions de l'OIT relatives à l'âge minimum dans l'industrie et l'agriculture (1919-1920) et au travail de nuit des femmes (1919).

Enfin, subsiste toute une série de conventions sur lesquelles la délégation gouvernementale britannique vote contre l'adoption à la conférence internationale du travail, et dont le comité interdépartemental ne recommande pas la ratification par le gouvernement : il s'agit des conventions sur le repos hebdomadaire dans l'industrie (1921), sur la durée du travail (1919-1930-1931-1935) et sur les congés payés (1936). Au sein de ces catégories, la Convention sur les huit heures constitue une exception. En effet, bien que le gouvernement britannique ait voté pour son adoption, lors de la conférence internationale du travail en 1919, le comité interdépartemental ne recommande pas sa ratification[29]. La raison majeure qu'il invoque pour justifier sa décision est que les dispositions de cette convention contreviennent aux pratiques britanniques, qui régissent le travail par voie collective. Sur la Convention des huit heures, le ministre du Travail estime, en 1921, que le maintien du principe de l'auto-régulation prime sur la cohérence législative et les avancées sociales du point de vue du gouvernement.

En ce qui concerne la Convention sur les congés payés adoptée par la conférence internationale du travail en 1936, le gouvernement et le groupe patronal britanniques la rejettent d'emblée. Ils tentent de faire revenir la commission chargée d'élaborer cette convention sur sa décision, afin que l'OIT se contente d'édicter une recommandation. Forbes Watson, le délégué patronal au sein de la commission sur les congés payés, s'oppose à ce que l'Organisation légifère sur un sujet qui « risque d'augmenter les coûts de production, détruire la capacité d'emploi et exposer nos industries à des conséquences préjudiciables

29. ANB, IL 135/1921, Regulation of Hours of Labour.

sur le prix de vente »[30]. Quant au gouvernement, il souligne, par la voix de son représentant, Fredrik Leggett, qu'il n'est pas contre le principe des congés payés, mais qu'il préfère toutefois leur institutionnalisation par la voie d'accords libres et volontaires afin de réduire au minimum l'action de l'État. Il affiche de plus sa préférence pour une recommandation (non contraignante) qui permettrait d'avoir un champ d'application plus étendu[31]. La démarche du gouvernement britannique est soutenue par les gouvernements des Pays-Bas, du Japon et de l'Inde, mais le groupe ouvrier, appuyé principalement par les gouvernements du Danemark, de la Tchécoslovaquie, de l'Espagne et du Pérou, parvient à faire adopter la convention par 99 voix contre 15.

Néanmoins, le caractère non contraignant du système normatif créé par l'OIT révèle ici ses limites. En effet, rien n'oblige les États à ratifier une convention, même adoptée à une très large majorité. Il en résulte qu'en dépit du succès obtenu au sein de l'enceinte internationale, la position des syndicats britanniques demeure faible sur le plan de la politique nationale. Les mécanismes à l'œuvre derrière cette convention illustrent deux points : d'une part, les internationalistes et les travailleurs ne représentent pas une force politique suffisamment forte pour qu'une convention adoptée par l'OIT soit ratifiée sur le plan national ; d'autre part, quand l'OIT adopte une convention sur un sujet réglé par voie collective dans l'industrie britannique, il est très rare que cette dernière soit ratifiée en Grande-Bretagne.

Néanmoins, le fait que les Britanniques ne ratifient pas cette Convention sur les congés payés ne signifie pas que le débat qui a lieu à l'international n'ait aucune répercussion sur la scène nationale. En effet, c'est afin de répondre à la pression des syndicats, qui demandent la ratification de la convention de l'OIT, que le gouvernement Baldwin nomme en mars 1937 un comité présidé par Lord Amulree, au sein duquel Bevin est le représentant des travailleurs. Ce comité est chargé d'examiner la question des congés payés et sa possible extension à

30. ABIT, D620/1000/2, International Labour Session, 20e session, Geneva 1936, Committee on Paid Holidays : Minutes French.

31. *Ibid.*

d'autres catégories de travailleurs. Il produit en avril 1938 un rapport qui aboutit au *Holidays with Pay Act* de 1938. Cette loi élargit le droit aux congés payés à environ 11 millions de personnes en 1939[32]. Dans ce cas précis, le refus de ratification d'une convention internationale n'empêche donc pas une progression des droits sociaux par une loi nationale. Il est néanmoins difficile de départager les facteurs qui ont motivé le gouvernement à étendre les congés payés en Grande-Bretagne. En effet, l'existence d'une convention internationale sur ce sujet permet certes aux syndicats d'exercer une pression renforcée sur le gouvernement, mais l'adoption de cette loi s'inscrit également dans un processus qui étend progressivement les droits sociaux des travailleurs depuis la fin de la guerre.

Il semble donc nécessaire de détailler les forces et les réseaux qui de manière générale favorisent ou bloquent les processus de ratification. Les batailles politiques sur la ratification des conventions de l'OIT se jouent à la Chambre des communes : c'est dans ce lieu de pouvoir qu'on peut analyser les forces en présence et voir comment le gouvernement défend sa politique à l'égard des normes internationales. D'ailleurs, sur la demande d'Albert Thomas, le bureau du BIT à Londres réalise pour lui des compilations régulières des débats parlementaires britanniques, en particulier quand des questions en lien avec l'OIT y sont traitées. Celles-ci, soigneusement annotées et conservées par Albert Thomas dans sa correspondance, témoignent de l'attention qu'il porte aux débats qui se déroulent en Grande-Bretagne. Identifier les parlementaires acquis au travail de son Organisation est important pour lui, car Albert Thomas compte sur l'attitude des Britanniques pour entraîner les autres pays à collaborer avec l'OIT.

Les milieux syndicalistes et libéraux internationalistes, qui soutiennent le travail normatif de l'OIT en Grande-Bretagne, comptent des parlementaires, des fonctionnaires du ministère du Travail, des membres du gouvernement et du comité industriel de la

32. ANB, *Report of the Amulree Committee on Holidays with Pay*, cmd. 5724, HMSO, April 1938, *Document Holidays with Pay*, Ministry of Labour, HSMO, March 1939.

League of Nations Union. Walter Citrine au nom du Conseil général des *TUC* soutient vigoureusement l'action normative de l'OIT :

> « Depuis longtemps il a été reconnu que la création de l'OIT a constitué un outil remarquable pour les ressources des travailleurs. (...) En tant que représentant des travailleurs de Grande-Bretagne, le Conseil Général effectuera loyalement les obligations qui incombent à chaque État membre pour faire ratifier ses conventions et augmenter ainsi son pouvoir et son prestige »[33].

Les syndicats britanniques sont les meilleurs alliés de l'OIT. Cependant, leur seule arme pour que le gouvernement ratifie les conventions qu'ils ont défendues dans ce cadre est la grève, ou la menace de grève. Or les instances dirigeantes du *TUC*, surtout après l'échec de la grande grève de 1926, se refusent à employer la grève pour des objectifs politiques. Les options restantes consistent donc à agir par le biais de leur représentation au Parlement, où de nombreux élus travaillistes ou libéraux se font l'écho de leurs préoccupations. D'autre part, les syndicats exercent également des pressions sur le ministère du Travail, en envoyant des délégations qui plaident pour la ratification des conventions.

La position des ouvriers britanniques est néanmoins ambivalente. En effet, la lecture des débats à la conférence internationale du travail fait ressortir le ferme soutien général que les ouvriers britanniques accordent à l'OIT[34]. Cependant, dans la pratique, en ce qui concerne la réglementation du travail, les ouvriers sont circonspects à l'égard de ces conventions internationales, essentiellement par peur qu'elles ne reviennent sur des avantages déjà acquis. Ils préfèrent donc s'en tenir à la pratique qui règle les heures de travail et les congés par la voie des conventions collectives. Les ouvriers pensent qu'ils seront mieux lotis si ni l'État, ni le gouvernement, ni la loi ne viennent interférer dans les procédures d'organisation syndicale. La base du mouvement syndical

---

33. ABIT, CAB AT, CAT 5-64-1-1 ; Correspondance 1920-1932, Lettre de Citrine du 12 septembre 1929.

34. ABIT, Compte rendu de la CIT, en particulier les interventions d'Edward Poulton dans les années 1920.

oppose ainsi une inertie aux actions décidées par ses dirigeants au niveau international[35].

Les libéraux internationalistes, le deuxième réseau important qui plaide auprès du gouvernement pour la ratification des conventions de l'OIT, fait également entendre sa voix au Parlement. Il peut s'appuyer sur des sympathisants au sein des différents ministères comme Malcolm Delevingne, Humbert Wolfe, Anderson Montague Barlow, et sur ses représentants au sein de la *LNU*. Ces représentants réalisent un intense travail de pression sur le gouvernement et le ministère du Travail. Dans les années 1920, le comité industriel de la *LNU* se mobilise pour la ratification des conventions de l'OIT, en envoyant régulièrement des délégations auprès du ministère du Travail et en édictant des pamphlets. Dans les années 1930, c'est un véritable plan d'action qui est dressé pour faire pression en vue des ratifications. En 1935, le conseil général de la *LNU* passe une résolution pour mobiliser ses relais au niveau local, afin de réaliser des sondages avant les élections pour s'enquérir des positions des candidats parlementaires envers l'OIT, dans le but ensuite de porter les votes sur les candidats soutenant celle-ci[36]. Début 1936, le comité industriel décide de collecter toutes les informations sur les conventions de l'OIT pour les mettre à la disposition des orateurs à la Chambre des communes ; de préparer une série de questions à poser au Parlement sur les éventuelles modifications de la loi britannique pour en permettre la ratification ; et organise une rencontre entre Harold Butler et les parlementaires qui ont répondu favorablement aux sondages de la *LNU*. Enfin, le comité de la *LNU* crée un groupe d'intérêt pour faire du lobbying au Parlement pour l'OIT.

Si les résultats en termes de ratification des conventions par la Grande-Bretagne sont nuancés, malgré la pression des syndicats et des internationalistes, c'est parce que les réseaux qui s'opposent à l'OIT en général, et à certaines de ses conventions en particulier, bénéficient eux aussi de forts relais de lobbying. La principale force

35. Cette idée c'est le *voluntarism* anglais, très présent dans la classe ouvrière de l'entre-deux-guerres.

36. ALSE, LNU 5/34, Industrial Advisory Committee, 1932-1936.

d'opposition que représentent les patrons britanniques s'exprime essentiellement par le biais de la *NCEO*. Si les patrons sont présents à l'OIT et participent aux débats généraux, ils n'en sont pas moins réfractaires à son travail normatif en raison de leurs préoccupations économiques. Qu'il s'agisse de réglementer les heures de travail, les congés payés, ou le travail de nuit, ils s'opposent à ce que l'OIT produise des conventions internationales. En 1936, Forbes Watson, délégué patronal britannique, fait une intervention remarquée à la conférence internationale du travail à propos de la convention sur les congés payés. Il qualifie cette convention d'irrationnelle et soutient qu'elle équivaudrait à commettre un suicide industriel. Lorsque le groupe patronal n'arrive pas à empêcher l'adoption d'une convention internationale par l'OIT, les patrons britanniques se mobilisent auprès du gouvernement pour éviter que celui-ci ne ratifie ces conventions, afin de protéger leur production industrielle et la concurrence économique. Leur mobilisation est particulièrement forte en ce qui concerne la Convention des huit heures, sur laquelle ils refusent toute discussion au cours de l'entre-deux-guerres comme en témoigne le ministère du Travail :

> « La réprobation générale de l'échec de la ratification la Convention de Washington pèse sur le gouvernement, sans que celui-ci puisse faire savoir que c'est en réalité l'opposition des employeurs qui est la principale responsable de l'échec de ratification de la convention existante et des blocages pour tenter des négociations pour aboutir à une convention révisée »[37].

De manière générale, le patronat britannique refuse de défendre les conventions qui portent sur les pratiques de l'industrie, car il ne souhaite pas voir l'État s'immiscer dans les relations bilatérales qu'il entretient avec les ouvriers. L'opposition patronale au travail législatif de l'OIT est relayée par les milieux financiers et économiques, dont le *Board of Trade* se fait l'écho. Son président, le conservateur Philip Cunliffe-Lister (1884-1972) qui le dirige de 1924 à 1929, puis en 1931, estime qu'il est nuisible pour l'économie britannique de ratifier

37. ANB, LAB2/992/12, Memorandum by the Minister of Labour 1926.

les conventions internationales de l'OIT et il l'exprime très clairement lors d'une réunion du Cabinet le 9 mars 1925 :

> « Considérant que la Grande-Bretagne, tant par accord industriel que par législation, a adopté les normes les plus exigeantes concernant les conditions de travail par rapport à la majorité des pays industriels qui sont en compétition avec la Grande-Bretagne et qu'un certain nombre de conventions ratifiées par la Grande-Bretagne n'ont pas encore été ratifiées par les autres signataires, la pratique du gouvernement de Sa Majesté sera dans le futur de reporter, par ordre du Conseil, l'adoption de lois nécessaires pour la ratification des conventions du travail de l'OIT, tant que le gouvernement de Sa Majesté ne sera pas satisfait par la manière dont les principaux pays concurrents industriels de la Grande-Bretagne adoptent et appliquent de manière effective et efficace les mesures exigées par une convention »[38].

Le Cabinet britannique accepte de suivre la ligne recommandée par le *Board of Trade* et entrave ainsi les espoirs d'Albert Thomas, qui compte sur la Grande-Bretagne pour mener le processus général de ratification des conventions. En 1929, le syndicaliste Walter Citrine se plaint du gouvernement conservateur de Stanley Baldwin, qui cherche à son avis à saboter l'influence de l'OIT[39]. S'il est vrai que le gouvernement de Baldwin, qui dirige le pays du 4 novembre 1924 au 5 juin 1929, n'a pas ménagé ses efforts pour réduire le travail de l'OIT, en termes de budget notamment, le processus de ratification des conventions de l'Organisation s'est néanmoins poursuivi pendant la même période (six ratifications en 1926-27). Il n'est donc pas tout à fait exact d'associer les gouvernements britanniques conservateurs de l'entre-deux-guerres à des opposants de OIT. Si certains ministres comme David Lloyd George, ou Stanley Baldwin, n'ont effectivement montré que peu d'intérêt pour l'OIT, d'autres collaborent avec elle. C'est le cas d'Anderson Montague Barlow et d'Arthur Steel-Maitland

38. ANB, CAB27/272, Committee on International Labour Policy, Note by the President of the Board of Trade, 1926.

39. ALSE, Citrine Papers, Correspondance with Ramsay Mac Donald, 1928-1940.

notamment. De plus, a contrario, en ce qui concerne le processus, les deux gouvernements travaillistes de la période étudiée n'ont pas été plus prompts à ratifier un nombre de conventions supérieur à celui des conservateurs. Albert Thomas déplore justement cette attitude, lui qui a beaucoup compté sur les travaillistes, notamment pour faire ratifier la Convention des huit heures. Les raisons essentielles au manquement politique des gouvernements travaillistes à remplir leurs obligations internationales vis-à-vis de l'OIT sont, pour le premier gouvernement, la brièveté de son passage au pouvoir et sa dépendance à l'égard des libéraux avec qui il est allié pour gouverner, et pour le second gouvernement, une courbe de chômage en pleine expansion qui mobilise son énergie pour faire passer une loi sur la protection contre le chômage[40].

En conclusion, s'il reste vrai que les conservateurs ne sont pas en faveur de la législation développée par l'OIT, cela ne suffit pas à expliquer le peu de ratifications des conventions par la Grande-Bretagne. D'autres facteurs doivent être pris en compte. Ce sont essentiellement les pratiques de l'industrie britannique, qui freinent le mouvement de ratification par les gouvernements, puis la pression exercée sur le gouvernement par les employeurs, qui craignent le coût de la politique sociale étatique ; et enfin, l'incapacité des syndicalistes et des internationalistes à mobiliser suffisamment les réseaux intérieurs en faveur de l'international.

Le processus qui entoure la Convention de l'OIT sur la durée de travail dans l'industrie, adoptée à la Conférence de Washington en novembre 1919 (dite Convention des huit heures) illustre précisément le rôle de ces trois facteurs qui contrarient l'adoption par la Grande-Bretagne des normes internationales produites par l'OIT : les pratiques de l'industrie britannique, la pression des employeurs et l'incapacité des syndicalistes et des internationalistes à mobiliser leurs interlocuteurs. Ces éléments explicitent le véritable paradoxe que présente le cas britannique face aux processus de transferts de modèles

---

40. John Shepherd and Keith Laybourn, *Britain's First Labour Government*, London, Palgrave Macmillan, 2013 ; Andrew Thorpe, *History of the British Labour party*, *op. cit.* ; Keith Laybourn, *A century of Labour..*, *op. cit.*

sociaux, puisque la Grande-Bretagne ne ratifie jamais la Convention des huit heures, alors que gouvernement, patronat et syndicats avaient voté favorablement à l'OIT en 1919[41]. La non-ratification de cette Convention révèle une faiblesse dans l'internationalisme social naissant. Si, au sortir de la Première Guerre mondiale, le gouvernement britannique s'implique dans l'international et utilise dans ce but des fonctionnaires et des syndicalistes rompus à l'internationalisme, il n'en demeure pas moins que, sur le fond, les gouvernements successifs de la Grande-Bretagne comme les employeurs sont convaincus de la suprématie de leur système de gestion des relations de travail et ne voient aucun avantage à ratifier cette convention symbolique. La détérioration des conditions économiques et l'évolution politique internationale semblent en outre justifier la préservation à tout prix de la compétitivité nationale. De leur côté, les organisations ouvrières britanniques ne se montrent guère plus engagées à défendre une convention qui peut paraître contrevenir à leurs propres pratiques de dialogue social.

Face à ces positions pour le moins ambiguës, l'OIT ne parvient pas à réagir efficacement, démontrant la faiblesse de cette organisation internationale dès lors qu'elle s'oppose frontalement, ou par la bande, aux intérêts des partenaires sociaux impliqués dans la mise en œuvre des politiques sociales nationales. Embarrassés par les oppositions entre employeurs et ouvriers sur ce sujet, et indécis sur l'attitude à adopter face à une des nations les plus industrialisées, les membres du conseil d'administration de l'Organisation se limitent à demander des rapports d'informations et à mettre en place des commissions de travail. Ces réponses bureaucratiques témoignent de son incapacité à mettre ses relais nationaux au service de ces réalisations. Cela souligne aussi le souci de l'OIT de ménager les syndicats britanniques. À cet égard, la politique de médiation personnalisée d'Albert Thomas ne produit pas les effets escomptés sur les décideurs britanniques.

---

41. Pour une analyse plus détaillée Olga Hidalgo-Weber, « La Convention de Washington de 1919 sur la journée des huit heures : une illustration de la politique sociale internationale menée par les Britanniques à l'OIT (1919-1932) », *Revue Traverse*, 2013, n° 2, pp. 28-43.

En somme, si les échanges sont nombreux et se traduisent par des influences de part et d'autre et des inspirations prises du modèle britannique par l'OIT, la politique sociale internationale proposée par celle-ci et la politique sociale britannique constituent bien deux systèmes parallèles dans l'entre-deux-guerres. De fait, si les divers partenaires sociaux britanniques soutiennent l'OIT naissante, c'est bien plus pour que l'Organisation internationale encourage les autres nations à s'inspirer de la Grande-Bretagne, dans le niveau de prestations sociales qu'elles doivent élaborer ou appliquer. Cet objectif explique l'attitude des gouvernements britanniques successifs face aux normes produites par l'OIT, qui se traduit par une sorte de valse entre résistance et accommodement. En ce qui concerne la Convention des huit heures en particulier, on constate une divergence nette entre la position des acteurs britanniques à l'origine du modèle international, et celle des responsables au niveau national de la politique sociale. Les partisans d'un internationalisme à ambition normative sont finalement marginalisés durant l'entre-deux-guerres. Ils n'arrivent pas à mobiliser suffisamment de soutiens politiques, syndicaux ou administratifs, pour traduire leurs idées transnationales en réalisation nationale. Le manque de soutien de la part des entrepreneurs et du gouvernement, soucieux de préserver la compétitivité de l'économie nationale, n'est pas compensé par l'activisme d'un mouvement ouvrier, plus soucieux de défendre ses usages de dialogue social que de combattre en faveur des productions conventionnelles universalistes et normatives de l'OIT. Le mouvement ouvrier britannique tire peut-être avantage de cette valse-hésitation, mais au prix de la crédibilité de l'OIT qu'ils ont pourtant contribué à fonder.

Chapitre 3

La *League of Nations Union* : un relais dans la société civile britannique

La prolifération d'institutions et d'organisations publiques, à la fin du 19e siècle, puis la création de la SDN et de l'OIT, après la Première Guerre mondiale, entraînent une globalisation de la société civile[1]. Le développement des chemins de fer, du télégraphe, de la presse et du cinéma augmente les possibilités de circulations, de communications et d'informations pour la société, et contribue à cette globalisation. Ce contexte d'inter-connectivité grandissant permet l'émergence de nombreux mouvements ou associations à vocation internationale. La *League of Nations Union (LNU)*, est une organisation britannique qui s'inscrit dans le mouvement transnational des militants pour la paix qui se développe dans l'entre-deux-guerres en Europe et aux États-Unis[2]. Ce chapitre examine la mise en place par la *LNU* d'un comité industriel, afin de mobiliser la société civile derrière les enjeux de l'OIT et détaille les liens entretenus par ses dirigeants avec la société civile en Grande-Bretagne. La *LNU* est un acteur majeur en Grande-Bretagne et, comme ses objectifs s'inscrivent dans une large manière

1. Stefan-Ludwig Hoffmann, *Civil Society, 1750-1914*, London, Palgrave Mac Millan, 2006 ; Andrew Arsan, Su Lin Lewis, Anne-Isabelle Richard, « The roots of global civil society and the interwar moment », *Journal of Global History*, vol. 7, n°2, 2012, pp. 157-165.

2. Michael Pugh, *Liberal Internationalism, The Interwar Movement for Peace in Britain*, London, Palgrave, 2012 ; Christian Birebent, *Militants de la Paix et de la SDN.., op. cit.*

dans ceux de l'OIT, ces deux organismes ont été amenés à collaborer étroitement durant l'entre-deux-guerres.

L'OIT comme la SDN font usage de nouvelles pratiques diplomatiques dans les relations internationales d'après-guerre, venant rompre avec la diplomatie traditionnelle des traités secrets. La *LNU* s'inscrit dans cette nouvelle diplomatie et souhaite promouvoir le travail de l'OIT et de la SDN auprès du grand public. Sa démarche rencontre les projets des directeurs de l'OIT qui mènent un substantiel travail de relations publiques, de relations presse et de publications. Les directeurs de l'entre-deux-guerres, Albert Thomas, Harold Butler, puis George Winant, ont besoin de faire connaître leur institution dans la société civile, afin de trouver des soutiens dans leur travail quotidien et de sensibiliser les gouvernants à la ratification des conventions internationales. Cette assise, ils la trouvent en Grande-Bretagne surtout auprès des syndicats. L'OIT peut également compter sur différentes organisations, ou mouvements privés, prêts à s'investir dans un intense travail de lobbying pour défendre les idéaux de l'Organisation. En effet, la naissance de deux organisations internationales, à Genève en 1919, est loin de laisser la société britannique indifférente, un fort courant pacifiste alimente la société civile qui se mobilise pour informer et éduquer la population aux nouveaux enjeux que représentent ces organisations. Plusieurs mouvements se mettent en place dans l'entre-deux-guerres afin de favoriser l'éducation à la paix en Grande-Bretagne, sous l'influence majeure de la *LNU* qui ancre l'essentiel de son travail dans la nécessité de réaliser des politiques éducatives adéquates au niveau national, pour faire connaître ces nouvelles procédures internationales.

L'étude de la *LNU* analyse les milieux pacifistes de l'entre-deux-guerres, les liens entre les Britanniques et les organisations internationales et la vision britannique de l'internationalisme. Les idées britanniques à l'origine de la fabrique de l'international, tout comme la pratique de cet internationalisme à Genève, sont teintées par une expérience impériale qui leur est propre et qui est partagée par la majorité des dirigeants politiques de la période. Cet internationalisme puisse ses racines dans les relations que Londres a développées avec les membres de son Empire au cours des siècles. Leur rapport à l'autre, le colonisé, constitue un élément constructeur de l'image que les Britanniques portent sur la société internationale de l'entre-deux-guerres et inspire les travaux de la *LNU*.

Créée en 1918, le but de la *LNU* est de rassembler la totalité du spectre favorable à la Société des Nations. Elle se veut œuvre de rassemblement et réussit à développer un militantisme de masse : un quart de million d'adhérents au milieu des années 1920, avec un pic en 1931 avec 407'775 membres affiliés. Elle représente la plus grande organisation pacifiste britannique dans l'entre-deux-guerres et travaille en direction de tous les pans de la société, mais recrute essentiellement dans la famille politique des libéraux internationalistes, raison pour laquelle la *LNU*, qui tente pourtant de se positionner comme apolitique, est souvent associée au parti libéral. Elle place d'ailleurs son travail dans la croyance libérale classique que l'éducation est le sauveur de la démocratie de masse et, en conséquence, voue la majeure partie de ses efforts à internationaliser les curricula à l'école[3].

Deux personnes incarnent la présidence de cette organisation dans l'entre-deux-guerres : Lord Robert Cecil (1864-1958) qui œuvre pour la paix à travers la *LNU* de manière continue, de 1918 à 1946, et Gilbert Murray (1866-1957), professeur de grec à Oxford[4]. L'exécutif de cette organisation se compose de membres de l'élite britannique : des parlementaires, des membres de l'aristocratie, des anciens ministres, des évêques, des propriétaires de journaux et autres personnages publics, souvent issus des *public schools*. De fait, la *LNU* a toutes les cartes en mains pour s'introduire dans l'*establishment* britannique et influencer la politique du gouvernement. La *LNU* se revendique comme une organisation non partisane mais, dans les faits, son équipe dirigeante ne peut ignorer la vie politique nationale qui conditionne son travail. Robert Clynes (1869-1949), travailliste et militant syndical, fait partie de ses instances dirigeantes, mais le

3. Helen McCarthy, *The British People and the League of Nations, Democracy, citizenship and internationalism, c. 1918-1945*, Manchester, Manchester University Press, 2011.

4. Gaynor Johnson, *Lord Robert Cecil : Politician and Internationalist*, Wey Court East, Ashgate Publishing Limited, 2013.

caractère trop libéral de la *LNU* gêne une partie des chefs travaillistes et Ramsay MacDonald, en particulier, refuse tout lien avec elle en raison d'une vieille querelle personnelle avec Lord Cecil. Une coopération se développe néanmoins avec le second gouvernement travailliste de 1929, grâce à la présence d'Arthur Henderson, nommé ministre des Affaires étrangères, et de Lord Cecil qui occupe la direction du comité sur les affaires de la SDN au sein de son ministère. Afin de dépasser ce blocage relationnel avec les travaillistes, la *LNU* crée un sous-comité qui a pour but de viser directement le milieu ouvrier britannique en travaillant avec les syndicats. En 1919, l'OIT est créée comme un barrage au bolchévisme. C'est dans le même esprit que la *LNU* crée son comité industriel pour mener une propagande en direction du mouvement ouvrier dans le but de contrecarrer les offensives bolchéviques dans les rangs syndicaux.

1. Le comité industriel consultatif de la *League of Nations Union*

La *LNU* recrute majoritairement dans les classes moyennes qui forment la masse de ses adhérents. Elle souhaite également élargir son action de propagande à l'intention des milieux ouvriers. C'est pourquoi, dès 1919, elle crée un comité, le *Industrial advisory committee* (comité industriel consultatif) présidé par Lord Burnham, propriétaire du *Daily Telegraph,* et président de la conférence internationale du travail à trois reprises dans les années 1920, puis par Captain L. H. Green, secrétaire du *Flour Milling Employers' Association,* et Lady Hall, membre de la section britannique de l'AIPLT. Le comité est à l'image de l'OIT, composé de représentants ouvriers, patronaux, et des membres du comité exécutif de la *LNU.* Milward Burge, le directeur du bureau de l'OIT à Londres, assiste à ses réunions avec le titre d'observateur.

Ce comité se considère comme le porte-parole civil de l'OIT en Grande-Bretagne et constitue un *advocacy network*[5]. En effet, le comité de la *LNU* vise d'une part à éduquer la population, et d'autre part à influer sur les décisions du gouvernement. Il constitue en même temps un miroir des activités de l'OIT car les discussions qui ont lieu en son sein sont le reflet des débats qui se déroulent à Genève. Concrètement, cela signifie par exemple que lorsque le débat sur les huit heures monopolise les acteurs genevois dans les années 1920, les membres de ce comité discutent de ce même sujet et font du lobbying sur le gouvernement pour qu'il en ratifie la convention.

Ce comité industriel chargé de faire de la propagande spécifiquement en direction du milieu ouvrier, développe en réalité des politiques éducatives à l'égard de trois cibles majeures : les ouvriers, les anciens combattants et la jeunesse. Les ouvriers étant les principaux bénéficiaires du travail de l'OIT, les dirigeants de la *LNU* estiment indispensable d'éduquer la population britannique ouvrière au travail réalisé pour eux par l'Organisation et elle multiplie ainsi les liens et les relations avec les syndicats britanniques. Les anciens combattants sont associés à cette œuvre, car ils alimentent les réseaux pacifistes et, de ce fait, constituent un relais utile et efficace pour promouvoir des idées internationales. De plus, ils ont une place à l'OIT grâce à Albert Thomas qui instaure une section en faveur des anciens combattants mutilés, dirigée par Adrien Tixier (lui-même mutilé de la Première Guerre mondiale). Enfin, la jeunesse est le dernier milieu visé par la propagande, car les dirigeants de la *LNU* estiment nécessaire que l'éducation à la paix soit implantée à l'école dès le plus jeune âge afin de former des citoyens sensibles à l'action internationale. Ce sont les branches locales de la *LNU* qui sont très actives, en créant des cercles d'études afin de développer des efforts éducatifs en direction des comités éducatifs, des écoles, des clubs de jeunesse, mais également des organisations de professeurs, des universités et des associations civiques.

5. Margaret E. Keck, Kathryn Sikkink, *Activists Beyond Borders : Advocacy Networks in International Politics*, New York, Cornell University Press, 1998.

L'action du comité industriel bénéficie d'un changement culturel important qui s'opère en Grande-Bretagne dans l'entre-deux-guerres : celle-ci entre dans l'ère de la communication de masse avec le développement des médias audiovisuels. Même si la presse écrite reste le support principal de l'opinion publique, la radio et le cinéma révolutionnent les modes de communication et la *LNU* utilise largement ces nouveaux médias. Le comité industriel fait ainsi des émissions régulières à la BBC et tourne également un film sur l'OIT qu'elle présente dans les écoles et les usines. À côté de ces nouveaux médias, le comité utilise la presse écrite, comme son journal officiel *Headway*. Grâce à l'appui de Lord Burnham dans son comité exécutif et avec l'aide du directeur du bureau de l'OIT, Milward Burge, le comité trouve facilement des auteurs et des supports écrits pour promouvoir le travail de l'OIT. Enfin, le comité industriel publie des dizaines de brochures dans l'entre-deux-guerres sur des sujets comme « The League and Labour », « The Necessity for International Labour Organisation », « Why British Employers should support the ILO », « The Washington Hours Convention », « World Labour Problems ». Ces brochures très didactiques expliquent la nécessité de protéger les travailleurs et plaident pour la ratification des conventions de l'OIT. Le comité réalise également un tirage à part du chapitre XIII du traité de Versailles, qui reproduit la Constitution de l'OIT qu'il diffuse largement dans les usines, les réunions syndicales et les écoles.

Par ailleurs, le comité organise chaque année une grande conférence à la *London School of Economics* sur un sujet en lien avec l'actualité de l'OIT, comme la réduction des heures de travail, la production ou le chômage, à laquelle participent toujours d'éminents économistes britanniques ainsi que des fonctionnaires de l'OIT. Des écoles d'été ont également lieu à Genève, afin d'étudier les programmes de l'OIT dans leur cadre local. Enfin, lors de chaque conférence internationale du travail, le comité de la *LNU* organise le déplacement pour environ quarante de ses membres, afin qu'ils puissent saisir le travail de l'Organisation en action. Le but est de former le plus grand nombre possible d'éducateurs capables d'expliquer ce que fait l'OIT aux citoyens britanniques ; en effet la rareté de conférenciers qualifiés est une plainte récurrente du comité. Au début des années 1930, il pense ainsi former directement des conférenciers capables de parler sur l'OIT et met en place des écoles du week-end dans ce but.

2. Les réseaux de la *League of Nations Union* et les liens avec l'OIT

Le déploiement de cette intense activité de la part du comité consultatif industriel est réalisé par une petite équipe de personnes, mais elle est amplifiée par l'ancrage de ce groupe dans des milieux internationaux et par sa proximité avec les fonctionnaires de l'OIT qui mettent leurs moyens à disposition de la *LNU*. De plus, les membres de la *LNU* sont bien introduits dans certains milieux politiques, ce qui augmente l'efficacité de leurs actions. En effet, les passerelles entre l'élite qui dirige la *LNU* et le monde politique britannique sont nombreuses à commencer par son dirigeant, Lord Robert Cecil, qui sert à plusieurs reprises au sein d'un gouvernement conservateur dans la période. Or, Lord Cecil ne veut pas se contenter d'éduquer l'opinion aux valeurs de la SDN, il souhaite également que les gouvernements britanniques soutiennent plus activement le travail de l'Organisation. D'autres membres du comité de direction de la *LNU*, comme par exemple Lady Hall, ont un siège parlementaire et cherchent à peser sur les débats éducatifs ou industriels qui ont lieu au sein du Parlement. Les liens avec les hommes politiques libéraux de l'époque sont nombreux, puisque Lord Grey (1862-1933) préside la *LNU* de 1918 à sa mort, tandis qu'Herbert Asquith et Arthur Balfour en sont les présidents honoraires. Enfin, les liens entre la *LNU* et la *LSE* sont importants car plusieurs professeurs, dont William Beveridge (directeur de la *LSE*), sont membres du comité industriel consultatif de la *LNU*.

Le comité industriel tente par ailleurs d'influer sur deux ministères britanniques : celui du Travail et celui de l'Éducation. Régulièrement, une délégation du comité industriel rencontre le ministre du Travail pour défendre la ratification d'une convention de l'OIT ou plaider un sujet particulier. Le comité est proche des conseillers du ministre du Travail, il s'entretient avec eux de la politique que le gouvernement britannique doit adopter à Genève[6]. Les effets de ces réunions sont néanmoins très modestes si elles ne sont pas suivies d'une implication personnelle du ministre du Travail auprès du Cabinet. Le comité industriel consultatif reproche aux fonctionnaires du ministère du Travail de rarement envoyer leur ministre pour assister aux réunions à Genève et plaide, tout au long de la période, pour une représentation au plus haut niveau. En 1935, le ministre du Travail, Ernest Brown, justifie l'attitude de son ministère par l'habitude prise d'envoyer le ministre à Genève uniquement si une question d'intérêt vital pour la Grande-Bretagne est traitée. En effet, le ministère aurait constaté une tendance des délégués à la conférence internationale du travail de se servir de cette arène internationale pour critiquer la politique de la Grande-Bretagne, situation que le gouvernement souhaite éviter. En revanche, en ce qui concerne le ministère de l'Éducation, l'influence du comité est plus ténue, non seulement car l'éducation est un domaine extrêmement décentralisé en Grande-Bretagne à cette période, mais également car le ministère de l'Éducation reproche au comité industriel de confondre son rôle d'éducateur impartial avec celui d'avocat passionné de la cause OIT. Sous la pression des enseignants qui craignent de voir se politiser la salle de classe, le ministère ne soutient donc pas le projet de la *LNU* d'introduire une instruction généralisée de la SDN et de l'OIT à l'école.

Un atout de la *LNU* (surtout si on la compare par exemple aux mouvements français de soutien à la SDN) est de rassembler les forces pro-SDN dans une organisation unique et bien implantée au niveau local dans toutes les régions d'Angleterre[7]. Les églises, l'Église anglicane en particulier, se font le relais de ses missions éducatives auprès de la population ouvrière, ses conférences ou réunions locales ayant d'ailleurs souvent lieu dans des endroits prêtés par l'église. Ce lien est initié par le comité exécutif et Lord Cecil qui a des connexions familiales avec le monde anglican (son jeune frère est l'évêque d'Exeter, et lui-même est proche de l'Archevêque de Canterbury). Or, les

6. ALSE, LNU 5/33, Industrial Advisory Committee, 1930-1932 ; LNU 5/34, Industrial Advisory Committee, 1932-1936.

7. Jean-Michel Guieu, *Le rameau et le glaive, Les militants français pour la société des Nations*, Paris, Presses de la Fondation nationale des Sciences politiques, 2008.

leaders religieux anglicans demeurent des figures importantes de la vie publique anglaise dans l'entre-deux-guerres. La mission éducative de la *LNU* correspond au discours des églises, la *LNU* intégrant le message de l'internationalisme chrétien avec des discours au ton messianique pour parler de guerre et de paix. Cet engagement des églises dans le mouvement pro-SDN suscite des critiques : on reproche à Sir Cecil et Gilbert Murray leur côté prêcheur et moralisateur. Cette association entre le comité industriel et les églises en Grande-Bretagne ne gêne néanmoins pas outre mesure les dirigeants de l'OIT. Albert Thomas maintient lui-même de bons contacts avec les syndicats chrétiens, rassemblés dans la Confédération internationale des syndicats chrétiens, créée en 1920 (CISC), qui soutient l'action de l'OIT et entretient des liens avec les milieux œcuméniques[8].

Les enjeux, les méthodes et les buts de l'OIT et du comité industriel sont similaires, ce qui explique leurs mises en commun de ressources humaines (le directeur du bureau de Londres Milward Burge et le délégué ouvrier britannique à l'OIT Edward Poulton) et intellectuelles (réunions, conférences et publications) pour mener leurs projets à terme. La politique réformiste menée par Albert Thomas convient aux dirigeants de la *LNU* dans les années 1920, afin de faire barrage à des poussées révolutionnaires qui sont une menace au sein de la société britannique comme le montre la grève générale de 1926. Dans cette optique, la *LNU* participe de cet effort pour promouvoir le pacifisme et le réformisme dans les usines. L'OIT connaît un tournant dans les années 1930, lié au contexte international, au changement de directeur en 1932, et à l'entrée des États-Unis à l'OIT en 1934. La montée des fascismes réoriente l'action de l'Organisation vers une politique plus productiviste et le pacifisme de propagande, mené par la *LNU*, va de la même manière se recentrer sur la jeunesse pour contrer les mouvements autoritaires d'autres pays.

La Seconde Guerre mondiale peut être considérée comme la négation des résultats des efforts de la *LNU* dans l'entre-deux-guerres. Néanmoins, la multiplication de ses actions a eu des effets, en

8. Patrick Pasture, « The ILO and the Freedom of Association as the Ideal of the Christian Trade Unions », in Jasmien van Daele (ed.), *ILO Histories*, *op. cit.*

Grande-Bretagne, auprès de l'enfance et de la jeunesse touchées grâce aux actions développées dans les salles de classe et mobilisées lors des fêtes de commémoration de *l'Armistice Day*. Les activistes de la *LNU* ont inscrit leurs actions dans une nouvelle orientation de l'éducation britannique vers l'étude des questions internationales. Le succès est plus ténu par contre auprès de la population ouvrière, en raison du frein que les syndicats eux-mêmes opposent aux développements des politiques éducatives par le comité industriel de la *LNU* auprès de la population ouvrière. Les syndicats ne sont pas opposés à cette politique, mais ils souhaitent pouvoir la contrôler et préfèrent utiliser leurs propres réseaux pour légitimer le travail de l'OIT. Le contexte n'aide pas non plus le comité dans ses actions : à plus d'une reprise les conférenciers se plaignent du manque d'enthousiasme de leur public ouvrier, pour qui, il est vrai, à une époque où les distractions populaires fleurissent, une séance de cinéma se révèle plus distrayante qu'une conférence sur le thème de l'OIT.

On peut légitimement s'interroger sur les motivations profondes du comité industriel de la *LNU*. Les politiques éducationnelles menées par la *LNU* dans l'entre-deux-guerres sont-elles à visée vraiment internationale ou sous-tendues par des motifs nationalistes et impériaux ? Certains Français ont accusé Lord Cecil de vouloir utiliser la *LNU* pour le seul intérêt de la Grande-Bretagne. Le fait que Lord Cecil reçoive le Nobel de la paix, en 1937, ne doit pas escamoter le fait qu'il se sert à maintes reprises de la capacité d'influence de la *LNU* pour des motifs partisans auprès du gouvernement britannique. Certes, les efforts sont réalisés afin d'internationaliser l'éducation et d'encourager le travail de la SDN et de l'OIT, dans le but de promouvoir la paix défendue par ces institutions. Toutefois, la défense des intérêts de l'Empire britannique reste toujours en arrière-plan. Malgré la présence de membres comme l'auteur Leonard Woolf (1880-1969), ou Sir John Harris (1874-1940), militant anti-esclavage, la légitimité de la règle impériale britannique n'est jamais remise en cause au sein du mouvement de la *LNU*. Cette politique conservatrice transparaît aisément à la SDN et à l'OIT, où le comité industriel de la *LNU* se garde bien de promouvoir des idées contraires à la domination britannique dans les colonies.

De plus, si certains membres du parti conservateur sont critiques à l'égard de la SDN, globalement la majorité de la classe politique est favorable aux buts de la *LNU* car, à aucun moment, cette éducation à la paix ne remet en cause les valeurs traditionnelles de la Grande-Bretagne. Pour défendre la SDN, la *LNU* n'hésite pas à faire des parallèles entre le modèle de l'empire multinational et multiracial et les efforts de la SDN pour construire une société internationale. L'existence du *Commonwealth* et la réussite de la mise en place d'une construction politique viable entre ses membres sont source d'inspiration pour ces internationalistes à Genève. La *LNU* n'est pas la seule à défendre ces idées, elle s'inscrit dans une tendance intellectuelle de l'époque à considérer la politique britannique et les intérêts impériaux dans un contexte plus général de coopération internationale. Le lien entre identité impériale et pacifisme transparaît dans les publications de la *LNU*, mais également dans sa façon de s'associer à tous les rituels autour de *l'Empire Day*.

L'analyse de l'œuvre du comité industriel de la *LNU* montre sa volonté de se positionner comme l'acteur central capable de relayer le travail de l'OIT auprès des ouvriers. Elle prouve comment les classes populaires n'ont pas que les syndicats comme interlocuteurs. Le rôle d'*advocacy network* de la *LNU* est puissant en Grande-Bretagne. C'est l'apparition sur la scène nationale d'un nouvel acteur avec un discours internationaliste, qui puise dans le modèle impérial. Dans les rangs de ce comité industriel, on trouve plusieurs femmes britanniques, qui, comme dans d'autres milieux liés à l'OIT, ont joué un rôle critique et c'est vers elles que se tourne le chapitre suivant.

CHAPITRE 4

Les femmes britanniques et l'internationalisation des pratiques sociales

L'historiographie rend compte du rôle joué par les femmes britanniques dans le développement des pratiques sociales sur la scène nationale, à la fois dans les mouvements philanthropiques et à travers le syndicalisme. Vers 1900, la philanthropie et les œuvres charitables sont des lieux communs pour les femmes britanniques, en particulier celles issues des classes favorisées, afin de travailler hors de chez elles et gagner un peu de reconnaissance morale, à l'image d'Eglantyne Jebb la fondatrice de *Save the Children* en 1919[1]. En parallèle, l'essor du syndicalisme féminin s'affirme véritablement vers le milieu du 19e siècle luttant pour améliorer les conditions de travail et dépasser les discriminations. Certaines femmes, à l'image d'Emma Paterson (1848-1886), de Margaret Bondfield (1873-1953) et de Mary MacArthur (1880-1921), réussissent à se faire une place dans le milieu masculin du syndicalisme britannique, développent leurs propres organisations syndicales et créent en 1906 la première fédération syndicale de femmes, la *National Federation of Women Workers* (*NFWW*)[2]. Le militantisme social des femmes britanniques s'exerce

1. Sarah Richardson, *The Political Worlds of Women, Gender and Politics in Nineteenth Century Britain*, London, Routledge, 2013.
2. Pamela M. Graves, *Labour Women, Women in British Working-Class Politics 1918-1939*, Cambridge, Cambridge University Press, 1994.

aussi dans le milieu politique, surtout à partir de la guerre quand elles obtiennent le droit de vote et des postes au sein de *Whitehall,* tandis que les femmes les plus influentes dans le service public sont souvent les inspectrices d'usine, à l'image de May Tennant (1869-1946) et Mary Paterson (1864-1941), les deux premières femmes nommées inspectrices en 1893[3].

Le rôle des femmes comme militantes auprès des organisations internationales a été étudié de manière globale[4], certaines études analysant en particulier le rôle des organisations féministes auprès de la SDN[5] ou de l'OIT[6]. En partant du cas britannique, mon propos

3. June Purvis (ed.), *Women's History. Britain 1850-1945 : An introduction,* London, UCL Press, 1995 ; Pat Thane, « The Women of the British Labour Party and Feminism, 1906-1945 » in Smith Harold L. (ed.), *British Feminism in the Twentieth Century,* Aldershot, Edward Elgar, 1990.

4. Nitza Berkovitch, *From Motherhood to Citizenship : Women's Rights and International Organizations,* Baltimore (Md.), J. Hopkins University Press, 1999 ; Deborah Stienstra, *Women's movements and international organizations,* Basingstoke, Palgrave, 1999.

5. Susan Pedersen « Metaphors of the Schoolroom : Women Working the Mandates System of the League of Nations », *History Workshop Journal,* vol. 66, n°1, 2008, pp.189-207 ; Barbara Metzger, « Towards an international Human Rights Regime during the Inter-War Years : the League of Nations' combat of Traffic in Women and Children », in Kevin Grant (ed.), *Beyond Sovereignty, Britain, Empire and Transnationalism, c. 1880-1950,* London, Palgrave Macmillan, 2007 ; Carol Miller, « Geneva, the key to equality : Interwar Feminists and the League of Nations », *Women's History Review,* vol. 3, n°2, 1994, pp. 219-245.

6. Nora Natchkova, Céline Schoeni, « L'Organisation internationale du travail, les féministes et les réseaux d'expertes. Les enjeux d'une politique protectrice (1919-1934) », in Isabelle Lespinet-Moret (dir.), *L'Organisation internationale du travail. Op. cit.,* pp. 39-51 ; Sandra Whitworth, « Gender, International Relations and the case of the ILO », *Review of International Studies,* vol. 20, n°4, 1994, pp. 389-405 ; Ulla Wikander, « Demands on the ILO by Internationally Organized Women in 1919 », in Jasmien van Daele (ed.), *ILO Histories, op. cit.* ; Eileen Boris, Jil Jensen, « The ILO : Women's Networks and the Making of the Women Worker », in Thomas Dublin, Kathryn Kish Sklar (ed.), *Women and Social Movements, International - 1840 to present,* 2014 (on-line : http://wasi.alexanderstreet.com/).

consiste à mettre en relief les interactions entre la scène nationale et internationale, en m'appuyant sur le parcours de quelques femmes britanniques qui circulent entre la Grande-Bretagne et l'OIT, afin d'analyser leurs collaborations spécifiques dans l'entre-deux-guerres. Avant la guerre, les femmes sont en effet très présentes dans la section britannique de l'AIPLT[7], l'association précurseur de l'OIT, il est dès lors légitime de s'interroger sur leur rôle dans l'Organisation qui se crée en 1919. Un certain nombre de femmes connues et moins connues défendent le travail de l'OIT. Il s'agit de travaillistes, libérales ou syndicalistes, plutôt que de féministes. En raison du champ d'action de l'OIT, ce sont elles qui sont présentes dans ce forum. Les réseaux présents à l'OIT se distinguent des réseaux féministes dont font partie par exemple Eleanore Rathbone et Rachel Crowdy, deux femmes britanniques qui travaillent à la SDN[8]. Néanmoins, les féministes militent également pour avoir des représentantes à l'OIT.

Ce chapitre présente d'autres facettes des mouvements de femmes britanniques que l'histoire nationale n'a pas abordées, et porte un nouvel éclairage sur les préoccupations et les positionnements de ces femmes face aux travaux de l'OIT dans l'entre-deux-guerres. Plusieurs interrogations traversent ce chapitre. Il s'agit de comprendre pourquoi certaines femmes décident de s'investir à l'international, d'identifier si les femmes britanniques se distinguent (ou non) comme femmes à l'Organisation, et de faire ressortir leurs similitudes et leurs différences afin de savoir si elles participent (ou non) d'un réseau international féminin. Pour répondre à ces interrogations, plusieurs femmes britanniques sont étudiées à titre individuel, afin de cerner les milieux qui leur permettent de travailler avec l'OIT et qui appuient le travail de l'Organisation.

---

7. Gertrude Tuckwell, « The First International Labour Association : the Passing of the British Section », *Journal of Comparative Legislation and International Law*, vol. 28, n°3/4, 1946, pp. 53-56.

8. Daniel Gorman, « Servants of the World, Rachel Crowdy at the League of Nations », in *The Emergence of International Society in the 1920s*, *op. cit.*, ch. 2 ; Susan Pedersen, *Eleanor Rathbone and the Politics of Conscience*, New Haven, Yale University Press, 2004.

1. Les origines de la mobilisation britannique féminine au niveau international

La société britannique connaît une démocratisation dans l'entre-deux-guerres, grâce à une généralisation de l'éducation et l'obtention de la citoyenneté politique pour les femmes par le droit de vote obtenu en 1918 (à partir de trente-cinq ans dans un premier temps), suivi du droit de siéger au Parlement[9]. Cette double victoire a pour conséquence d'ouvrir la scène politique aux femmes qui obtiennent désormais, en théorie du moins, la possibilité majeure d'influer sur les choix et les orientations du gouvernement. C'est donc l'opportunité de déplacer leurs actions dans le champ des politiques sociales, du privé au domaine public. Néanmoins, l'influence politique des femmes dans l'entre-deux-guerres reste finalement très modeste et ceci essentiellement car elles sont très peu nombreuses à acquérir des postes importants ou d'influence[10]. En raison des barrières toujours existantes au niveau national, certaines femmes britanniques misent sur les arènes internationales afin d'acquérir davantage d'influence. En particulier, au sein des réseaux influents à l'OIT, on trouve des femmes britanniques qui ont cherché en passant par l'échelle internationale à légitimer leurs idées. L'obtention du droit de vote en 1918 ne stoppe pas en effet le combat des féministes dans l'entre-deux-guerres, elles continuent à être actives à l'image d'Eleanor Rathbone, qui se sert précisément des ressources et de l'autorité de la SDN dans son action militante en faveur des allocations familiales en Grande-Bretagne. En sus de l'égalité complète des droits politiques, les femmes britanniques revendiquent également des réformes dans plusieurs domaines comme l'égalité des droits du travail, la situation des mères célibataires et de leurs enfants, les veuves avec enfants à charge, la tutelle des enfants, l'égalité des salaires ou l'information à la contraception.

---

9. Harold L. Smith, *The British Women's Suffrage Campaign 1866-1928*, Revised 2[d] Édition, London, Routledge, 2009.

10. Helen Jones, *Women in British public life, 1914-1950 : gender, power and social policy*, Harlow, London, 2000 ; Martin Pugh, *Women and the Women's Movement in Britain 1914-1959*, London, Macmillan, 1992.

Néanmoins, beaucoup de femmes préfèrent désormais mener bataille au sein d'un parti politique, ou d'autres réseaux, plutôt que dans des organisations purement féministes. Par ailleurs, on constate que les mouvements féministes britanniques, de manière très schématique, abandonnent dans l'entre-deux-guerres le militantisme pour se tourner vers l'obtention de réformes législatives[11]. Cette évolution des revendications des mouvements de femmes britanniques invite à examiner le travail normatif de l'OIT, qui s'occupe dès 1919 de la réglementation du travail féminin en adoptant plusieurs conventions internationales protectrices, qui reposent sur l'idée d'une différence biologique entre les sexes.

Le féminisme britannique, par opposition à d'autres traditions plus égalitaires, admet l'existence de différence entre les hommes et les femmes et en conséquence plaide dans l'entre-deux-guerres pour la mise en place d'une législation protectrice pour les femmes, des allocations familiales et un accès à la contraception[12]. Pour ces féministes différentialistes comme Eleanore Rathbone, il s'agit d'obtenir des droits adaptés aux conditions particulières des femmes en temps qu'épouses et mères. Néanmoins, des dissidences à l'intérieur du mouvement existent comme le montre la constitution du *Groupe des six* qui se désolidarise de la *National Union of Societies for Equal Citizenship* (*NUSEC*), en 1926, précisément pour protester contre la campagne de législation protectrice pour les femmes au travail. Ce débat entre égalitaristes et différentialistes agite les femmes aussi bien sur la scène britannique qu'internationale. Au sortir de la guerre, la question qui divise le plus le mouvement international des femmes est en effet de déterminer si celles-ci doivent bénéficier, ou non, d'une protection légale sur le marché du travail.

11. Véronique Molinari, *Citoyennes et après ? Le droit de vote des femmes et ses conséquences en Grande-Bretagne, 1918-1939*, Bern, Peter Lang, 2009 ; Patricia Thane, « What difference did the vote make ? Women in public and private life in Britain since 1918 », *Historical Research*, vol. 76, n°192, 2003, pp. 269-285.

12. Krista Cowman, *Women in British Politics, c.1689-1979*, London, Palgrave MacMillan, 2010.

Le rôle des femmes britanniques dans la création de l'OIT est quasiment inexistant, même si elles ont cherché à introduire dans la constitution de l'Organisation des demandes formulées dans des enceintes internationales parallèles. Néanmoins, la création de l'OIT en 1919 motive les organisations de femmes à se regrouper afin de faire entendre leur voix dans cette nouvelle enceinte. Sous l'impulsion du syndicat féminin américain, un congrès international de la Fédération internationale des travailleuses (*International Congress of Working Women, ICWW*) a lieu en 1919, à Washington, parallèlement à la première conférence internationale du travail. Margaret Bondfield et Mary MacArthur font partie des membres de ce congrès qui revendique une position égalitariste à l'égard des problèmes touchant spécifiquement les femmes. Elles vont par ailleurs chercher à obtenir de l'OIT qu'elle se positionne en faveur de la pleine égalité de la représentation homme-femme à la conférence de l'Organisation, et qu'une section du BIT soit créée et dédiée à la question des femmes. Elles obtiennent partiellement gain de cause, puisque le principe de la protection des femmes et des enfants est inscrit dans le préambule de la constitution de l'OIT, et celui de l'égalité de salaire entre les hommes et les femmes dans la constitution elle-même (point 7 de la charte du travail). Cependant, les autres demandes égalitaristes de l'ICWW ne sont pas suivies d'effet. L'Organisation, dans la ligne des demandes de la Fédération internationale syndicale[13], développe une politique de normes différentialistes en adoptant dès 1919 une convention sur la protection de la maternité et une sur le travail de nuit (la seconde est révisée en 1934). Une troisième convention sur les travaux souterrains est adoptée en 1935. Ce positionnement de l'OIT, en faveur de normes protectrices, irite les mouvements féministes égalitaires.

Peu présentes lors de la création de l'OIT, des femmes font néanmoins partie de la délégation britannique dès sa première conférence à Washington : Constance Smith (membre de la section britannique de l'AIPLT et employée du ministère du Travail) est

13. Geert van Goethem, « Protection ou égalité ? Les femmes dans le mouvement syndical international (1919-1938) », in Delaunay Jean-Marc et Yves Denéchère (ed.), *Femmes et relations internationales au XXe siècle*, Paris, Presses Sorbonne Nouvelle, 2007.

conseillère de la délégation gouvernementale et préside la commission sur l'emploi des femmes ; B. Marjoribanks fait partie de la délégation patronale, tandis que Margaret Bondfield et Mary MacArthur sont membres de la délégation ouvrière. Relevons qu'en 1919 c'est la première et unique fois qu'une femme fait partie de la délégation patronale britannique, en effet durant toute la période de l'entre-deux-guerres cette délégation est exclusivement masculine. À la suite de leur présence à la première conférence internationale du travail, qui est d'importance pour elles puisque deux conventions les concernant directement y sont adoptées, des femmes britanniques participent aux travaux de l'Organisation comme déléguées ou conseillères des délégations. Certaines sont également engagées comme fonctionnaires internationaux, et d'autres enfin jouent un rôle de passeurs entre la scène nationale et internationale en participant au travail de propagande des *advocacy networks* britanniques. Les réseaux qui permettent aux femmes de se positionner sur cette scène internationale sont les mêmes qui, de manière générique, soutiennent le travail de l'OIT pendant cette période : les syndicats et le mouvement internationaliste libéral (qui inclut celui de la réforme sociale).

Si quelques femmes comme Margaret Bondfield et Julia Varley parviennent à obtenir des fonctions décisionnelles de premier plan au sein du *TUC*, le rôle des femmes dans le syndicalisme britannique reste marginalisé durant l'entre-deux-guerres, comme en témoigne leur faible participation lors de la grève générale de 1926. Au sein du *Labour*, les femmes sont divisées en deux lignes partisanes : d'un côté celles qui adoptent la ligne orthodoxe du parti, qui stipule que tout doit être subordonné à la cause de la classe ouvrière, ligne suivie par Marion Philips, Margaret Bondfield, Susan Lawrence et Mary Sutherland, et de l'autre les féministes. Ce sont les premières qu'on retrouve à l'OIT, avec une exception intéressante : la campagne menée par les féministes pour obtenir une représentation dans le comité d'experts de l'OIT sur le travail indigène.

2. Portraits de femmes britanniques à l'OIT

Margaret Grace Bondfield (1873-1953), syndicaliste et femme politique, est une importante interlocutrice de l'OIT durant l'entre-deux-guerres. Soutenue par les milieux syndicalistes et travaillistes, elle est représentative des Britanniques qui défendent une politique protectionniste pour les femmes dans l'entre-deux-guerres[14]. Issue d'une famille ouvrière, elle est le dixième enfant d'une famille qui en compte onze. Elle commence à travailler à l'âge de quatorze ans comme vendeuse, à Brighton puis à Londres, et très vite rejoint le syndicat *National Union of Shop Assistants, Warehousemen, and Clerks (NUSAWC)*. Jamais mariée et sans enfants, elle se voue au syndicalisme dont elle gravit les échelons. Elle devient une personne influente dans le syndicalisme britannique et engagée dans le mouvement international ouvrier, disposant ainsi d'un double ancrage qui donne du poids à ses interventions au sein de l'Organisation. Dans le monde syndical et politique britannique, elle est une pionnière et cumule les titres de « première femme ». Elle est ainsi la première femme à entrer dans l'exécutif du *TUC* et à le présider en 1923. Membre du parti travailliste, elle est élue à plusieurs reprises, et quand les travaillistes entrent au gouvernement en 1923, elle est la première femme à être nommée secrétaire parlementaire du ministère du Travail, puis en 1929 dans le second gouvernement, elle est la première femme nommée ministre du Travail[15].

Margaret Bondfield correspond avec Albert Thomas et Harold Butler sur l'actualité sociale et politique en Angleterre et sur les moyens de faire progresser les conditions de travail de la classe ouvrière[16]. Elle s'investit pour l'Organisation en mobilisant les syndicats britanniques autour des combats de l'OIT et mène des campagnes en faveur de la

14. Pamela M. Graves, *Labour Women, Women in British Working-Class Politics 1918-1939*, Cambridge, Cambridge University Press, 1994.

15. Margaret Bondfield, *A life's work*, London, Hutchinson & Co Ltd, 1948.

16. ABIT, CAT 5-64-1-1, Relations et Informations - Royaume-Uni, Correspondance 1920-1932, et CAT 7-141 Correspondance avec Margaret Bondfield.

ratification de ses conventions. Margaret Bondfield est conseillère de la délégation britannique des travailleurs à la conférence internationale du travail à Washington en 1919, et ensuite déléguée à Genève tout au long des années 1920, puis à la conférence internationale du travail de 1930 représentante du gouvernement britannique avec toutes les cartes en main pour mener ses idées et sa politique à terme au nom de son gouvernement. Néanmoins, ses discours à l'OIT sont bien plus incisifs lorsqu'elle représente les ouvriers que lorsqu'elle représente le gouvernement où elle se retrouve sur la défensive. En ce qui concerne le travail féminin, Bondfield est en accord avec l'idée que les travailleuses doivent bénéficier d'une protection particulière sur le marché du travail, politique suivie par l'OIT, et elle défend cette politique protectionniste à maintes reprises dans les années 1920.

Margaret Bondfield s'implique dans les combats de l'Organisation car elle les juge cohérents, conformes aux attentes du monde ouvrier britannique et susceptibles d'améliorer le sort des travailleurs au niveau international. Elle s'investit ainsi en particulier pour faire ratifier en Grande-Bretagne la Convention internationale des huit heures, promulguée par l'OIT en 1919. Elle le fait par des interventions répétées auprès de l'OIT, et par du lobbying à la Chambre des communes. Cependant, même quand elle devient ministre du Travail dans le second gouvernement travailliste de Mac Donald en 1929, elle ne parvient pas à faire adopter la Convention de Washington par une loi au Parlement.

Chez les syndicalistes, aux côtés de Margaret Bondfield, d'autres femmes ont laissé leurs marques comme déléguées des travailleurs britanniques en participant de manière régulière aux conférences de l'OIT dans les années 1920 et 1930 : notamment Julia Varley (1871-1952) de la fédération nationale des femmes ouvrières ; Florence Hancock (1893-1974) syndicaliste et membre du parti travailliste et Anne Loughlin (1894-1979) du syndicat des ouvriers tailleurs et du vêtement et membre du conseil général des *TUC*[17]. Pour ces

17. Julia Varley assiste aux conférences de l'OIT en 1924, 1925, 1929, 1932, 1934 ; Florence Hancock en 1936, 1938, 1939, 1944, 1945 ; Anne Loughlin en 1931, 1933, 1935, 1944.

trois femmes, c'est leur nomination au conseil général du *TUC* en Grande-Bretagne, organe décisionnaire dans le mouvement ouvrier britannique, qui leur offre l'opportunité d'être appelées à débattre également sur la scène internationale de l'OIT[18]. Mise à part lors de la conférence de Philadelphie, en 1944, où à la fois Anne Loughlin et Florence Hancock participent aux travaux sur la reconstruction post-guerre, lors de toutes les autres sessions, une seule femme est présente dans la délégation ouvrière qui comprend au minimum cinq hommes, ce qui a comme effet évident de les marginaliser.

Cette marginalisation des femmes dans la délégation ouvrière britannique à l'OIT, on la retrouve au sein du secrétariat international de l'OIT et de la SDN. Dans un premier temps, les chiffres semblent indiquer le contraire et la parité semble respectée. En effet, les femmes sont engagées en nombre dans ces deux organisations, même si l'on constate une tendance décroissante de la proportion de femmes parmi les fonctionnaires au fil de l'entre-deux-guerres. À la SDN, elles forment 57,6 % du personnel en 1921, 50,8 % en 1925, 47,4 % en 1930 et 41,3 % en 1938. Au BIT, en 1921, pareillement qu'à la SDN le taux de femmes est supérieur à celui des hommes 55 %, puis fléchit à 44,6 % en 1929 et 41 % en 1938[19]. Néanmoins, les femmes occupent des postes subalternes, c'est-à-dire qu'elles effectuent majoritairement du travail administratif ou du secrétariat en occupant des postes de secrétaires-dactylographes. Quelques femmes font figure d'exception, en occupant dès le début à l'OIT des postes de chef de section, c'est le cas des Britanniques Sophy Sanger et Louise Howard.

Le second milieu en lien avec l'OIT dans lequel agissent des femmes britanniques est celui de la réforme sociale. Ce mouvement transnational est notamment actif à l'AIPLT avant la guerre et Albert Thomas recrute certains fonctionnaires dans ces rangs, comme Sophy

18. Julia Varley est nommé en 1921, Anne Loughlin en 1929 et Florence Hancock en 1935.

19. Ces chiffres sont tirés de Michel Marbeau, « Les femmes et la Société des Nations (1919-1945), Genève la clé de l'égalité ? » in Delaunay Jean-Marc, Yves Denéchère (ed.), *Femmes et relations internationales au XXe siècle*, Paris, Presses Sorbonne Nouvelle, 2007 et Véronique Plata, *Le recrutement des fonctionnaires...*, *op. cit.*

Sanger (1881-1950), syndicaliste, réformiste, internationaliste et membre de la section britannique de l'AIPLT, qui travaille à l'OIT de 1920 à 1924[20]. De huit ans la cadette de Bondfield, Sophy Sanger est la dernière des enfants d'un riche homme d'affaires anglais. Elle fait des études universitaires en mathématiques et sciences morales à Cambridge, où elle rencontre une physicienne et philanthrope, Hilda Clark, qui la convertit au pacifisme pendant la guerre avec l'Afrique du Sud. Elle fait ensuite ses premiers pas dans le syndicalisme au sein de la *Women's Trade Union League*, aux côtés de Mary MacArthur et Margaret Bondfield, où elle s'occupe de la mise en place d'un bureau de conseils juridiques. Puis, en 1905, elle participe à la création de la section britannique de l'AIPLT. C'est dans le cadre de cette association, et à travers les discussions avec ses équivalents internationaux qu'elle se rallie aux vertus de l'internationalisme. La nécessité d'agir à l'international, pour améliorer les conditions de vie des travailleurs, devient dès lors un objectif pour lequel elle se mobilise par le biais de l'AIPLT, puis de l'OIT.

Sophy Sanger ne joue aucun rôle à Paris lors de la création de l'OIT en 1919, elle participe cependant à la conférence socialiste qui a lieu en février 1919, à Berne, ainsi qu'à la conférence internationale du travail à Washington en 1919. C'est son inscription dans le syndicalisme britannique et dans le mouvement de la réforme sociale internationale qui lui vaut d'être appelée à l'OIT par Albert Thomas qui lui confie la direction de la section législative, en 1920, où elle devient responsable de l'édition du bulletin législatif de l'OIT en trois langues. C'est donc comme fonctionnaire international que Sophy Sanger sert l'Organisation. Au début, c'est l'unique femme britannique à obtenir un poste aussi haut placé ; la plupart de ses consœurs engagées le sont à des postes de dactylos, d'interprètes ou de chercheurs. Cette nomination est probablement le fruit d'un calcul politique d'Albert Thomas, qui souhaite s'assurer le concours des réseaux dans lesquels Sophy Sanger est intégrée. Elle est en effet proche des milieux syndicalistes, ainsi que du cercle de la société

20. Le dossier personnel de Sophy Sanger au BIT a été détruit dans les années 1980, mais son amie a écrit une biographie : Alice Maud Allen, *Sophy Sanger, A pioneer in Internationalism*, Glasgow, Robert Maclehose and company limited, 1958.

Fabienne et des Webb en particulier. Par ailleurs, ses liens avec les fonctionnaires du ministère du Travail sont également une aide pour obtenir ce poste. En effet, son travail pour l'AIPLT l'amène à faire la connaissance de David Shackleton (président de l'union des tisserands, syndicat majoritairement féminin), nommé secrétaire permanent du nouveau ministère du Travail en 1916. Shackleton supervise les projets d'Edward Phelan pour créer une organisation du travail pendant la guerre et c'est par l'entremise de ce dernier que Sophy Sanger rencontre Albert Thomas à Londres en 1920.

Le fait qu'elle soit une des femmes la plus haut placée dans l'échelon des fonctionnaires en 1920 l'amène à jouer un rôle de porte-parole. Lorsque des femmes viennent de l'étranger visiter l'OIT, Thomas prend l'habitude de les adresser à Sanger pour qu'elle leur fasse connaître l'Organisation. Mais Sophy Sanger est loin de se cantonner à ce rôle de représentation. Son plus grand accomplissement à l'OIT est la création de la série législative qui perdure. Au sein de l'Organisation, elle milite pour l'égalité de salaire entre fonctionnaires internationaux, ainsi que pour la mise en place d'une législation internationale pour interdire l'utilisation de l'anthrax. Sophy Sanger démissionne fin 1924. Selon sa biographe Maud Allen, elle se brouille avec Albert Thomas, car elle le suspecte de vouloir nommer des fonctionnaires pour réduire son autorité au lieu de lui donner les moyens nécessaires pour développer sa section. Sophy Sanger n'a jamais vraiment apprécié Albert Thomas, qu'elle trouve plus préoccupé par ses ambitions politiques nationales que par le BIT. Même si elle est brève, sa carrière à l'OIT est néanmoins emblématique de l'influence du réseau des réformistes sociaux d'avant-guerre, qui forment le noyau dur les premières années du personnel de l'OIT, Sophy Sanger étant néanmoins la seule femme du réseau de l'AIPLT à obtenir un poste important. De manière générale, la situation de Sophy Sanger est donc exceptionnelle si on la place à l'échelle de la politique générale de recrutement de l'OIT au début des années 1920. On peut faire le parallèle avec le *civil service* britannique où, pareillement, les femmes occupent des postes subalternes. Les logiques de recrutement sont donc les mêmes et, à part quelques exceptions notables, les organisations internationales ne constituent pas plus que le *civil service* des lieux propices pour les femmes qui veulent faire carrière.

Une autre exception à obtenir un poste de chef de section est la Britannique Louise Ernestine Howard (1880-1969). Née un an avant Sophy Sanger, Louise Howard est issue de la bourgeoisie. Elle fait des études supérieures, est nommée professeur de lettres classiques à Cambridge et devient l'assistante éditoriale de Leonard Woolf. Au contact de ce dernier, elle se familiarise avec les idées des internationalistes pendant la guerre. Cette expérience la pousse à postuler à l'OIT, dont elle passe avec succès le concours d'entrée en 1921. Elle est engagée à la section des publications, puis transférée à la section de l'agriculture en 1924 qu'elle dirige à partir de 1927. À ce poste, elle est chargée des questions sociales liées à l'agriculture et compile l'information sur ce sujet. Elle se heurte dans sa tâche à de nombreuses difficultés : d'une part des difficultés bureaucratiques, car sa section n'emploie que trois personnes, et d'autre part des difficultés politiques et pragmatiques. Non seulement certains pays sont réticents à ce que l'OIT s'occupe des questions agricoles, mais également peu possèdent des données statistiques sur les personnes employées dans l'agriculture ce qui rend son travail de compilation des législations nationales difficile. Elle démissionne finalement de l'OIT en 1933, et comme pour Sophy Sanger beaucoup de frustration est à l'origine de cette démission : notamment le fait qu'Albert Thomas n'est pas à l'écoute de ses demandes réitérées pour renforcer sa section, bien au contraire, puisqu'elle se fait rétrograder au simple rang de membre de section pour raison budgétaire[21].

Les parcours de Louise Howard et Sophy Sanger font penser que ces deux Britanniques ont été victimes de ce que Zara Steiner appelle le *Geneva Dream*[22], l'internationalisme incarné par la SDN et l'OIT à Genève. Louise Howard comme Sophy Sanger idéalisent cette société internationale et ses capacités d'action et finissent par démissionner, désillusionnées après quelques années passées à y travailler. Cet internationalisme déçu explique partiellement pourquoi la carrière

21. Amalia Ribi Forclaz, « Agricultural Internationalism : Louise E. Howard (1880-1969) and the Agricultural Service of the ILO », Paper delivered at the Conference *Rural History 2013*, University of Bern, 19-22 August 2013.

22. Zara Steiner, *The Lights that Failed : European International History, 1919-1933*, Oxford, Oxford University Press, 2005.

des femmes à l'OIT est plus brève que celle des hommes. En effet, la majorité des hommes engagés comme fonctionnaires internationaux dans ces deux organisations y mènent une grande partie de leur carrière, contrairement aux femmes. Sophy Sanger, Louise Howard, Dame Rachel Crowdy, Florence Wilson ou Marguerite Thibert, toutes ont occupé un poste important à l'OIT, ou à la SDN, mais ne sont jamais restées longtemps en place. L'explication majeure de la brièveté de ces carrières féminines est la barrière de genre à laquelle les femmes se heurtent dans ces organisations comme dans leur administration nationale. Ainsi, les femmes à l'OIT et à la SDN sont moins bien payées et ont des grades moins élevés que les hommes qui occupent les mêmes fonctions dans ces organisations, et leur travail est souvent entravé par celui concurrent de leurs collègues masculins[23].

Néanmoins, on peut s'interroger sur le passage des femmes britanniques à l'international afin d'observer s'il sert leur carrière, dans la mesure où ces femmes arrivent parfois à transformer leur expérience de l'internationalisme. Ainsi, son travail à l'OIT a permis à Louise Howard d'acquérir une expertise des questions agricoles, qu'elle mobilise à son retour en Grande-Bretagne pour se positionner dans le champ scientifique britannique. En effet, elle publie un ouvrage sur la question des ouvriers agricoles, basé sur ses recherches à l'OIT, qui constitue une première somme sur le sujet des conditions de travail des communautés rurales dans les zones tempérées. Elle poursuit ensuite sa carrière en Grande-Bretagne, aux côtés de son mari le botaniste Albert Howard épousé en 1931. Ensemble ils défendent l'emploi d'une agriculture organique, et leur combat pour le rejet des pesticides et la défense de cultures biologiques constitue l'amorce des combats qui sont menés par les mouvements écologiques dans les décennies suivantes.

23. Michel Marbeau, « Les femmes et la Société des Nations (1919-1945), Genève la clé de l'égalité ? », *op. cit.* ; Françoise Thébaud, « Réseaux réformateurs et politiques du travail féminin, l'OIT au prisme de la carrière de Marguerite Thibert », in Moret-Lespinet Isabelle (dir.), *L'Organisation internationale du travail, op. cit.*

Louise Howard appartient au milieu internationaliste libéral[24]. Elle est en résonnance avec Albert Thomas, lui-même un internationaliste pacifiste qui s'engage pour la construction d'une paix durable à travers le maintien de la paix sociale[25]. Le lien entre philanthropie et pacifisme est étroit et les femmes sont très présentes dans les mouvements pacifistes et internationalistes à l'image de Lady Hall (née Ida Beaver en 1887), mariée au chercheur et spécialiste de l'agriculture Alfred Daniel Hall (1864-1942)[26]. Lady Hall fait ses premières armes comme secrétaire de la section britannique de l'AIPLT, où elle se familiarise avec le mouvement de la réforme sociale juste avant la guerre. Puis après celle-ci, elle devient membre de la *LNU* et de son comité industriel consultatif. Elle coordonne et organise les actions de propagande réalisées par ce comité, afin de sensibiliser l'opinion et le gouvernement au travail de l'OIT. Comme son mari, Daniel Hall, travaille au ministère de l'agriculture et est proche de David Lloyd George, elle présente un accès direct au cercle gouvernemental dans les années 1920, ce dont Albert Thomas est parfaitement conscient d'où l'attention dont il fait preuve à son égard. L'internationalisme de Lady Hall est guidé par son pacifisme, elle pense que les organisations internationales comme la SDN et l'OIT sont susceptibles de créer un climat pacifiste entre les nations. Dès lors, elle se voue à promouvoir le travail et la cause de ces organisations en Angleterre par toutes sortes de publications et conférences. Quant aux directeurs de l'OIT, ils ont recours à ses relations en Grande-Bretagne, ils lui rendent visite à chacun de leur séjour à Londres car, grâce à elle, ils rencontrent divers parlementaires qui défendent l'Organisation.

24. Casper Sylvest, « Continuity and Change in British Liberal Internationalism, c. 1900-1930 », *Review of International Studies*, vol. 31, n°2, 2005, pp. 263-283.

25. Jean-Michel Guieu, « Albert Thomas et la paix, du socialisme normalien à l'action internationale au BIT », in Alya Aglan (ed.), *Albert Thomas, société mondiale et internationalisme, Réseaux et institutions des années 1890 aux années 1930*, Paris, Irice, 2007.

26. C'est lors de la conférence internationale du travail en 1921 que Daniel Hall rencontre Ida Beaver qui devient sa femme et prend le nom de Lady Hall. Son portrait est basé sur sa correspondance avec les directeurs généraux du BIT et les archives de la *League of Nations Union*. ABIT, Cabinet files, XR 25/4/50, Relations with Sir Daniel and Lady Hall (1924-1937).

Les portraits de Margaret Bondfield, Sophy Sanger, Louise Howard et Lady Hall ont exposé les différents rôles joués par des femmes britanniques à l'OIT : déléguées, fonctionnaires internationales ou propagandistes. Le rôle de relations publiques de Lady Hall tranche avec l'expertise de Margaret Bonfield, Sophy Sanger ou Louise Howard. Juridiquement, la constitution de l'OIT (article 3.2) permet également aux femmes de se faire représenter au sein des organes de l'OIT : « Quand des questions intéressant spécialement des femmes doivent venir en discussion à la Conférence, une au moins parmi les personnes désignées comme conseillers techniques devra être une femme ». C'est ainsi qu'elles ont participé aux travaux présidant à la rédaction des conventions sur la protection des femmes et des enfants à la Conférence de Washington en 1919. Les femmes britanniques ne se sont pas contentées d'agir pour des sujets d'intérêt direct, mais ont également milité pour obtenir une représentation dans la commission sur le travail indigène qui a été mise en place par l'OIT en 1927, illustrant par-là même l'activisme politique transnational des femmes dans l'entre-deux-guerres. Des passerelles existent en effet entre les réseaux pacifistes, les mouvements anticolonialistes et les mouvements féministes en Grande-Bretagne, grâce à des femmes britanniques qui participent simultanément à ces différentes causes. En effet, la dynamique impériale est très présente dans le féminisme britannique depuis le 18e siècle comme en témoigne leur participation aux campagnes menées contre l'esclavage, contre la pratique du *satī* en Inde[27], et pour le développement de l'éducation dans les colonies[28].

Dans l'entre-deux-guerres, les pratiques impériales s'internationalisent par le biais de la SDN et la pratique des mandats, ce qui permet une influence grandissante des femmes sur la politique impériale de la Grande-Bretagne. Dame Crowdy incarne à la SDN cette place croissante de la femme dans la politique internationale, par le biais de la campagne internationale qu'elle y mène contre le trafic des femmes et des enfants. Alors que les questions impériales et la gestion de

27. Le *satī* est une coutume funéraire indienne, il s'agit du sacrifice des veuves qui se jettent dans le bûcher crématoire de leur époux.

28. Clare Midgley, *Feminism and Empire : Women activists in imperial Britain, 1790-1865*, London, Routledge, 2007.

l'Empire sont des questions exclusivement masculines en Grande-Bretagne, les femmes interviennent dans cette sphère en développant un discours humanitaire[29]. Au carrefour du discours impérial humanitaire des femmes britanniques et de l'internationalisme de l'après-guerre, les organisations militantes féministes se mobilisent pour faire partie de la commission anti-esclavage de la SDN puis de la commission sur le travail indigène de l'OIT. Ces préoccupations humanitaires, qui motivent les féministes britanniques à intervenir dans les préoccupations impériales de la Grande-Bretagne, sont qualifiées de « maternalist moment » dans l'histoire impériale[30].

C'est au sein du *Joint Standing Committee of Women's International Organisations,* créé en 1925, que les féministes tentent de faire nommer une des leurs dans les instances de la SDN et de l'OIT[31]. Après son échec à obtenir un poste à la commission des mandats de la SDN, ce comité milite pour faire nommer une femme dans la commission du travail indigène de l'OIT qui débute ses travaux en 1927. Néanmoins, la correspondance entre Margery Corbett Ashby et Harold Grimshaw, le chef de la section du travail indigène, témoigne de la difficulté pour les femmes britanniques de trouver des femmes compétentes pour ce poste.

Mme Marzorati, née anglaise et belge par mariage, femme du gouverneur du Ruanda-Urundi, semble finalement rallier les avis, en particulier celui d'Albert Thomas dans la mesure où une telle nomination peut avoir un intérêt politique général. Mme Marzorati est nommée dans le comité d'experts sur le travail indigène par le

29. Barbara Bush, « Gender and Empire : The Twentieth Century », in Philippa Levine (ed.), *Gender and Empire : Oxford History of the British Empire*, Oxford, Oxford University Press, 2007.

30. Susan Pedersen, « The Maternalist Moment in British Colonial Policy : The Controversy over Child Slavery in Hong Kong, 1917-1941 », *Past and Present*, vol. 171, n° 1, 2001, pp. 162-202.

31. Susan Zimmermann, « Liaison Committees of International Women's Organizations and the Changing Landscape of Women's Internationalism, 1920s to 1945 », in Thomas Dublin, Kathryn Kish Sklar (ed.) *Women and Social Movements…*, *op. cit.*

conseil d'administration du BIT en février 1930. Néanmoins, elle n'intervient qu'une seule fois dans les débats du comité d'experts pour poser une question de définition[32]. On ne peut que s'interroger sur le fossé qui sépare les efforts des milieux féministes britanniques pour faire nommer une des leurs au sein du comité sur le travail indigène, de la faiblesse des résultats si on les mesure à l'aune de la qualité des interventions de leur protégée. Cela témoigne non seulement de l'aspect éminemment politique de cette nomination pour le BIT, mais également de la difficulté pour les femmes à s'affirmer comme expertes sur la scène internationale, en raison des barrières de genre existantes en particulier dans le domaine colonial. L'exposition du cas de Mme Marzorati permet de trancher *a contrario* avec la qualité du travail des autres femmes britanniques à l'OIT, en particulier si on compare sa contribution au travail normatif de l'Organisation avec les efforts de Margaret Bondfield qui participe activement à tous les travaux de l'OIT.

C'est finalement souvent en raison des places de pouvoir qu'elles occupent sur la scène nationale que les femmes britanniques peuvent œuvrer sur la scène internationale. Ceci est surtout vrai pour les femmes syndicalistes. C'est leur position dans le conseil exécutif du *TUC* qui propulse Margaret Bondfield, Mary MacArthur, Julia Varley et Florence Hancock sur la scène internationale. Inversement pour d'autres comme Sophy Sanger, c'est parce que leur carrière ou leurs projets sont bloqués au niveau national qu'elles investissent la scène internationale. Dans l'entre-deux-guerres en effet, malgré une amélioration de leurs possibilités d'influence en politique, l'action des femmes britanniques reste malgré tout entravée sur la scène nationale, raison pour laquelle elles se sont engouffrées dans la scène internationale où elles pensent trouver une marge de manœuvre plus grande. Cependant, les femmes rencontrent également des barrières liées au genre dans la sphère internationale : salaires inférieurs, possibilités de carrières réduites et nombreuses vexations n'encouragent pas plus les femmes à faire carrière dans les organisations internationales que dans la fonction publique

32. ABIT N206/2/3/2, Meeting of the Comittee of experts on Native Labour, Geneva, 1930, Mme Marzorati intervient lors de la 3e séance, le 16 mai 1930.

britannique. À l'exception de Rachel Crowdy, qui occupe une position internationale de première importance à la SDN, dix ans avant que Margaret Bondfield occupe une place de même niveau dans le gouvernement britannique.

Les milieux national ou transnational auxquels appartiennent ces femmes sont signifiants pour accéder à l'OIT. Elles profitent ensuite de leur position internationale pour légitimer leur agenda national. Ces femmes présentent des similitudes dans le sens où elles sont souvent pionnières dans un domaine : première femme inspecteur dans les usines, première femme fonctionnaire internationale, première femme au parlement, ou première femme ministre. Il existe donc bien un phénomène générationnel qui se situe dans l'entre-deux-guerres en Grande-Bretagne, période où leur sont ouvertes de nombreuses portes qui leur étaient auparavant fermées ; grâce à ces nouvelles positions qu'elles obtiennent dans la société politique, elles sont en mesure de mieux faire avancer leurs revendications, même si la rareté de positions élevées obtenues a rendu leur influence assez modeste.

Le travail de ces femmes à l'international les amène en général à voyager et, par conséquent, à mieux comprendre les enjeux sociaux d'un point de vue internationaliste, et également à s'insérer encore davantage au sein des milieux transnationaux qui gravitent à l'OIT. En retour, cette position les motive à agir ensuite au niveau national pour obtenir des mesures gouvernementales qui répondent à leurs attentes. En effet, à plusieurs occasions au cours de la période, le parti travailliste refuse d'adopter dans son programme des résolutions votées par ses sections féminines comme le contrôle des naissances, le droit au travail des femmes mariées, ou les allocations familiales. Ces blocages révèlent les limites de l'influence que le parti est prêt à accorder aux revendications de ces militantes sur les questions qui les touchent plus précisément et encourage les femmes travaillistes, ou syndicalistes, à discuter ces questions à l'international.

Néanmoins, si les femmes ont joué un rôle à l'OIT, notamment pour la promotion d'une politique protectionniste et l'égalité des chances, on ne peut pas affirmer que les femmes britanniques qui y sont présentes constituent un réseau de femmes sur le plan international. Les syndicalistes à l'image de Margaret Bondfield ou Florence Hancock cautionnent certes la politique protectrice de l'OIT, mais ce sont des syndicalistes avant tout et elles s'occupent indifféremment de tous les sujets qui concernent les travailleurs en général. En ce qui concerne Sophy Sanger, si sa position à l'OIT en fait un emblème pour les féministes, son action concrète (mis à part son combat pour l'égalité des salaires) se fait sans distinction de sexe, et ceci est encore plus vrai pour Lady Hall. Il semble donc que les femmes britanniques, qui travaillent avec l'OIT, se fondent dans les réseaux auxquels elles appartiennent. Il s'agit des mêmes réseaux que ceux des hommes, pacifistes, réformistes ou syndicalistes, pour faire avancer de manière globale la condition ouvrière. Ce sont leurs milieux d'appartenance qui façonnent l'agenda de ces femmes.

Seconde partie

L'internationalisme britannique

Introduction

De 1919 à 1946, les États-Unis et l'Empire constituent deux axes essentiels de la politique étrangère de la Grande-Bretagne[1]. L'équilibre entre ces deux pôles est parfois difficile à maintenir, comme en témoigne la formule de Churchill employée en décembre 1944 lors des discussions sur les futures Nations Unies : « Hands off the British Empire is our maxim »[2]. En effet, si les relations entre les États-Unis et la Grande-Bretagne sont parfois difficiles en raison de l'impérialisme britannique, elles le sont également en raison de sa politique commerciale protectionniste (préférence impériale). Inversement, les gouvernements britanniques de l'entre-deux-guerres sont critiques à l'égard de l'isolationnisme de la politique étrangère des États Unis qu'ils aimeraient voir s'impliquer davantage dans les affaires européennes. Néanmoins, les liens économiques, politiques et culturels entre les deux pays n'en sont pas moins développés[3].

La deuxième partie de cet ouvrage s'inscrit dans les travaux de Mark Mazower, qui affirme que la SDN a été conçue dans l'esprit des Britanniques comme un outil pour cimenter leurs liens avec les États-Unis et maintenir leur Empire. La Grande-Bretagne se sert de la SDN pour développer un internationalisme impérial qui puise ses

---

1 Claire Sanderson, Mélanie Torrent (ed.), *La puissance britannique en question : diplomatie et politique étrangère au 20e siècle*, New York, Bern, P. Lang, 2012.

2. Sir Llewellyn Woodward, *British Foreign Policy in the Second World War*, London, Her Majesty's Stationery Office, 1962, p. 531.

3. Jeffrey D. McCausland, Douglas T. Stuart (eds), *US-UK Relations at the Start of the 21st Century*, Carlisle, PA, Strategic Studies Institute, 2006 ; Fred Leventhal, Roland Quinalt (eds.), *Anglo-American Attitudes : From Revolution to Partnership*, Aldershot, Ashgate, 2000.

racines dans le libéralisme et dans la volonté de maintenir la pérennité de l'Empire[4]. Dans quelle mesure les assertions de Mazower sont-elles valables à l'OIT ? Si ce raisonnement se vérifie pour les colonies britanniques, qu'en est-il des Dominions ? Le développement et l'évolution des liens entre, d'une part, la Grande-Bretagne et les États-Unis et, d'autre part, la Grande-Bretagne et son Empire sont analysés en se servant de l'OIT comme d'un observatoire.

Étudier les relations anglo-américaines à partir de l'OIT peut paraître surprenant puisque les États-Unis ne font pas partie de l'Organisation jusqu'en 1934. Néanmoins, les archives du BIT prouvent l'existence de liens avec les Américains avant leur adhésion à l'Organisation. De récents travaux ont exposé les liens existants entre les États-Unis et l'Europe, pendant l'entre-deux-guerres, en révélant la présence d'actions et de projets conjoints qui remettent en cause l'idée d'isolationnisme américain qui a longtemps prévalu dans l'historiographie[5]. Dans le prolongement de ces travaux, il s'agit de détailler non seulement l'existence de liens entre les Américains et l'OIT, mais également d'établir comment l'Angleterre sert de tête de pont pour relier l'Amérique du Nord à l'Europe dans le cadre de cette Organisation. Ces démonstrations sont basées sur l'hypothèse que les Américains ne sont pas absents de l'OIT et que ce sont les Britanniques qui sont à l'origine de leur adhésion.

Aux côtés des États-Unis, l'Empire britannique est l'autre centre d'intérêt des milieux politiques et économiques britanniques après la Première Guerre mondiale. Les dommages financiers et économiques infligés par la guerre ont certes entamé la prédominance de la Grande-Bretagne sur la scène internationale, mais le déclin véritable n'est pas encore patent[6]. L'analyse ici ne porte pas seulement sur la relation

4. Mark Mazower, *No enchanted palace.., op. cit.*

5. Voir en particulier les travaux de Ludovic Tournès, Ian Tyrrell et Daniel T. Rodgers. Et sur l'isolationnisme David Hastings Dunn, « Isolationism Revisited : Seven persistent myths in the contemporary American Foreign debate », *Review of International Studies*, vol. 31, n°2, 2005.

6. Brian McKercher, *Transition of power : Britain's loss of global pre-eminence to the United States, 1930-1945*, Cambridge, Cambridge University Press, 1999.

entre la métropole et son Empire, mais également sur les multiples réseaux, les relations, les transferts et les échanges qui ont lieu de manière internationale en raison de liens qui unissent les acteurs dans le domaine colonial[7]. L'OIT constitue, tout comme la SDN, un lieu d'affirmation de l'autonomie des Dominions durant la période de l'entre-deux-guerres. En effet, les Dominions et l'Inde bénéficient d'un siège distinct de celui de la Grande-Bretagne au sein de ces institutions. En éclairant le positionnement de ces derniers à l'OIT, vis-à-vis de la métropole l'analyse revient sur les influences et les alliances qui se nouent dans ces enceintes. L'accent est mis sur les aspects sociaux de ces relations.

7. Dane Kennedy, « Introduction », in Durba Ghosh and Dane Kennedy (ed.), *Decentring Empire : Britain, India, and the Transcolonial World*, Hyderabad, Orient Longman, 2006, pp. 1-15.

Chapitre 5

Les liens transatlantiques, une *special relationship* à l'OIT ?

C'est Churchill lui-même qui a contribué à populariser l'expression de « special relationship » entre la Grande-Bretagne et les États-Unis à l'hiver 1945-1946 dans un discours au Parlement et un autre prononcé à Fulton[1]. Les analyses historiques de cette relation spéciale font ressortir l'existence de dénominateurs communs entre les deux pays : des valeurs similaires, une identité commune et une idéologie partagée qui permettent le développement de liens privilégiés. Du point de vue britannique, cette relation spéciale constitue un objectif de politique étrangère qui remonte au début du 20e siècle et constitue un thème récurrent de sa diplomatie[2]. Certains historiens soulignent d'ailleurs que cette relation est surtout spéciale pour les Britanniques qui utilisent l'allié américain pour compenser le déclin de leur

---

1. Robert Rhodes James (ed.), *Winston Churchill : his complete speeches, 1897-1963*, vol. 7, New York, Chelsea House, 1974, pp. 7248 et 7289. Dans ses mémoires, Churchill livre une vision très idéalisée de la relation anglo-américaine pendant la Seconde Guerre mondiale, pour un aspect plus critique voir John Charmley, « Churchill and the American Alliance », *Transactions of the Royal Historical Society*, vol. 11, 2001, pp. 353-371.

2. Kathleen Burk, *Old World, New World : Great Britain and America from the Beginning*, London, Little Brown Group, 2007.

puissance. La relation spéciale serait un fantasme des Britanniques qui leur sert à se voiler la face sur une réalité historique[3].

La relation spéciale repose sur les liens entre les dirigeants des deux pays et sur une grande variété d'échelons intermédiaires ministériels, administratifs, civils et militaires. Ce chapitre apporte un éclairage différent sur cette relation spéciale, en analysant les liens entre Britanniques et Américains par le prisme de l'OIT. Le fait que le gouvernement américain soit formellement absent des institutions genevoises n'a en effet pas empêché le développement de liens entre les États-Unis et ces organisations, la Grande-Bretagne servant de tête de pont pour rallier l'Amérique du Nord à l'Europe dans le cadre de l'OIT.

Un des plus grands succès politiques du second directeur de l'OIT, le Britannique Harold Butler, est en effet d'avoir obtenu l'adhésion officielle des États-Unis à l'Organisation en 1934. Cette réussite constitue l'aboutissement d'années de collaborations et de négociations entre différents acteurs internationaux, et le résultat particulier de la stratégie des Britanniques à l'OIT. En effet, le refus par le Sénat américain de signer les traités de paix, en 1919, a entraîné la non-participation de ces derniers à la SDN et à l'OIT. Malgré ce désaveu, les idées, les projets et les collaborations se poursuivent entre les fonctionnaires britanniques de l'OIT et des syndicalistes, industriels, intellectuels et hommes politiques américains. Les forts liens économiques et financiers, qui lient les deux continents, incitent l'Europe à scruter avec attention les réponses que les États-Unis proposent pour remédier à la crise économique des années 1930 et leur modèle économique (leur méthode de production notamment) et social (le *New Deal*) est étudié par nombre d'experts européens dans le cadre de l'OIT.

3. David Reynolds, « A special relationship ? America and Britain and the international order since the Second World War », *International Affairs*, vol. 62, n°1, 1986, pp. 1-20 ; Max Beloff, « The special relationship : an Anglo-American myth », in Martin Gilbert (ed.), *A Century of Conflict, 1850-1950*, London, Hamish Hamilton, 1966.

L'analyse porte sur les stratégies des Britanniques pour faire coopérer les syndicats, les employeurs et le gouvernement américains, avec les autres pays membres de l'OIT, dans l'optique d'impliquer les Américains dans la construction des normes sociales que l'Organisation cherche à mettre en œuvre. En effet, les États-Unis représentent un allié politique pour les Britanniques, afin de pondérer d'autres idées sociales véhiculées au sein de l'OIT. Les liens transatlantiques, développés à l'OIT dans l'entre-deux-guerres, sont analysés à travers un prisme britannique. Les différents acteurs, réseaux et institutions américains sur lesquels les Britanniques, et Butler en particulier, se sont appuyés afin d'amener les États-Unis à collaborer avec l'OIT sont tour à tour examinés.

1. Cartographie des liens entre Britanniques et Américains à l'OIT

Une variété de liens fait office d'intermédiaire entre les Américains et les fonctionnaires de l'OIT et participent à cette relation spéciale. Les relations anglo-américaines à l'Organisation sont visibles de trois manières différentes. Premièrement, autour du bureau de l'OIT à Washington, des rencontres se déroulent et des liens se tissent permettant aux dirigeants de l'OIT de comprendre les positions des différents acteurs américains à leur égard. Parallèlement, des relations de travail se développent entre les États-Unis et l'OIT, qui bénéficie de l'expertise américaine grâce à la participation active (fonctionnaires, experts) ou passive (observateurs) de plusieurs Américains. Enfin, Harold Butler noue des liens personnels et des relations de travail avec des Américains qui s'inscrivent dans un cadre plus large de coopération entre les deux pays.

Le bureau de Washington

Le bureau de l'OIT à Washington est officiellement créé le 5 mai 1920 et dirigé par deux directeurs américains dans l'entre-deux-guerres : Ernest Greenwood, de 1920 à 1923, puis Leifur Magnusson, de 1924 à 1938[4]. Butler rencontre Ernest Greenwood en 1919 à Washington, où il officie comme chargé de relations publiques de la délégation américaine. Greenwood a beaucoup d'entregent et séduit rapidement Butler et Thomas qui décident de l'engager comme directeur pour le bureau de Washington. Après trois années de service, l'administration de l'OIT se rend compte qu'il détourne les fonds du bureau à des fins personnelles d'où son éviction en 1923[5]. Il est cependant indéniable que, durant son mandat, Greenwood développe très habilement la fonction relationnelle du bureau en nouant des contacts avec d'importants officiels américains. Il contribue ainsi au succès du voyage d'Albert Thomas, qui se rend aux États-Unis en 1922, en lui facilitant des entrevues avec Herbert Hoover et avec des hommes d'affaires comme l'industriel Edward Filène qui préside le *Twentieth Century Fund.* Albert Thomas décide avec ce dernier de la création de l'Institut international d'organisation scientifique du travail (IOST), lié institutionnellement au BIT et créé en 1927[6].

La personnalité de Leifur Magnusson qui prend la relève de Greenwood en 1924, tranche diamétralement avec celle de son prédécesseur. D'origine islandaise, naturalisé américain, Magnusson est un économiste et Albert Thomas craint qu'avec lui on ne tombe dans l'extrême inverse à celui de Greenwood et qu'il ne réduise le bureau de Washington à une simple agence de renseignements scientifiques[7]. La longévité de Magnusson à la tête du bureau de Washington (1924-1938) est surprenante, si on tient compte des nombreux commentaires et évaluations négatives qui sont émises

---

4. ABIT, dossier personnel d'Ernest Greenwood manquant, dossier personnel de Leifur Magnusson P877.

5. Albert Thomas menacera Greenwood de le poursuivre en justice, mais leurs différents se régleront finalement à l'amiable. ABIT XC61/1/2, Correspondance USA-Washington Office 1924-1928.

6. Sur l'IOST, voir Thomas Cayet, *Rationaliser le travail, organiser la production. Le Bureau International du Travail et la modernisation économique durant l'entre-deux-guerres*, Rennes, PUR, 2010.

7. ABIT XC61/1/2, note interne de A. Thomas à H. Butler du 31 mars 1924.

sur son compte durant son mandat par Butler, Thomas et Winant[8]. Il est vrai que la tâche de Magnusson est ardue, l'existence même du bureau de Washington étant soumise à de fortes critiques au sein du conseil d'administration de l'OIT, principalement car les États-Unis ne font pas partie de l'Organisation. S'il est loin d'être l'homme idéal, sa pâle personnalité l'empêchant d'exercer l'influence nécessaire sur les milieux politiques et économiques importants, au fil du temps il sait se faire respecter dans les cercles officiels, en particulier auprès de la secrétaire au Travail Frances Perkins dont il gagne la confiance, ses origines islandaises le rendant moins suspect de propagande que s'il était américain. Après l'expérience à double tranchant avec Greenwood, Butler préfère conserver un homme peut-être moins bien introduit, mais qu'il peut modeler à sa convenance. De plus, il utilise l'expertise de Magnusson et de sa collaboratrice Alice Cheney pour obtenir des informations sur le fonctionnement de l'industrie américaine pour différents articles et livres qu'il publie sur ce pays. Enfin, le bureau de Washington permet de disposer d'un point de ralliement entre les différents acteurs américains favorables à l'adhésion de leur pays. Dans cet esprit, Butler encourage Magnusson à créer un comité consultatif regroupant des représentants des instituts de recherche américains, des universités, de l'*AFL*, et de la chambre de commerce afin de conseiller le bureau de Washington sur la marche à suivre pour rapprocher le gouvernement américain de l'OIT.

Sous l'impulsion de Butler, Magnusson est chargé de plusieurs missions délicates auprès du département d'État et du ministère du Travail américain, il prend parfois néanmoins des initiatives désapprouvées par sa hiérarchie, comme celle d'inviter des Américains à la conférence de l'OIT sur le charbon en 1929. Thomas estime cette initiative politiquement dangereuse, car il s'agit d'une conférence prévue uniquement pour les producteurs européens de charbon. La relation entre les deux hommes est particulièrement tendue, car

8. ABIT, XC61/1/2, Cabinet Butler, Correspondance USA, Washington Office 1929-1931, note de Butler, décembre 1930.

Thomas craint que les initiatives malencontreuses de Magnusson ne nuisent à la politique discrète que le BIT poursuit avec les États-Unis[9].

Le bureau de Washington constitue l'antenne de l'OIT aux États-Unis et, à partir de cette base, deux politiques successives sont menées afin de faire adhérer les Américains à l'Organisation. Avec Greenwood, c'est une stratégie de publicité et de relations publiques qui est conduite afin d'obtenir la participation des syndicats et des employeurs américains aux conférences de l'OIT. Après la démission de Greenwood en 1923, Butler estime qu'il est temps de changer de stratégie[10]. Il souhaite la coopération et l'adhésion des Américains, mais estime qu'une participation uniquement des employeurs et ouvriers n'est pas satisfaisante et préfère patienter, afin d'obtenir une représentation gouvernementale même si cela ne se produit que dans un futur lointain. Diplomatie, précaution et discrétion ont donc porté ensuite le travail du bureau de Washington jusqu'à l'adhésion des États-Unis à l'OIT. Devant la difficulté de la tâche, Butler considère ce bureau comme un point de ralliement, un endroit pour tester les opinions, pour nouer des liens, mais surtout pas pour mener une propagande trop agressive en faveur de l'adhésion, afin d'éviter de heurter de front les isolationnistes.

La collaboration américaine : fonctionnaires, experts et observateurs

En sus de Greenwood et Magnusson à Washington, jusqu'en 1934 le nombre des Américains travaillant pour l'OIT est numériquement faible, leur participation n'en revêt pas moins différentes formes efficaces. Deux Américains participent à la création de l'OIT en 1919. Le premier, Samuel Gompers, président de la Fédération américaine du travail (*AFL*) est le président de la Commission de législation du travail, organe de la Conférence de la Paix qui crée l'OIT. Néanmoins, l'*AFL* est divisée sur la ligne à adopter vis-à-vis de l'OIT : la faction

9. ABIT, XC61/1/2, CAB HB, Correspondance, USA - Washington Office 1929-1931, lettre de Thomas à Magnusson, 6 décembre 1929.

10. *Ibid.*, 1924-1928, lettre de Butler, 15 mars 1924.

sous la direction de Samuel Gompers souhaite collaborer avec l'Organisation, tandis que l'autre faction, sous la direction de Matthew Woll et Andrew Furuseth (président de l'Union internationale des marins), est suffisamment puissante pour paralyser toute initiative. En 1924, William Green succède à Samuel Gompers à la tête de l'*AFL*, ce qui renforce finalement les opposants à l'OIT. William Green et Matthew Woll en particulier sont anti-communistes. Ils sont par tradition opposés aux mesures législatives et favorisent les négociations directes entre patrons et travailleurs dans l'industrie[11]. Sur le plan politique, l'OIT a donc du mal à rallier les syndicats américains à son œuvre, puisque celle-ci repose en grande partie sur des efforts normatifs de rédaction de conventions internationales du travail. Jusqu'à la fin des années 1920, l'*AFL* réitère son hostilité à l'OIT lors de sa convention annuelle, en refusant d'adopter une résolution qui permettrait d'envoyer des observateurs à la conférence internationale du travail. Ce faible soutien syndical américain explique pourquoi l'équipe dirigeante du BIT se tourne, dans un second temps, plutôt vers les acteurs gouvernementaux pour chercher l'adhésion du pays à l'Organisation.

Aux côtés de Samuel Gompers, James Thomson Shotwell, professeur à l'université de Columbia, joue un rôle de conseiller pour la délégation américaine, en 1919, et œuvre ensuite de manière active pour rapprocher les États-Unis de l'OIT. Ce travail de sensibilisation, il le réalise aux États-Unis principalement par des publications avec notamment son ouvrage, intitulé *Origins of the International Labour Organization,* paru en 1934, et également par une campagne auprès des hommes politiques qu'il fréquente grâce à son travail à la fondation *Carnegie Endowment for International Peace*[12].

De 1919 à 1934, la coopération directe des Américains avec l'OIT prend quatre formes différentes. La première est constituée par les Américains engagés comme fonctionnaires par l'OIT. Le plus

11. Craig Phelan, *William Green : biography of a Labor Leader,* New York, State University of New York Press, 1989.

12. Harold Josephson, *James T. Shotwell and the rise of internationalism in America,* London, Associated University Presses, 1975.

important d'entre eux en grade est le Dr Royal Meeker qui dirige la division scientifique de 1920 à 1923, date à laquelle il démissionne pour prendre le poste de secrétaire du Travail de Pennsylvanie[13]. Economiste, proche du Président Wilson, Meeker souhaite s'adjoindre un Américain qui possède des connaissances industrielles de son pays afin de mettre sur pied la division scientifique. C'est sur sa recommandation que Butler engage Leifur Magnusson qui a travaillé avec lui au bureau américain des statistiques, avant la Première Guerre mondiale, et dirige le bureau de Washington. Ce bureau des statistiques, département du ministère du Travail américain, constitue un centre névralgique des relations entre l'OIT et le gouvernement américain. En sus de servir de lieu de recrutement, de nombreux liens intellectuels et politiques se tissent entre ses fonctionnaires et ceux de l'OIT[14].

Seconde forme de collaboration américaine : des membres de l'administration ou des citoyens privés participent à titre d'experts aux activités de l'OIT (tableau II). Au total, une dizaine d'experts collaborent sur des sujets pointus et d'importance dans les années 1920 comme l'émigration, l'anthrax, l'hygiène industrielle, la silicose et le travail indigène. Ces experts sont choisis minutieusement au sein d'institutions américaines de haut niveau scientifique ou politique. Albert Thomas et Harold Butler mobilisent leurs connaissances aux États-Unis pour obtenir la collaboration d'économistes et professeurs de renom. Butler est en effet persuadé que la meilleure stratégie consiste à faire collaborer des Américains à des réunions de caractère spécialisé comme les statistiques, afin qu'ils comprennent le fonctionnement de l'Organisation et en saisissent la valeur ajoutée, pour dans un second temps, qu'ils participent de manière plus large au travail de l'OIT et soient motivés à y adhérer.

13. ABIT, dossier personnel 192, Royal Meeker (1873-1953).

14. Aux côtés de Greenwood, Magnusson, Meeker et du journaliste du Puy, l'OIT engage également Herbert Feis, comme membre temporaire de section de 1923 à 1927.

Tableau II : Coopération de membres de l'administration ou de citoyens privés américains aux activités de l'OIT

Nom	Titre	Champ du travail	Fonction
M. Ernest Greenwood	Chargé de relations publiques	1ère session de la conférence internationale du travail, 1919	Député du secrétaire général de la conférence
M. Manley Hudson	Professeur, Université d'Harvard	1ère session de la conférence internationale du travail, 1919	Conseiller juridique de la conférence
M. R. E Todd	–	Commission permanente sur l'émigration (1921)	Membre de la Commission
Dr. M. Dorset	Chef de division au département américain de l'Agriculture	Commission consultative sur l'anthrax (1922-1930)	Membre de la Commission
Dr. Alice Hamilton	Professeur de médecine, Université d'Harvard ; Officier d'enquête au Bureau fédéral des statistiques	Comité constatif sur l'hygiène industrielle (1922-1930)	Membre de la Commission
M. Reninger	Vice-président, Conseil national de Sécurité	Comité de correspondance sur l'hygiène industrielle (1925-1930)	Membre du sous-comité
M. Lee	Professeur de physiologie, Université de Columbia	Comité de correspondance sur l'hygiène industrielle (1925-1930)	Membre du sous-comité
M. J.P. Chamberlain	Professeur, Université de Columbia	Commission sur le travail indigène (1927-1930)	Membre de la Commission
Dr. Leroy U. Gardner	Directeur, Laboratoire Saranac pour l'étude de la tuberculose	Conférence médicale sur la silicose, 1930	Membre de la Commission

(Source : Archives du BIT, XH5/61/2, Participation of the United States of America in the work of the International Labor Organization)

La troisième forme de collaboration, la participation officielle du gouvernement américain, fait plutôt figure d'exception. En effet, ce dernier participe officiellement à trois conférences : en 1919, le secrétaire du Travail, William Bauchop Wilson préside la première conférence de l'OIT à Washington, en août 1930, Albert E. Russell, du département de la Santé américain, est nommé par son gouvernement pour participer à la conférence de l'OIT sur la silicose et en mai 1931, Ethelbert Stewart, du département des statistiques au ministère du Travail américain, participe à la quatrième conférence internationale sur les statistiques du travail sous l'égide de l'OIT à Genève. Par contre, les observateurs, la dernière forme de collaboration des Américains avec l'OIT sont plus nombreux. Le gouvernement américain envoie des observateurs gouvernementaux et privés aux conférences générales en 1927, 1928 et 1930. Andrew Furuseth, malgré son opposition aux efforts de l'OIT pour développer un code international du travail pour les marins, assiste également comme observateur aux conférences maritimes de l'OIT de 1926 et 1929.

Enfin, même s'il ne s'agit que de modiques sommes ou des contributions en nature, des citoyens américains et des organisations privées ont contribué financièrement à l'OIT. Les dons sont versés essentiellement pour que l'Organisation mène des activités de recherche dans des champs de compétence pour lesquels ces personnes ou organisations n'ont pas les capacités internationales. Le bureau national de recherche économique participe ainsi à une enquête sur les statistiques d'émigration en 1920 ; Henry Ford finance des enquêtes de statistiques sur les salaires dans les grandes villes d'Europe ; et l'*Industrial Relations Counselors Inc.* finance une étude sur les relations sociales dans l'industrie. Par ailleurs, l'*AFL* offre de la décoration et du mobilier pour une salle à la mémoire de Samuel Gompers, tandis qu'Edward Filène fournit les installations téléphoniques du BIT. Ces financements sont motivés par des préoccupations nationales, chaque contribution correspondant à un objectif précis du mécène qui trouve intérêt à collaborer avec l'OIT.

Pour un État non membre, sa collaboration aux travaux de l'OIT est donc loin d'être anodine durant les années 1920. Sans prendre directement une tournure officielle, différents liens se nouent pour rapprocher les Américains de l'OIT, permettant au département d'État et aux ministères du Commerce et du Travail américains de prendre le pouls de l'OIT. La prudence est de mise des deux côtés de l'Atlantique, afin de ne pas effrayer les hommes politiques américains qui refusent toute coopération politique européenne. La stratégie consiste à développer des collaborations ponctuelles, se tenir informés des travaux en cours, afin de convaincre le monde politique américain et l'opinion publique de l'utilité d'une collaboration officielle. En effet, du côté américain si les cercles internationalistes veulent adhérer c'est qu'ils pensent que l'expertise apportée par l'OIT est une carte supplémentaire pour résoudre la crise économique et sociale de la fin des années 1920[15]. Du côté de l'OIT, l'adhésion américaine est voulue pour des motifs politiques, économiques et de prestige.

Les réseaux d'Harold Butler

Dès les premiers pas de l'Organisation, Butler est chargé des relations avec les États-Unis pour des raisons pratiques (Albert Thomas parle très mal l'anglais)[16], et aussi pour des raisons culturelles, de continuité et d'affinité plus personnelles, qui font *naturellement* de Butler l'interlocuteur privilégié des Américains. La désignation de Butler comme interlocuteur des Américains repose sur un des éléments fédérateurs de la relation spéciale : la langue commune entre la Grande-Bretagne et les États-Unis.

En tant que directeur adjoint, Butler se rend aux États-Unis en octobre 1926, voyage qu'il exécute dans deux buts précis : établir des contacts personnels avec des employeurs, des ouvriers et le gouvernement et obtenir de l'information sur l'organisation du système industriel américain. Dans cette optique, il rencontre des

15. Ludovic Tournès, « The Rockefeller Foundation and the Transition from the League of Nations to the UN, 1939-1946 », *Journal of Modern European History*, vol. 12, 2014, pp. 323-341.

16. Phelan décrit avec humour les interventions en anglais d'Albert Thomas lors de son voyage aux États-Unis en 1922 : Edward Phelan, *Albert Thomas et la création du BIT*, Paris, Editions Bernard Grasset, 1936.

académiciens, des leaders syndicaux, des entrepreneurs et des hommes politiques. De nombreuses visites d'usines sont également au programme. Ces acteurs américains s'insérèrent dans des milieux qui forment un socle déterminant, sur lequel l'OIT base ses liens avec les États-Unis et que Butler à l'aide d'Edward Phelan développe, afin de servir leur objectif : obtenir l'adhésion des États-Unis à l'OIT.

Le premier cercle de relations de Butler est issu du milieu libéral internationaliste américain. Ce milieu qui se compose de l'élite intellectuelle et économique des deux côtés de l'Atlantique est connecté à travers des universités, des organisations pacifistes et des *think tanks.* Ces internationalistes ont des passerelles avec le pouvoir. Certaines institutions en particulier comme le *Royal Institute of International Affairs,* en Grande-Bretagne, et le *Council on Foreign Relations,* aux États-Unis, qui travaillent pour créer et développer une relation spéciale entre les deux pays dès les années 1920, sont pratiquement incorporés dans l'appareil d'État[17].

Présents dès les débuts de l'OIT, c'est à Paris en 1919 que Butler et Phelan, en étant tous deux membres de la délégation britannique à la Conférence de la Paix, lient avec ce milieu internationaliste. Ils nouent leurs premiers contacts avec des Américains dans l'entourage du Président Wilson, comme James Shotwell qui est le premier lien pour les Britanniques avec le milieu internationaliste et pacifiste américain. Ce milieu agit au sein de plusieurs organisations dont les plus visibles dans les années 1920 sont la *World Peace Foundation* (chargée de diffuser toutes les publications de la SDN et de l'OIT aux États-Unis), *The Woodrow Wilson Foundation, The Council on Foreign Relations,* la *League of Nations Non-Partisan Association* et la *Carnegie Endowment for International Peace,* les deux dernières étant les plus actives pour promouvoir la SDN aux États-Unis. Ce mouvement internationaliste a des soutiens chez les banquiers, les hommes d'affaires, les avocats, les journalistes, les professeurs et dans certains ministères. Leurs idées

17. Inderjeet Parmar, « Chatham House, The Foreign Policy process, and the making of the Anglo-American Alliance », in Andrea Bosco (ed.), *Chatham House and British Foreign Policy 1919-1945, The Royal Institute of International Affairs during the Inter-War Period*, London, Lothian Foundation Press, 1994.

sont donc partagées par une certaine élite homogène, coupée du reste de la population qui ne partage pas forcément ses vues.

En 1919, Butler rencontre une autre figure majeure du mouvement internationaliste pro-SDN aux États-Unis, le professeur Manley Hudson, proche conseiller du Président Wilson puis de Frances Perkins. Professeur de droit à Harvard, Hudson partage son temps entre les États-Unis, où il travaille pour la *World Peace Foundation,* et Genève. Il y mène de front un travail juridique pour la Société des Nations, où il a un poste de membre de section temporaire de 1920 à 1930, et un travail diplomatique en fondant l'*American Committe,* chargé de promouvoir les différentes institutions internationales sises à Genève[18]. Butler se lie également avec le professeur Samuel McCune Lindsay, professeur de droit social à l'Université Columbia de 1907 à 1939, associé au milieu intellectuel internationaliste de la côte Est des États-Unis et proche de Franklin Roosevelt. Le professeur, qui fait de longs séjours à Genève, connaît parfaitement les mécanismes de l'OIT et se mobilise pour entretenir un courant favorable à l'Organisation aux États-Unis[19]. Enfin, c'est à Columbia également que Butler rencontre le professeur Carter Goodrich, qui devient le délégué américain au conseil d'administration de l'OIT, en 1937, et joue un rôle important à ce titre pour déménager l'OIT pendant la Seconde Guerre mondiale.

Les liens qu'il noue avec ces différents professeurs issus de l'Université de Columbia (New York), permettent à Butler d'être introduit dans le réseau très dynamique d'activistes en sciences sociales de cette université, où se forme un lobby pro-OIT très entreprenant dès 1919[20], ainsi qu'avec la fondation Carnegie qui finance plusieurs projets pour promouvoir l'OIT, comme l'ouvrage de Shotwell en 1934 et la réalisation d'un film sur l'OIT pour le public américain[21]. Un lien

18. ABIT, XR 61/4/6, relations with Dr Manley O. Hudson.

19. ABIT XC61/1/2, Correspondence USA, Washington Office, 1927 ; XR61/4/8, Relations with Colombia University, 1928-1932.

20. John Recchiuti, *Civic Engagement : Social Science and Progressive Era Reform in New York City*, Philadelphia, University of Pennsylvania Press, 2006.

21. ABIT, CAB XO2/20, Correspondance entre Butler et Phelan, Lettre de Phelan du 9 juillet 1925.

existe entre ce réseau d'universitaires et le gouvernement américain, en effet le Président Roosevelt est entouré d'un *brain trust*, composé d'économistes et de chercheurs issus de Columbia. C'est d'ailleurs par le biais de ce milieu universitaire que Butler rencontre John Winant, gouverneur de l'État du New Hampshire et futur directeur de l'OIT, avec qui il se lie d'amitié, ainsi que Frances Perkins future secrétaire américaine du Travail et un des acteurs majeurs du rapprochement des États-Unis avec l'OIT.

Le second réseau personnel que Butler développe est en effet constitué d'hommes et de femmes politiques. Ces liens débutent en 1919 quand Butler rencontre Franklin D. Roosevelt à Washington, lors de la conférence internationale du travail. Les deux hommes se lient par l'intermédiaire de leurs épouses, toutes deux impliquées dans les questions féministes, et Roosevelt, alors secrétaire adjoint de la *Navy* aide Butler à trouver des locaux pour la conférence internationale du travail.

Sa fonction officielle à l'OIT amène Butler à rencontrer des sénateurs et des élus américains, et il noue des liens plus profonds avec un certain nombre d'entre eux qui s'intéresse directement aux affaires de l'OIT. Il fait ainsi la rencontre de Frances Perkins, commissaire du Travail de l'État de New York, sous la gouvernance de Roosevelt de 1928 à 1932, puis secrétaire du Travail quand ce dernier devient Président en 1932, fonction qu'elle occupe pendant douze ans. Ses convictions amènent Perkins à s'intéresser dès le début aux activités de l'OIT et Butler prend soin de cultiver sa relation avec son ministère. Il est aussi en contact avec Grace Abbott, spécialiste de la question des enfants au département du travail et Mary Anderson (issue de la *Women's Trade Union League*) qui travaille au Bureau des femmes. Au début des années 1930, il se lie avec l'économiste Isador Lubin, engagé comme commissaire des statistiques du travail en 1933, qui travaille avec l'OIT tout en servant d'éminence grise à Perkins. Enfin, Butler est en relation avec Prentiss Gilbert, le consul américain à Genève, qui se révèle un précieux soutien pour l'Organisation ; d'une part en expliquant aux fonctionnaires de l'OIT le fonctionnement de l'administration américaine et, inversement, en écrivant des notes diplomatiques au département d'État américain pour commenter le travail de l'OIT. Dans les moments critiques en 1933-1934, où l'administration cherche à faire passer sa demande d'adhésion devant le Congrès, il publie des mémorandums explicitant les différences juridiques entre la SDN et l'OIT. C'est également avec l'aide de Prentiss Gilbert, que Butler développe le concept *d'observer delegations* afin de permettre à des pays non-membres de l'OIT de participer aux réunions de l'Organisation.

Grâce aux relations de Greenwood, le premier directeur du bureau de Washington et à ses visites aux États-Unis, Butler établit également des contacts avec des industriels à travers le réseau de la chambre de commerce américaine. Il rencontre ainsi Basil Miles, le représentant de celle de Paris, qui devient un de ses amis. Il fait la connaissance d'Edward Filène, président de la fondation *Twentieth Century Fund,* et de Henry Dennison, industriel et ami de Filène qui développe pour l'OIT le projet d'institut scientifique du travail. Après l'adhésion des États-Unis à l'OIT, Henry Dennison et Henry I. Harrimann deviennent les représentants américains des employeurs auprès du conseil d'administration et de la conférence internationale du travail. Ces liens de Butler avec les organisations patronales américaines sont vitaux pour le rapprochement avec les États-Unis, car les analystes de la politique américaine à l'égard de l'OIT estiment que toutes les décisions la concernant sont prises selon un mouvement d'opinion de bas en haut, c'est-à-dire que le gouvernement n'acceptera de participer à l'OIT que si les syndicats et le patronat y sont favorables.

En conséquence, même si ces liens sont ténus, Butler entretient avec diligence ses introductions dans le réseau syndicaliste américain. En sus des relations globales que l'Organisation entretient avec l'*AFL*, Butler noue une relation qui lui est particulièrement utile avec Spencer Miller, le secrétaire du *Workers' Education Bureau of America* (WEB), fondé en 1921 et lié politiquement et financièrement à l'*AFL*. Ce dernier, impliqué dans le groupe des internationalistes qui militent en faveur de l'adhésion à l'OIT, publie différents comptes rendus de réunions académiques sur l'OIT aux États-Unis, introduit Magnusson dans les milieux syndicaux, et organise des rencontres pour Butler lors de ses déplacements aux États-Unis.

Dans les années 1920, le développement de relations officielles entre des Américains et l'Organisation et de relations personnelles de Butler permettent l'échange et la circulation de projets entre les deux partenaires. Ces relations forment un socle sur lequel le directeur de l'Organisation peut construire pour tenter de faire adhérer les États-Unis à l'OIT. Butler est en effet persuadé que les deux partenaires ont beaucoup à gagner de cette collaboration qui est loin d'être un phénomène transatlantique isolé, elle s'inscrit dans une stratégie globale de rapprochement entre Britanniques et Américains.

2. Décryptage de l'entrée des États-Unis à l'OIT

La stratégie suivie par Harold Butler pour rapprocher les États-Unis de l'OIT s'inscrit, d'une part, dans la politique générale mise en place par le cabinet d'Albert Thomas et, d'autre part, dans le contexte d'une dépendance diplomatique, militaire et économique grandissante de son pays vis-à-vis des Américains dans l'entre-deux-guerres. L'OIT, comme la SDN, est l'œuvre des nations victorieuses de la Première Guerre mondiale et l'absence des États-Unis est perçue à l'OIT comme une lacune à laquelle il faut à tout prix remédier, pour des raisons de prestige, de grande politique et des raisons économiques. En effet, grande puissance économique et industrielle, la non-participation des employeurs et des syndicalistes américains pèse sur les discussions et les décisions au sein de l'OIT. Les experts de l'Organisation sont intéressés par l'expérience industrielle américaine et désireux que le pays participe à ses travaux afin de bénéficier de son expertise. Enfin, en particulier dans les années 1930, quand les nations européennes commencent à s'en désinvestir, Harold Butler estime les États-Unis comme le meilleur garant de la longévité des activités de l'Organisation ; c'est pourquoi il met tout en œuvre afin de les amener à y adhérer.

La volonté de Butler de développer les liens anglo-américains s'inscrit dans une politique plus large menée par ces deux pays pour améliorer leurs relations. La *special relationship* personnalisée par Churchill et Roosevelt pendant la Seconde Guerre mondiale, se développe dans cet entre-deux-guerres déjà, notamment par le biais du *Council of Foreign Relations*, initiative conjointe en 1919, qui repose sur les élites du pays et sur la contribution des banquiers comme JP Morgan et des fondations comme la Carnegie et la Rockefeller. Cet institut binational (les Britanniques établissent le *Royal Institute of International Affairs*) œuvre pour améliorer la relation anglo-américaine, jugée nécessaire à la stabilité internationale. En Grande-Bretagne, un courant de pensée internationaliste, dans lequel s'insère Butler, estime en effet qu'une coopération économique et politique avec les États-Unis est fondamentale afin de renforcer les défenses de l'Empire[22].

Ce courant transatlantique reste néanmoins minoritaire aux États-Unis, une frange importante du gouvernement américain et de l'opinion publique fait plutôt preuve d'isolationnisme dans les années 1920 et ne souhaite pas s'impliquer dans les affaires européennes. C'est la raison pour laquelle Thomas, comme Butler, sont très prudents dans leurs démarches et mènent une diplomatie secrète, soucieux de ne pas donner de tour politique à leurs visites aux États-Unis. Albert Thomas y fait un premier voyage en 1922, conscient qu'il lui manque des connaissances directes sur ce pays. Ce voyage est néanmoins à haut risque politiquement selon Edward Phelan qui estime que :

> « Albert Thomas pouvait y être considéré comme un intrus et être placé, lui et l'Organisation tout entière dans une position fausse, et même en vérité dangereuse. (...) Albert Thomas était socialiste et il se faisait un point d'honneur de ne pas cacher cette qualité, qui dans le cas présent était gênante. Aux États-Unis un socialiste était un *Rouge* et l'hystérie de la guerre contre les *Rouges* était alors loin d'être dissipée »[23].

---

22. Sarah Stockwell (ed.), *The British Empire, Themes and Perspectives*, Oxford, Blackwell Publishing Ltd, 2004.

23. Edward Phelan, *Albert Thomas et la création du BIT*, *op. cit.*, pp. 224-225.

Harold Butler se rend à plusieurs reprises aux États-Unis, en 1926, 1930, 1933, 1934 et 1935. Sa qualité de Britannique et son image d'homme politique libéral rendent ses voyages plus discrets que ceux de Thomas. Butler s'inscrit pleinement dans l'esprit de Genève qui alimente le pacifisme britannique dans l'entre-deux-guerres, néanmoins il sait rester discret sur la Société des Nations que les Américains ont rejetée. Au cours de ses discours et de ses échanges privés avec ses interlocuteurs américains, Butler prend soin de distinguer les affaires de l'OIT de celles de la SDN et de faire apparaître l'OIT comme une organisation technique, loin des réalités de l'application des traités de paix. Quand il se rend aux États-Unis, il choisit souvent des invitations d'universités comme prétexte à ses voyages. Le caractère académique vise à éviter de donner un ton politique visible à ses visites, même si cela ne l'empêche guère de faire des réunions politiques.

Harold Butler envisage plusieurs options successives pour se rapprocher de l'administration américaine. Dans un premier temps, au début des années 1920, il tente d'approcher le gouvernement par l'entremise d'Herbert Hoover, en lui proposant d'organiser aux États-Unis une grande conférence économique qui intéresserait toutes les parties. Butler cherche ensuite la participation gouvernementale sur des questions importantes comme l'émigration et la réglementation du travail des marins, mais toutes ces approches ne donnant aucune suite, il décide de se rabattre sur des tentatives plus modestes en cherchant à développer la participation d'experts américains à titre privé à des conférences ou commissions de l'OIT. En effet, à la fin des années 1920, Albert Thomas en particulier est lassé des refus officiels successifs de collaboration qu'il reçoit comme autant de camouflets à sa politique[24]. Les syndicats américains, absorbés par les dissensions internes entre *AFL* et *CIO*, n'envisagent pas de collaboration officielle avec l'OIT. L'*AFL* refuse même d'envoyer un observateur à ses

24. ABIT, XC61/1/2, Cabinet Harold Butler, Correspondance, USA - Washington Office 1929-1931, lettre de Thomas du 6 décembre 1929.

réunions[25]. Cette politique d'hostilité à l'égard de l'Organisation est suivie jusqu'au début des années 1930.

Harold Butler, contrairement à Albert Thomas, n'a jamais estimé une participation uniquement des employeurs et des ouvriers très satisfaisante et juge qu'il est plus judicieux d'attendre afin d'obtenir une vraie représentation gouvernementale. Cette participation, Butler la recherche en développant ses relations personnelles avec ses amis américains, en poussant à la création d'un comité consultatif auprès du bureau de Washington, et en voyageant aux États-Unis. Il obtient en 1928 la venue d'une délégation américaine à la conférence internationale du travail. Même si cette dernière a un statut non officiel de simple observateur, un pas est franchi car c'est la première fois qu'une délégation américaine participe à ses travaux. En 1929, le gouvernement américain répond aux enquêtes de l'OIT sur la question des marins et des textiles, ce qui conforte Butler dans son opinion que le meilleur moyen de faire participer les Américains au travail de l'OIT est de les inviter dans un premier temps à des réunions de caractère spécialisé. La stratégie affichée consiste donc à tenter d'inclure les Américains dans toutes les activités techniques de l'OIT susceptibles de les intéresser, comme prélude à une association plus large et générale, tout en prenant soin de souligner qu'il s'agit d'une coopération technique sans implication politique.

Au-delà de la stratégie d'une collaboration technique ponctuelle, Butler prend conscience lors de ses voyages aux États-Unis qu'en matière de politique générale l'argument ayant le meilleur impact, auprès de ses interlocuteurs américains, est d'affirmer que leur pays ne peut se permettre une nouvelle catastrophe majeure en Europe susceptible d'y entraîner l'étendue du communisme. Dans cette optique, une participation à l'OIT, organisation considérée comme modérée par rapport au communisme, semble une option réaliste dans les cercles politiques américains soucieux de se préserver d'un

25. Jill Jensen, « What the International Labor Organization Means to America : Domestic Labor Standards and U.S. Engagement with the International Labor Organization, 1928-1934 », *European Social Science History Conference*, Lisbon, Portugal, February 2008.

nouveau conflit. Cet argument qui consiste à « vendre » l'OIT comme un rempart contre le communisme est surtout valable auprès des conservateurs et des isolationnistes. Auprès des démocrates, des réformistes *New Deal* et de ses interlocuteurs internationalistes, Butler insiste plus largement sur les bénéfiques économiques et sociaux que retirerait le pays d'une participation à l'OIT. La participation aux organisations multilatérales permet d'avoir une voix dans les décisions prises au niveau international sans les obligations découlant généralement d'alliances bilatérales.

C'est en 1932 que la situation se dénoue véritablement à la suite de plusieurs changements majeurs : Harold Butler devient directeur de l'OIT, après le décès soudain d'Albert Thomas et, à la fin de l'année, Franklin Roosevelt remporte les élections américaines devenant ainsi le 32e Président. Le nouveau directeur de l'OIT estime le moment excellent pour se rapprocher des États-Unis. Premièrement, l'*AFL* vote une résolution en 1933 demandant que le ministère du Travail américain envoie un représentant permanent à Genève, signifiant ainsi un changement majeur de son attitude vis-à-vis de l'OIT. Deuxièmement, la venue au pouvoir d'un nouveau gouvernement, libre des inhibitions républicaines vis-à-vis de Genève, est d'excellent augure, et, enfin, la nomination de Perkins laisse présager la possibilité de nouvelles relations avec le ministère du Travail américain.

Dans ses mémoires, Perkins cherche à s'attribuer le mérite d'avoir fait adhérer les États-Unis à l'OIT[26], mais il est indéniable qu'une telle décision n'aurait pu avoir aussi facilement l'aval de Roosevelt, sans un important travail de sensibilisation réalisé au préalable par les réseaux transnationaux favorables à une participation américaine aux organisations de Genève et à l'OIT en particulier. La difficulté majeure a été de convaincre les proches conseillers de Roosevelt – *the Brain Trust* – et le département d'État, lesquels sont opposés à une politique pro-SDN. À la mi-mai 1933, Butler envoie deux de ses proches collaborateurs, Edward Phelan et Stefan Childs, un Britannique, chef-adjoint de son Cabinet, en mission aux États-Unis. Ils y rencontrent plusieurs internationalistes comme Lindsay, Shotwell, Hudson, et

26. Frances Perkins, *The Roosevelt I knew*, New York, The Viking Press, 1946.

des conseillers du département d'État. Forts de leurs soutiens dans ces deux milieux ils obtiennent de Perkins la venue d'une délégation américaine, de représentants accrédités du gouvernement et non plus seulement d'observateurs, à la conférence internationale du travail de 1933. Afin de finaliser le travail diplomatique amorcé lors de cette mission et à la suite de leur participation à la conférence de 1933, Butler se rend personnellement aux États-Unis à la fin de l'année pour entamer des négociations, désormais officielles, qui aboutissent à la résolution du Congrès approuvant l'adhésion américaine à l'OIT. Les États-Unis deviennent membres de l'OIT, le 20 août 1934[27], et participent pour la première fois officiellement à la conférence internationale du travail de 1935 sous la direction de Grace Abbott, déléguée gouvernementale.

La politique et la stratégie de Butler ont donc été payantes. Alors que Thomas a plutôt recherché la collaboration des syndicats américains, Butler a toujours favorisé une participation gouvernementale comme prélude à une collaboration générale. En tissant sur ses relations personnelles dans les milieux pacifistes et libéraux internationalistes, et en se servant du bureau de Washington comme relais, Butler a patiemment bâti des relations politiques de confiance pour convaincre ses interlocuteurs du bien-fondé d'une adhésion. Celle-ci permettrait de participer de plain-pied aux travaux d'une organisation à caractère économique et social sans être impliqués dans les affaires politiques de la SDN (ce que redoutent par-dessus tout les hommes politiques américains qui veulent se tenir éloignés des conflits européens). Cette victoire créée néanmoins de fortes tensions avec la SDN, et avec son directeur Joseph Avenol en particulier qui tente d'empêcher cette adhésion sous des motifs juridiques[28]. L'adhésion des États-Unis à

27. Une résolution conjointe du Congrès, le 19 juin 1934, autorise les États-Unis à devenir membres de l'OIT sans assumer d'obligations vis-à-vis de la SDN. La 18e session de la conférence générale de l'OIT, le 22 juin 1934, les invite à devenir membre, invitation acceptée officiellement le 20 août 1934 par une note transmise au consul américain à Genève et confirmée par une proclamation du Président des États-Unis, le 10 septembre 1934. ABIT, Treaty Series n°874, ILO, United States Government Printing Office Washington, 1934.

28. ABIT, XH 6/61/1, Correspondance entre Butler et Avenol, juin 1934.

l'OIT s'inscrit dans la politique des Britanniques qui souhaitent élargir la relation spéciale avec les Américains et permet de développer le volet social et économique de leurs relations. Cependant la présence américaine à l'OIT entraîne des conséquences qui dépassent la simple relation anglo-américaine.

3. Origines, choix et conséquences de l'adhésion américaine à l'OIT

En amont de l'adhésion, sur fond de crise économique profonde, les démarches politiques et administratives du côté américain pour décider de participer à l'OIT sont complexes. Elles ont nécessité de nombreuses discussions et tractations afin de convaincre les sénateurs, les administrateurs et le peuple de l'intérêt d'une collaboration pour les États-Unis avec le système de la Société des Nations. Certains aspects de la propagande réalisée dans ce cadre par le groupe des internationalistes proches de Butler sont intéressants, car leurs arguments sont repris par Roosevelt en 1933 pour justifier sa décision de collaborer avec l'OIT et pour indiquer quelle direction il va donner à cette collaboration. Une fois membre, la présence et la collaboration américaines entraînent des changements à l'Organisation. Les États-Unis deviennent un contributeur majeur et ils investissent l'OIT en personnel, ce qui a des répercussions sur les travaux de l'Organisation. À la fin des années 1930, on perçoit déjà les prémices des changements qui s'affirment pendant la Seconde Guerre mondiale. Ceux-ci touchent à la fois à l'orientation des travaux de l'Organisation et à l'aire géographique dans laquelle s'exerce son influence.

Le choix d'adhérer à l'OIT engendre une série de problèmes juridiques, politiques et administratifs que résolvent ensemble le cabinet de l'OIT, le ministère du Travail américain et le consulat américain à Genève. Les deux principales questions pour l'administration américaine consistent, d'une part, à savoir si les États-Unis peuvent devenir membres de l'OIT sans le devenir de la SDN, et d'autre part, si l'administration est d'accord de prendre le risque politique qu'entraîne le choix de proposer l'adhésion à l'OIT. En effet, en décembre 1933, Roosevelt s'est engagé publiquement dans un discours à la fondation Wilson à ce que les États-Unis ne deviennent pas membres de la SDN durant son administration. La raison principale de cet engagement public est l'opposition interne qui se manifeste dans le pays contre un engagement américain dans les affaires internationales[29]. Néanmoins, la réalité est autre puisqu'il est avéré que les Américains ont participé à nombre d'activités techniques de la SDN pendant l'entre-deux-guerres. Le département d'État aurait même envisagé, en 1933, d'envoyer un ambassadeur ou un haut-commissaire américain auprès de la SDN et d'établir une nouvelle division en son sein pour traiter des affaires de l'Organisation[30].

Ces tensions internes ajournent la première participation officielle américaine jusqu'à la conférence internationale du travail de 1935, mais témoignent également des précautions prises par le Président américain et son administration. Voulant à tout prix éviter de réitérer les erreurs commises par le Président Wilson en 1919, Roosevelt cherche en amont à s'assurer du soutien des membres du Sénat afin d'éviter toute opposition ultérieure à sa décision. Sous l'impulsion du sénateur Georges Holden Tinkham, certains élus républicains cherchent en effet à empêcher l'adhésion des États-Unis à l'OIT, ils accusent personnellement Perkins de vouloir faire entrer le pays à la SDN par la porte arrière, en argumentant que l'adhésion à l'OIT implique d'adhérer également à la SDN. Ce groupe reste marginalisé et ne réussit pas à inquiéter véritablement l'administration Roosevelt qui reste néanmoins vigilante[31].

De leur côté, plusieurs Américains internationalistes mènent une campagne discrète et néanmoins active pour faire entrer les États-Unis

29. Georg Schild, « The Roosevelt Administration and the United Nations », *World Affairs*, vol. 158, n°1, Woodrow Wilson and the League of Nations : Part Two, 1995, pp. 26-34.

30. Gary B. Ostrower, « American Ambassador to the League of Nations-1933 : A proposal postponed », *International Organization*, vol. 25, n°1, 1971, pp. 46-58.

31. Tinkham introduit une résolution le 3 janvier 1935, devant la Chambre des représentants du Congrès, pour demander le retrait des États-Unis de l'OIT.

à l'OIT. Ils se font ainsi l'écho des efforts de sensibilisation de Butler. Le journaliste et homme d'État américain, Arthur Sweetser, travaille pour la section de l'information de la SDN dans l'entre-deux-guerres et consacre autant de temps à son travail qu'à rapprocher les États-Unis de Genève. Figure emblématique du milieu américain internationaliste, il sert de lien entre ce milieu, la SDN et le gouvernement américain[32]. Il publie un rapport en 1929, qui argumente en faveur d'un changement dans les relations entre les États-Unis et la SDN. Il estime qu'en 1928 le pays a commencé à rompre avec sa politique étrangère de *non-commitment,* en choisissant de rejoindre la Cour internationale et en participant à des conférences de la SDN. En effet, en 1927 les États-Unis ont participé à quatre grandes conférences de la SDN et des Américains sont membres à titre individuel de plusieurs commissions[33]. Néanmoins, la relation insatisfaisante, qui les lie aux institutions de Genève, empêche la réalisation pleine de leurs projets. Les États-Unis ont donc tout intérêt à devenir membres de ces organisations pour jouir pleinement de leurs droits. Au début des années 1930, Roosevelt se rend effectivement compte de la limite de la politique consistant à envoyer des observateurs aux travaux de l'OIT. L'envoi de délégués officiels, seule garantie d'une pleine participation avec droit de vote, apparaît comme plus adéquat pour défendre les intérêts du pays.

Au moment où elle envisage d'adhérer à l'OIT, au début des années 1930, l'administration américaine cherche à établir les aspects du travail de l'OIT qui cadrent le mieux avec l'expérience américaine. Le ministère du Travail et la division des affaires de l'Europe de l'Ouest du département d'État américain étudient les travaux de l'OIT. Ils en concluent qu'une des deux fonctions principales de l'OIT, le développement de normes internationales, risque de n'être pas bien reçue par les syndicats et les patrons américains, car les deux parties

32. Ludovic Tournès, « The Rockefeller Foundation and the Transition from the League of Nations to the UN, 1939-1946 », *Journal of Modern European History*, vol. 12, 2014, pp. 323-341.

33. James Shotwell par exemple est membre de la Commission internationale de coopération intellectuelle (CICI) et des Américains participent à titre d'experts aux comités économiques et financiers de la SDN.

sont opposées aux lois qui tentent de réglementer leurs rapports de travail. Par contre, les États-Unis sont intéressés par la recherche et les statistiques et c'est ce second aspect du travail de l'OIT qui est en conséquence valorisé par la propagande en faveur de l'adhésion. À la suite de la crise économique, le mouvement internationaliste américain défend également une collaboration accrue avec les pays membres de l'OIT, persuadé qu'une solution aux problèmes économiques ne peut se trouver que dans la coopération internationale, point de vue que partage également le Président Roosevelt[34]. Les réformateurs sociaux, qui gravitent autour de Roosevelt, pensent qu'une participation à l'OIT permettrait de faire avancer leur propre agenda social au niveau national. C'est progressivement sous l'influence de ses conseillers que le Président se rallie à la politique de rapprochement avec l'OIT, Roosevelt voit en effet dans l'Organisation un instrument utile pour réaliser sa politique de *New Deal*. Il souligne à maintes reprises que l'expertise de l'OIT a été utile pour la mise en place de la sécurité sociale aux États-Unis et que le pays peut aussi bénéficier de l'expérience de l'OIT dans d'autres domaines, comme par exemple le système d'inspection des usines.

Au sein de l'administration, aux côtés de Roosevelt, la ministre du Travail, Frances Perkins est une des principales avocates de l'adhésion des États-Unis à l'OIT. Son intérêt pour l'OIT est dicté par deux motifs principaux. Elle est convaincue que les conditions de travail des travailleurs américains peuvent s'améliorer avec cette adhésion et, sur le plan économique, elle pense que l'adhésion aura des retombées positives en termes de concurrence économique et de chômage. Afin de faciliter la procédure d'adhésion à l'OIT, elle crèe en novembre 1933 un comité de trois personnes spécialement affectées à cette tâche au sein de son ministère.

Dans cette période clef entre 1933 et 1935, où l'adhésion américaine est décidée mais pas encore matérialisée, Butler utilise ses relations proches du Président américain afin de lui fournir tout document utile pour convaincre les élus et le peuple américains. Un

34. ABIT, XH 5/61/2, *The United States and the League*, Mémorandum de W. J. Carlton, 23 décembre 1933.

des problèmes politiques les plus délicats est d'expliciter la différence de statut juridique entre l'OIT et la SDN, car seule cette distinction peut justifier de devenir uniquement membre de l'OIT, même si des précédents existent (Allemagne et Autriche en 1919). Prentiss Gilbert, le consul américain à Genève depuis 1930, produit ainsi un document juridique en 1933 qui analyse les différences entre une adhésion à l'OIT et à la SDN[35]. Le professeur Manley Hudson rédige pareillement un document où il admet l'indépendance de *membership* entre les deux organisations et, selon le précédent de 1919, affirme que seule la conférence internationale du travail peut proposer l'admission[36]. Enfin, le professeur James Shotwell publie, grâce à la fondation Carnegie, un ouvrage sur les origines de l'OIT qui paraît opportunément au début de l'année 1934, et qui est utilisé comme outil de propagande auprès des élus américains pour les sensibiliser à la question de l'adhésion des États-Unis à l'OIT[37]. Butler mobilise ses relations internationalistes dans ce moment clef politiquement où le Président doit convaincre le Sénat et le Congrès d'accepter l'adhésion.

L'adhésion américaine une fois acquise, son entrée matérielle dans l'Organisation pose encore toute une série de problèmes dont les plus importants sont sa contribution financière, sa représentation dans les organes directeurs et l'engagement du personnel américain à l'OIT. Perkins nomme des proches collaborateurs, ou des soutiens de longue date de l'OIT, aux postes de liaison avec l'Organisation. Dès 1934, elle mandate ainsi Isador Lubin comme représentant gouvernemental américain au conseil d'administration et à la conférence afin qu'il puisse discuter de la représentation ouvrière et patronale américaine.

35. Le consulat américain à Genève est le lien principal entre l'administration américaine et la SDN. Au début des années 1930, son personnel est augmenté et ses tâches élargies, sous la direction de Prentiss Gilbert auparavant assistant du chef de la division des affaires de l'Europe de l'Ouest au département d'État.

36. Manley O. Hudson, « The Membership of the United States in the International Labour Organization », *The American Journal of International Law*, vol. 28, n°4, 1934, pp. 669-684.

37. Concrètement, Shotwell se promène en 1934 dans les couloirs du Sénat avec des exemplaires de son ouvrage sous le bras afin de le distribuer aux élus américains !

Elle décide également de la création d'un bureau américain de commissaire du travail à Genève, poste occupé dès 1937 par Carter Goodrich, professeur à Columbia, qui officie également comme représentant gouvernemental au conseil d'administration.

L'adhésion des États-Unis à l'OIT entraîne un changement de cap de celle-ci. Les nouvelles orientations sont déjà visibles sous la fin du mandat de Butler et se poursuivent sous celui de Winant. Un des objectifs majeurs de Butler, pendant son mandat de directeur, est de permettre à l'OIT de participer aux développements économiques internationaux qui ont lieu dans les années de dépression économique. Ancien camarade de Keynes à Eton College, lui-même économiste, Butler souhaite développer le volet économique de l'OIT afin de répondre au marasme consécutif à la crise de 1929, et l'adhésion des États-Unis lui offre l'opportunité d'accomplir cette stratégie. Il nomme ainsi l'économiste américain, Lewis Levitzki Lorwin (1883-1970), comme conseiller économique, point de départ des efforts de l'OIT pour réaliser des études sur le chômage non plus seulement en relation avec le progrès social et la législation du travail, mais en prenant compte également la sécurité humaine et la croissance économique. Lorwin publie sur la planification économique et le mouvement ouvrier international et ses travaux influencent les recherches économiques de l'OIT.

À la suite du départ de l'Allemagne de l'Organisation en 1934, les démissions des fonctionnaires allemands permettent à Butler d'avoir le budget nécessaire pour engager des fonctionnaires américains de premier rang et notamment pour un poste de directeur adjoint. Sur le conseil de ses amis américains, Butler cherche à recruter le gouverneur de l'État du New Hampshire, John Winant, rencontré à Columbia dans les années 1920 et avec qui il entretient d'excellents rapports depuis cette époque. Il voit en effet dans cette nomination l'occasion de cimenter la fraîche adhésion des États-Unis. Après plusieurs mois de réflexion, car il aurait sans doute préféré servir directement l'administration Roosevelt, Winant accepte finalement le poste de directeur adjoint de l'OIT qu'il occupe quelques mois seulement, en 1935, avant d'y revenir en 1937. Comme Winant mène en parallèle une carrière politique aux États-Unis, il conçoit difficilement que sa loyauté envers son gouvernement passe après celle envers l'OIT, conception que partagent nombre d'Américains[38].

La conférence tripartite maritime qui se tient à Genève en novembre 1935, est la première occasion pour les Américains de participer à la rédaction d'une convention internationale. Les résultats de cette conférence ont pour effet de modifier l'opinion d'Andrew Furuseth, le dirigeant syndical américain des marins, sur l'OIT. En effet, en 1919, Furuseth s'oppose à l'entrée des États-Unis dans l'Organisation car il estime sa constitution trop peu favorable aux ouvriers. De plus, il craint qu'une participation américaine à l'Organisation ne soit pour les Britanniques l'occasion de remettre en cause l'*US Seamen Act* de 1915, qui améliore les conditions de travail des marins américains et la sécurité de sa flotte marchande. Pourtant, en 1936, il est convaincu des normes adoptées par l'OIT et travaille après cette conférence pour la ratification de ses conventions maritimes[39]. Cette évolution de l'attitude de Furuseth envers l'Organisation s'inscrit plus largement dans une modification de l'attitude des syndicats américains. Initialement, la volonté américaine de participer à l'OIT est le fait du département du Travail américain plus que celui des syndicats, mais, au début des années 1930, ces derniers semblent plus amènes à coopérer avec l'Organisation. Le problème majeur d'une collaboration efficace avec l'OIT réside dans les dissensions persistantes entre l'*AFL* et le *CIO,* qui demandent tous deux la représentation unique auprès de l'Organisation[40].

---

38. John Gilbert Winant (1889-1947) est nommé directeur adjoint de l'OIT en avril 1935, en octobre 1935 il retourne aux États-Unis pour prendre la présidence du nouveau conseil de sécurité social établi par Roosevelt. En 1937, il préside la conférence de l'OIT sur le textile et revient à son poste de directeur adjoint la même année. En 1938, il succède à Butler et devint directeur de l'OIT jusqu'en 1941. ABIT, XO 2/31/1, Office Organisation, Governor John Winant ; dossier personnel P29991.

39. Elizabeth McKillen, « Beyond Gompers : the American Federation of Labor, the Creation of the ILO and US Labor Dissent », in Jasmien van Daele (eds), *ILO Histories, Essays on the International Labour Organization and its Impact on the World during the Twentieth Century, op. cit.*

40. Geert van Goethem, « Labor's Second Front : The Foreign Policy of the American and British Trade Union Movements during the Second World War », *Diplomatic History*, vol. 34, n°4, 2010, pp. 663-680.

À la fin des années 1930, l'implication des États-Unis dans les travaux de l'OIT correspond également à un changement d'orientation géographique dans le champ d'action de celle-ci, qui se reflète dans le choix de lieux extra-européens afin de tenir des conférences régionales de l'OIT. Deux jalons importants dans cette réorientation géographique sont posés à travers l'organisation de la conférence régionale au Chili en 1936 et la conférence sur les textiles à Washington en 1937. Du 2 au 14 janvier 1936, se tient à Santiago du Chili la première conférence du travail des États américains membres de l'OIT. Les Américains s'impliquent dans cette importante réunion régionale, la première du genre, visant à contrer une initiative de l'Amérique latine qui cherche à mettre sur pied un bureau concurrent de l'OIT (*the Pan American labor bureau*), idée à laquelle sont opposés les Américains pour des raisons d'influence. L'OIT permet aux Américains d'internationaliser la question et de noyer une initiative régionale concurrente. Cette conférence régionale de l'OIT à Santiago est un succès. Elle adopte de nombreux textes législatifs, vingt-six résolutions au total, relatives à la sécurité sociale et aux conditions de travail au sein des pays d'Amérique latine et inaugure une politique d'expertise régionale[41].

Un autre jalon de la coopération américaine avec l'OIT est posé, à Washington en 1937, lors de la conférence technique sur le textile. Cette conférence a un enjeu politique pour Roosevelt qui souhaite profiter de la tenue de cette conférence aux États-Unis pour faire connaître l'Organisation. C'est l'occasion de démontrer au peuple américain la validité de ses choix et l'intérêt de travailler avec une organisation internationale. Le personnel américain de l'OIT est mobilisé pour la préparation de la conférence. Lorwin est chargé par Butler de rédiger la documentation nécessaire, le but de cette conférence étant de créer des liens entre les normes du travail dans l'industrie textile et le commerce. Cette conférence à Washington préfigure également le glissement géographique de l'OIT de l'Europe vers les États-Unis, réorientation géographique qui se renforce pendant

41. Véronique Plata, « Le Bureau international du travail et la coopération technique dans l'entre-deux-guerres », *Relations internationales*, vol. 2, n° 157, 2014, pp. 55-69.

la Seconde Guerre mondiale quand l'OIT trouve refuge au Canada. La domination américaine se fait peu à peu sentir sur l'Organisation. Elle implique une appropriation des méthodes et des idées américaines et entraîne une préférence pour des solutions techniques et des projets économiques, mettant à mal l'héritage d'Albert Thomas, qui favorisait la discussion de problèmes sociaux en s'appuyant sur les syndicats européens[42].

La décision américaine d'adhérer à l'OIT en 1934, s'est inscrite dans une évolution générale du système international. L'affaiblissement de la politique d'isolement des États-Unis, ayant entamé un rapprochement avec les Européens et les Britanniques en particulier, constitue la toile de fond de cette décision qui n'aurait pu se faire par ailleurs sans le soutien de plusieurs réseaux, qui souhaitent, de part et d'autre de l'Atlantique, ce rapprochement avec l'Organisation. Butler est conscient de l'extrême méfiance des Américains à l'égard de la SDN et des affaires européennes et il lui semble que l'OIT constitue le meilleur forum pour développer une coopération anglo-américaine. Il applique en conséquence la stratégie des petits pas afin de développer cette collaboration, stratégie qui s'inscrit dans la politique des milieux britanniques atlantistes.

La présence durable des mêmes acteurs et des réseaux responsables de la mise en place et du développement de cette relation privilégiée est notable. Du côté britannique, cette continuité a déjà été soulignée avec la présence de Butler et Phelan depuis la création de l'OIT. Mais c'est également le cas du côté américain, où les acteurs concernés forment un microcosme, pareillement présents lors de la création de l'OIT (Shotwell, Hudson). Ces acteurs américains, actifs dans le milieu internationaliste, sont ses soutiens les plus solides. La continuité est assurée car les Américains, qui collaborent avec l'OIT pendant l'entre-deux-guerres, prennent ensuite une fonction officielle à l'Organisation comme représentants de leur gouvernement, des syndicats, des employeurs ou comme fonctionnaires.

---

42. Sandrine Kott, « Internationalism in Wartime, Introduction », *Journal of Modern European History*, vol. 12, n°3, 2014, pp. 317-322.

Le bilan de l'entrée des États-Unis à l'OIT diffère éminemment selon le point de vue choisi. Au niveau personnel, c'est un succès indéniable pour Butler qui lui permet de concrétiser ses plans pour l'OIT : déplacer le centre de gravité de l'Organisation et développer les aspects économiques de la question du travail. Ironiquement, l'adhésion des États-Unis précède de peu la démission de Butler en 1937, qui prend néanmoins toutes les assurances pour que Winant puisse le remplacer à la tête de l'OIT, persuadé que l'Organisation doit maintenant prendre une autre direction que seul un directeur américain est à même de lui offrir. Du côté du gouvernement britannique, l'entrée des États-Unis à l'OIT est une excellente occasion de développer une plus grande implication américaine en Europe. Néanmoins, ce succès se révèle à double tranchant pour la politique qu'il entend mener dans l'Organisation. Le gouvernement britannique voit dans l'Amérique libérale un soutien pour sa propre politique économique et sociale. En fait, il se retrouve en opposition avec les vues américaines sur certains sujets. Par exemple, lors de la conférence sur les textiles à Washington en 1937, où le gouvernement et les patrons britanniques font bloc pour tenter d'empêcher l'adoption d'une convention sur les quarante heures dans le textile, que le gouvernement américain appelle de ses vœux.

L'adhésion des États-Unis en 1934 préfigure un changement d'orientation de l'OIT : un déplacement du centre du pouvoir mondial de l'Europe vers les États-Unis et une réorientation des priorités économiques de l'Organisation, consécutive à ce changement d'équilibre. L'entrée des Américains pèse en effet rapidement sur les orientations générales que l'Organisation prend à partir de 1937. Dès leur adhésion, les Américains s'y déploient avec leurs propres méthodes, ressources, et idées, les fonctionnaires américains sous le leadership de Winant, devenant vite assez nombreux. La brièveté du mandat de directeur de Winant (1938-1940) rend le bilan de ces premières années américaines difficile à dresser. Néanmoins, il faut souligner l'alignement total de l'OIT sur la politique rooseveltienne pendant ces années, Winant prenant rarement une décision de politique majeure sans consulter son gouvernement, rompant totalement avec l'esprit traditionnel de la fonction internationale qui avait prévalu jusqu'alors à l'OIT. De plus, une évolution du paradigme social de l'Organisation est déjà perceptible : les discours et les pratiques s'américanisent sous le mandat de Winant. Si sa principale réussite est d'avoir sauvé l'OIT de Genève pour établir ses quartiers à Montréal pendant la guerre, permettant ainsi à l'Organisation de continuer sa tâche et lui offrant une opportunité de survivre à la Seconde Guerre mondiale, ce déménagement participe également de l'américanisation de l'Organisation.

Quant à l'influence patronale et ouvrière au conseil d'administration, après des difficultés initiales liées à leur représentation, elle s'exerce pleinement. La présence patronale américaine a pour premier effet de couper l'herbe sous le pied des employeurs européens en les privant d'un argument essentiel pour refuser la ratification des conventions (à savoir qu'ils ne ratifiaient pas à cause de la compétition avec les industries américaines qui, elles, n'étaient pas soumises aux conventions de l'OIT). Quant à l'*AFL,* la crise économique et la politique du *New Deal* l'ont amenée à réviser sa position et elle se rallie peu à peu aux bénéfices qu'elle peut tirer d'une collaboration internationale et coopère avec l'OIT. Les effets de ces changements vont être mis en lumière pendant la Seconde Guerre mondiale, lorsque l'OIT déménage au Canada, se positionne du côté des Alliés afin de défendre le libéralisme international dont elle se fait l'écho pour contrer les propagandes ennemies.

Chapitre 6

L'Empire britannique à l'OIT

Ce chapitre repense l'internationalisme britannique à travers les flux orchestrés par l'OIT. Il propose une analyse des relations de la Grande-Bretagne avec son Empire par le prisme de l'OIT et un nouveau regard sur les influences de l'Empire sur la politique sociale du pays. Une telle analyse permet d'examiner simultanément la métropole et ses possessions, comme le suggèrent Ann Laura Stoler et Frederick Cooper dans leurs travaux, et permet à l'histoire nationale et impériale de se faire écho[1]. Le système de *Commonwealth,* consolidé juridiquement au milieu des années 1920, incarne le modèle d'internationalisme pour les hommes politiques britanniques de l'entre-deux-guerres. Par exemple, Lord Cecil se consacre à promouvoir la SDN en Grande-Bretagne. Il considère que les valeurs de coopération internationale, qui président aux relations entre les pays membres du *Commonwealth,* doivent servir de référence pour le développement des liens internationaux entre pays membres de la SDN. Cet enjolivement de la situation, qui occulte non seulement le côté sombre de la colonisation mais aussi les motivations économiques derrière la construction du *Commonwealth,* doit être remis dans le contexte qui prévaut pendant les années 1920 et 1930, quand les Britanniques se définissent comme une nation impériale avant tout.

1. Ann Laura Stoler, Frederick Cooper, « Between Metropole and Colony : rethinking a Research agenda », in Ann Laura Stoler, Frederick Cooper (ed.), *Tensions of Empire : Colonial Culture in a Bourgeois World,* Berkeley, University of California Press, 1997.

Le poids des impérialistes, autour d'Alfred Milner et de Léo Amery au *Colonial Office*, est considérable à cette période[2] et l'Empire devient un phénomène de masse. Durant l'entre-deux-guerres, la célébration de *l'Empire Day* est significative à cet égard. Créée en 1904 pour les élèves de la nation, cette journée de l'Empire continue en effet à être célébrée après la Première Guerre mondiale, afin d'établir une sorte de « conscience collective impériale » dans toutes les couches de la société. Néanmoins, cette fête tend à se politiser en créant une occasion de contestations politiques au sein de la gauche britannique (surtout les communistes) et chez les pacifistes[3]. Certaines réalités impériales qui semblaient immuables tendent à vaciller. Il s'agit donc de les consolider tout autant qu'il apparaît nécessaire à *Whitehall* de rétablir le prestige politique et économique du pays dans l'après-guerre.

Le Sud-Africain Jan Smuts en particulier défend la cohésion de l'Empire par la coopération internationale et inspire à Mark Mazower la notion d'*imperial internationalism* :

> « What I have called the imperial internationalism of the early twentieth century sought to reconcile the interests of the British Empire with the preservation of its civilizational mission. (...) Above all, it might reconcile the empire with the emergence of settler colonial nationalism, head off the danger of disintegration, and cement the imperial defenses against future threats »[4].

Il s'agit de déterminer dans quelle mesure cette affirmation se vérifie, notamment quand l'Organisation décide à la fin des années 1920 de s'occuper du travail forcé, question tactique pour les colonies britanniques. Les prises de paroles et les stratégies déployées par les Britanniques à l'OIT tendent à démontrer l'ancrage impérialiste des mentalités qui se prolonge dans les affaires économiques et sociales. Sur le plan stratégique, l'OIT offre une opportunité aux

2. Andrew Thompson, *Imperial Britain : The Empire in British Politics, c.1880-1932*, London, Longman, 2000.

3. Jim English, « Empire Day in Britain, 1904-1958 », *The Historical Journal*, vol. 49, n°1, 2006, pp. 247-276.

4. Mark Mazower, *op. cit.*, p. 191.

Britanniques de continuer à mener une politique unilatérale de domination dans leurs colonies en utilisant l'appui des Dominions.

Ces hypothèses s'inscrivent dans une approche transnationale des études post-impériales, néanmoins, seuls les Dominions et l'Inde ont un siège distinct de Londres à l'OIT et à la SDN. C'est pour cette raison que l'étude s'attache en premier lieu à ces pays. Les colonies ne sont cependant pas complètement absentes de l'analyse et transparaissent derrière l'examen de la Convention de l'OIT de 1930 sur le travail forcé[5]. Dans le domaine de la culture, les effets des pays colonisés sur la métropole ont été étudiés, notamment dans le cadre des *cultural studies* afin de confirmer l'influence des colonies sur la société britannique[6]. Néanmoins, dans le domaine des politiques sociales, aucune étude transnationale n'a cherché à cerner les effets des liens entre l'Empire et la métropole sur la politique sociale menée par le gouvernement britannique au sein de l'OIT[7]. Les politiques sociales initiées par les Dominions, en particulier le système de retraites en Nouvelle-Zélande (1898), font apparaître ce pays comme un précurseur en matière sociale, source d'inspiration pour les réformateurs sociaux à la fin du 19e siècle. En effet, les premières mesures sociales mises en place par le gouvernement libéral, entre 1906 et 1911, ne sont pas dénuées d'influences extérieures. Dans ce contexte d'inspiration libérale

5. L'État libre d'Irlande accède également au statut de Dominion en 1922 et devient membre de la SDN en 1923, Terre-Neuve garde le statut de Dominion jusqu'en 1934, quand la Grande-Bretagne la rétrograde au rang de colonie mais n'est pas membre de la SDN et de l'OIT.

6. Catherine Hall, Sonya O. Rose, *At Home with the Empire : Metropolitan Culture and the imperial World*, Cambridge, Cambridge University Press, 2007 ; Simon J. Potter, « Empire, Cultures and Identities in Nineteenth and Twentieth Century Britain », *History Compass*, vol. 5, n°1, 2007, pp. 51-71.

7. Pour l'étude de l'influence de l'OIT sur les pays colonisés, voir Daniel Maul, *Human Rights, Development and Decolonization. The International Labor Organization 1940-1970*, Palgrave Macmillan, London, 2012 ; J.-P. Daughton « ILO Expertise and colonial violence in the Interwar Years », in Sandrine Kott (ed.), *Globalizing Social Rights*, *op. cit.*, pp. 85-97 ; Susan Zimmermann, « Special circumstances in Geneva : The ILO and the World of non-metropolitan Labour in the Interwar years », in Jasmien van Daele (ed.), *ILO Histories*, *op. cit.*, pp. 221-250.

des premières lois sociales et de transfert des pratiques, l'OIT sert d'observatoire afin d'évaluer les échanges entre la Grande-Bretagne et ses Dominions en matière sociale. Les débats, qui ont lieu au sein des organes du BIT, permettent de cerner les positions respectives et les influences afin d'examiner comment la politique sociale de la Grande-Bretagne a été affectée, ou non, dans la période de l'entre-deux-guerres par le fait que ses Dominions et l'Inde sont des membres de l'OIT.

Plusieurs questionnements traversent ce chapitre. Premièrement, il s'agit d'examiner comment les Dominions et l'Inde utilisent leur siège séparé dans l'enceinte internationale de l'OIT, éventuellement afin d'asseoir leur indépendance. Deuxièmement, dans quelle mesure l'existence de ces sièges séparés influe sur les politiques et les actes du gouvernement britannique. La question de l'application des mesures sociales dans les colonies est également abordée. Les débats autour des travaux, qui ont abouti à la convention de 1930 sur le travail forcé, permettent de montrer les forces et les enjeux en présence et servent d'illustration à la politique sociale britannique dans les colonies, dans la mesure où celle-ci existe. Enfin, afin de compléter cette relecture de l'Empire par le prisme de l'OIT, les motivations britanniques sur la scène internationale sont examinées selon deux axes : le pays se sert-il de sa puissance impériale pour imposer ses préférences sociales aux autres membres et, deuxièmement, comment arrive-t-il à jongler entre l'image qu'il souhaite donner comme nation socialement avancée et la manière dont est géré le travail dans les colonies ? Peut-on parler de système social à deux vitesses ou d'impérialisme social ?

1. La gestion des voix dissidentes : les Dominions et l'Inde

Ayant participé à la Commission de législation internationale du travail qui a créé l'OIT en 1919, Edward Phelan affirme le caractère profondément solidaire et uni de la délégation britannique à Paris et sa capacité à parler d'une seule voix. La réalité est toutefois beaucoup plus nuancée. En effet, cette délégation à la Conférence de la Paix se nomme « délégation de l'Empire britannique ». Cela signifie concrètement qu'aux côtés des délégués du Royaume-Uni, le Canada, l'Australie, l'Afrique du Sud et l'Inde ont été autorisés par le Conseil suprême de la Conférence de la Paix à se faire représenter par deux délégués ; la Nouvelle-Zélande bénéficie quant à elle d'un délégué. Cette représentation séparée des Dominions et de l'Inde est la conséquence de leur participation militaire et politique dans la guerre aux côtés des Alliés. Ils ont envoyé 2.5 millions d'hommes au front et leurs gouvernants ont été invités à Londres, à partir de 1917, pour participer au Cabinet de guerre britannique. Lorsque David Lloyd George devient Premier ministre, à la fin de l'année 1916, il compte en effet sur le renfort des troupes des Dominions et de l'Inde, dans l'attente de l'entrée en guerre des États-Unis, et décide de créer un Cabinet de guerre impérial qui se réunit, en 1917 et en 1918, avec des représentants des Dominions dans l'optique de les associer plus étroitement à l'effort de guerre. À partir de ce moment, les Dominions vont exiger et obtenir une place de plein droit à la Conférence de la Paix. Au mois d'octobre 1918, David Lloyd George annonce que les Dominions participeront comme plénipotentiaires autonomes et le Cabinet de guerre impérial devient ainsi la délégation de l'Empire britannique à la Conférence de la Paix[8].

Lorsque s'ouvre la conférence en 1919, les relations entre la Grande-Bretagne et ses colonies ne sont donc plus tout à fait les mêmes. Malgré l'introduction de réformes dans certaines colonies, ou des tentatives pour partager le pouvoir avec les élites locales (*dual mandate*), l'Empire britannique est remis en question. Les gouvernants britanniques doivent affronter de nombreuses tensions au Moyen-Orient, les campagnes de désobéissance civile de Gandhi en Inde, et surtout une demande d'autonomie toujours plus accrue de la part des Dominions. En effet, au début du 20e siècle, la Grande-Bretagne a aménagé ses structures administratives et retenu le modèle de « dominion », qui s'applique aux territoires à population blanche dominante ou exclusive. Cette formule administrative permet aux

8. Margaret MacMillan, « Isosceles Triangle : Britain, the Dominions and the United States at the Paris Peace Conference of 1919 », in Hollowell Jonathan (ed.), *Twentieth-century Anglo-American relations*, Basingstoke, Palgrave, 2001, pp. 1-24.

Anglais de transférer les questions techniques aux pouvoirs locaux, tandis que Londres garde la haute main sur les questions de défense, de diplomatie et de législation[9].

Ces lézardes dans l'édifice politique n'empêchent pas les relations économiques de se poursuivre pendant cette période grâce aux accords de préférence impériale. L'identité impériale est donc intacte et l'Empire continue de symboliser la puissance aux yeux d'une forte majorité en Grande-Bretagne. L'Empire est soutenu par tous les partis politiques et même les travaillistes ne remettent pas en cause l'impérialisme britannique[10]. L'adhésion de toutes les couches de la société au projet impérial qui apparaît comme la solution aux crises de l'entre-deux-guerres (chômage et recul du commerce international) permet d'affirmer que la « société impériale » britannique est arrivée à maturité en 1919[11].

Néanmoins, des changements de rapports de force sont perceptibles. En 1919, les représentants des Dominions et de l'Inde sont de plus en plus conscients du rôle particulier qu'ils peuvent jouer sur la scène internationale. Ils profitent de la Conférence de la Paix pour nouer des contacts directs avec d'autres délégations afin d'affirmer leur spécificité aux yeux de la communauté internationale. De manière pragmatique, les Dominions sont néanmoins marginalisés des décisions prises pendant la Conférence de la Paix. Les orientations politiques de Londres priment sur toute autre opinion et sur la question qui les préoccupe le plus, le sort des anciennes colonies allemandes, les Dominions sont tributaires des marchandages entre

9. Les Dominions obtiennent progressivement un statut différent des autres colonies dans l'entre-deux-guerres avec la création d'un ministère des Dominions en 1925, la Conférence impériale de 1926 et les statuts de Westminster de 1931.

10. John Callaghan, *The Labour Party and Foreign Policy, A History*, London, Routledge, 2007.

11. Christophe Charle, « Le monde britannique, une société impériale (1815-1919) ? », *Cultures & Conflits*, n° 77, Printemps 2010.

Lloyd Georges et Wilson, qui s'est engagé pour l'auto-détermination des peuples[12].

Cette nouvelle donne politique s'accompagne d'un changement d'équilibre du pouvoir à l'intérieur de l'Empire fruit de toute une série de tensions économiques et politiques entre, d'une part, des poussées nationalistes dans les Dominions, et, d'autre part, une crise industrielle et économique anglaise qui motive Londres à chercher une stratégie politique en organisant le *Commonwealth* pour pallier ses problèmes économiques. Les représentants de l'Australie et de la Nouvelle-Zélande se révèlent dociles, car leurs pays ont besoin de la flotte britannique dans le Pacifique pour assurer leur défense, mais le gouvernement canadien, renforcé par la proximité géographique de son pays avec les États-Unis, tente une voie de rapprochement avec ces derniers au niveau économique[13].

Les Dominions ont un intérêt particulier à défendre la création de nouvelles entités internationales comme la SDN ou l'OIT, et ensuite de tout mettre en œuvre pour y obtenir leur propre représentation. Ces nouvelles arènes internationales constituent pour les pays nouvellement créés en Europe, ou les colonies, des tribunes pour s'affirmer sur la scène internationale. Ainsi, les Dominions et l'Inde saisissent judicieusement les opportunités politiques qui s'offrent à eux, lors de la Conférence de la Paix, pour obtenir leur propre siège au sein de ces nouvelles organisations internationales et gagner ainsi en légitimité politique[14].

À Paris en 1919, la présence des Dominions et de l'Inde a conduit les délégations à discuter deux problématiques lors de la création

12. Sally Marks, « Mistakes and Myths : The Allies, Germany and the Versailles Treaty, 1918-1921 », *The Journal of Modern History*, vol. 85, n°3, 2013, pp. 632-659 ; Michael Dockrill, John Fisher (ed.), *The Paris Peace Conference 1919 : Peace without victory ?*, Basingstoke, Palgrave, 2001.

13. Robert F. Holland, *Britain and the Commonwealth Alliance 1918-1939*, The Macmillan Press, London, Basingstoke, 1981.

14. Pour l'Inde, voir Madeleine Herren, « Global corporatism after World War I, the Indian case », in Sandrine Kott, Joëlle Droux (ed.), *Universalizing social rights.., op. cit.*

de l'OIT : la question de l'universalité de la future organisation et l'applicabilité des conventions internationales, d'autre part. Les membres de la Commission de législation du travail sont tous favorables à l'universalité de la représentation au sein de l'OIT, car l'efficacité d'une législation sociale internationale repose sur l'universalité de son application. Ils ont également à l'esprit des motivations de concurrence économique. Il s'agit néanmoins de déterminer comment la législation sociale internationale, créée par la nouvelle organisation, devra être appliquée dans les pays moins avancés industriellement et donc dans les pays colonisés. La délégation britannique estime que seule la métropole est juge de l'éventuelle application des conventions internationales aux territoires dépendants. Cette position permet d'assurer la pérennité de la domination coloniale hors de tout contrôle international. Cependant, ce projet est revu sous la pression de la délégation française de la commission. *A priori,* la France en tant que puissance coloniale a les mêmes intérêts que les Britanniques, mais ses représentants, Arthur Fontaine et Léon Jouhaux, ne souhaitent pas exclure les travailleurs coloniaux des conventions internationales et contraignent les Britanniques à négocier[15]. L'article final de la constitution stipule que les conventions doivent être appliquées dans les colonies sous réserve que, premièrement, la convention ne soit pas rendue inapplicable par les conditions locales, et deuxièmement que les modifications qui seraient nécessaires pour adapter la convention aux conditions locales puissent être introduites dans celles-ci. Ces réserves laissent finalement une importante marge de manœuvre aux puissances coloniales[16].

C'est pour satisfaire aux exigences de l'Inde et afin de tenir compte des pays non parvenus au même stade de développement industriel que, sur la recommandation des Britanniques, un paragraphe additionnel est ajouté à l'article 19 de la constitution qui énonce que la rédaction des conventions de l'OIT devra tenir compte « des pays dans lesquels le climat, le développement rudimentaire de l'organisation industrielle ou d'autres circonstances spéciales placent l'industrie dans

---

15. *Minutes of the Meetings of the Commission on international Labour legislation, February 1 to March 24 1919*, in James Shotwell, *op. cit.*, vol. II, pp. 149-322.

16. Article 35 de la Constitution de l'OIT.

des conditions essentiellement différentes ». Dans le même temps, les représentants de l'Inde prennent part aux discussions qui ont lieu pour établir la liste des huit pays les plus industrialisés et qui, à ce titre, auront le droit de siéger au conseil d'administration de l'OIT. Cette position devient un enjeu important entre les États en raison du poids politique qu'elle confère. À la Conférence de Washington, en octobre-novembre 1919, la question est tranchée en défaveur de l'Inde qui ne fait pas partie de la liste établie des huit membres considérés comme les plus industrialisés. La question de cette liste est ensuite réexaminée au sein de la SDN après le retrait des États-Unis et de la demande de plusieurs États d'en faire partie[17]. L'Inde ne faisant pas partie de la liste initiale, elle mobilise ses représentants pour y figurer et finit par obtenir gain de cause grâce à l'intervention des Britanniques[18]. La résolution adoptée par le Conseil de la SDN, en septembre 1922, décide que les huit États les plus industrialisés sont l'Allemagne, la Belgique, le Canada, la France, la Grande-Bretagne, l'Inde, l'Italie et le Japon[19]. Cette démarche politique indienne témoigne de l'ambiguïté de la position de ce pays qui, d'une part, négocie des conditions spéciales adaptées à son cas et, d'autre part, veut être considéré comme un des pays les plus industrialisés. Ce double langage et ces prises de positions *a priori* contradictoires s'expliquent par le fait que ce ne sont pas toujours les mêmes représentants qui négocient. Il s'agit aussi d'être pragmatiques pour les délégués indiens et de répondre à l'enjeu ressenti comme le plus important au moment où il est discuté. Les autres pays membres de l'OIT s'opposent aux pratiques de la Grande-Bretagne qui tente, par le biais de l'Inde et de ses Dominions, d'obtenir le maximum de voix dans ces nouvelles enceintes internationales. L'équilibre géopolitique final penche en effet en faveur de la Grande-Bretagne, qui réussit à faire nommer l'Inde et le Canada dans la liste des huit pays les plus industrialisés et deviennent en conséquence des

17. Outre les demandes réitérées de l'Inde, les Pays-Bas, l'Espagne et le Canada protestent contre le choix de 1919 des pays figurant sur la liste des huit pays les plus industrialisés.

18. ANB, LAB2/849/IL156/1921, Reform of Constitution of Governing Body of the ILO - Determination of eight States of chief Industrial Importance.

19. Les grandes différences avec 1919 sont l'entrée de l'Inde et du Canada et le retrait de la Suisse et du Danemark.

membres du conseil d'administration. Or c'est ce dernier qui décide de la politique générale de l'Organisation.

2. Le poids des Dominions et de l'Inde sur la politique britannique

Le statut des Dominions et de l'Inde à l'OIT

C'est en tant que signataires du traité de Versailles, qui contient le pacte de la SDN et la constitution de l'OIT, que les Dominions et l'Inde deviennent membres de ces deux nouvelles organisations internationales. Néanmoins, cela ne signifie pas qu'ils sont des États souverains. Le paragraphe 2 de l'article 1 du pacte de la SDN énonce qu'un dominion, ou une colonie, peut devenir membre de la SDN au même titre qu'un État et le fait que la différence soit clairement stipulée indique que devenir membre n'implique pas d'entrer dans la catégorie d'État souverain. Cette précision juridique est importante pour la question de l'indépendance des Dominions dans ces enceintes internationales. Dès 1919, les Dominions communiquent avec Sir Drummond, le directeur de la SDN, afin de savoir comment ils vont être représentés au sein de ces nouvelles institutions internationales, à savoir s'ils vont être indépendants ou sous une délégation commune de la Grande-Bretagne. La correspondance est vive entre Sir Balfour, Secrétaire d'État aux Affaires étrangères, et Sir Drummond car ce dernier suggère fermement à Londres de donner aux Dominions et à l'Inde leur propre représentation afin d'éviter toute confusion diplomatique[20]. En fin de compte, les Dominions obtiennent leurs propres sièges dans les organes directeurs de la SDN et de l'OIT et peuvent nommer eux-mêmes leurs délégations. Néanmoins, la confusion est entretenue par la malléabilité du statut de sujet britannique, qui permet d'intervertir les membres des délégations

20. ASDN, R1577, Correspondence between the League and Foreign Office, 1919.

auprès de la SDN. Ainsi par exemple, l'Afrique du Sud se fait représenter à l'Assemblée de la SDN, en 1922, par Gilbert Murray et Lord Robert Cecil, sujets anglais et, en 1926, par P. C. Larkin, le haut-commissaire canadien à Londres. Ce cas de figure est beaucoup plus rare à l'OIT. Si de manière très ponctuelle les suppléants sont issus d'un autre Dominion, en règle générale ce sont bien leurs gouvernants qui siègent pour leurs pays : soit le ministre du Travail ou un de ses députés, soit son ambassadeur (haut-commissaire) à Londres[21]. Pour l'Inde, un membre de *l'India Office* fait généralement partie de la représentation gouvernementale à l'OIT.

Deux questions permettent de mesurer de manière plus approfondie l'indépendance des Dominions à l'OIT. Premièrement, exercent-ils leur droit de vote au sein des organes du BIT en pleine indépendance, ou leurs voix constituent-elles uniquement des votes supplémentaires pour la Grande-Bretagne ? Soulignons que la réponse à cette question est encore plus complexe à l'OIT qu'à la SDN, du fait du tripartisme de cette Organisation. Deuxièmement, dans quelle mesure les Dominions ont-ils contribué à la création d'une législation sociale internationale, en ratifiant les conventions de l'OIT de manière parallèle aux ratifications de la Grande-Bretagne ?

La question des votes dans l'enceinte de l'OIT

Pendant les travaux de la Commission de législation du travail sous la direction de l'Américain Samuel Gompers, en 1919, la question de « six voix pour la Grande-Bretagne » donne lieu à des débats. Les États-Unis craignent en effet la prépondérance britannique sur l'OIT et ont tenté, sans succès, de rétablir l'équilibre en augmentant les voix des travailleurs par rapport à celles du patronat et des gouvernements. Cette controverse appelée « six or one debate » renvoie à la problématique de savoir si l'Empire britannique constitue une entité

21. Les pays membres du *Commonwealth* ont des missions diplomatiques à Londres. Le haut-commissaire est un diplomate avec rang d'ambassadeur en charge de la mission diplomatique de son pays en Grande-Bretagne. En raison des distances, c'est souvent ce diplomate qui représente son Dominion à la SDN et à l'OIT.

unique en politique étrangère ou si les six Dominions (Australie, Canada, Afrique du Sud, Nouvelle-Zélande, Terre-Neuve et État libre d'Irlande) ont chacun droit à une voix dans le débat. La possibilité pour la Grande-Bretagne de jouir d'une capacité de vote collective suscite l'indignation des autres pays, en particulier les États-Unis, où les adversaires de la SDN s'opposent avec véhémence à cet état de fait. La résolution Lenroot, passée en 1920 devant le Sénat américain dans le cadre des débats autour de la ratification du pacte de la SDN, stipule que les États-Unis doivent être exempts de toute décision votée au sein de la SDN par un État avec ses Dominions de manière collective en obtenant plus d'une voix. Bien que cette résolution reste théorique puisque les États-Unis ne deviennent pas membres de la SDN, dans quelle mesure les craintes américaines se réalisent-elles ?

L'examen de la représentation des Dominions et de l'Inde au sein des organes de l'OIT et les procédures de consultation réalisées entre la métropole et les Dominions permettent de mieux comprendre le processus. En effet, dès la création de l'OIT, le ministère du Travail britannique se préoccupe d'organiser la meilleure coordination possible entre les Dominions et le gouvernement de Londres, afin que le point de vue de ce dernier soit entendu à l'OIT. Oswald Allen et Humbert Wolfe, les fonctionnaires chargés des affaires de l'OIT au ministère du Travail estiment, au début des années 1920, que la représentation des Dominions au sein du comité interdépartemental britannique qui gère les affaires de l'OIT est insatisfaisante. En effet, ce sont des représentants diplomatiques sans expertise en matière de législation sociale qui viennent pour des raisons pratiques aux réunions. Allen et Wolfe proposent de reconsidérer la représentation des Dominions. Ils soulignent à plusieurs reprises l'importance pour le gouvernement britannique d'avoir une délégation de l'Empire unie, afin de faire face à d'autres blocs, créés de manière informelle auprès des organes du BIT, et qui ont tendance à voter de manière groupée : ceux des pays scandinaves, de l'Amérique du Sud ou de la petite Entente. Au sein du conseil d'administration s'est formé un bloc socialiste, constitué de représentants des travailleurs continentaux et de gouvernements de petits pays, que redoute le gouvernement britannique qui se retrouve isolé avec les représentants des employeurs.

En conséquence, le ministère du Travail envisage que les Dominions deviennent des représentants à part entière du comité interdépartemental, afin de prendre part aux discussions sur la politique sociale internationale avec les instructions de leur gouvernement respectif. Cette solution présente l'avantage de connaître à l'avance les positions politiques respectives de chacun des Dominions sur les sujets à l'ordre du jour. Cependant, une telle collaboration supposerait de leur distribuer tous les documents afférents. Or, ceux-ci contiennent des informations sur la politique intérieure du gouvernement britannique et ce dernier s'y refuse, se contentant d'associer les Dominions comme observateurs. Néanmoins, des consultations et des échanges de vues réguliers ont lieu avec eux, avant chaque réunion du conseil d'administration et de la conférence internationale du travail de l'OIT, pour s'assurer que le point de vue du gouvernement britannique approuvé par le Cabinet convient également aux Dominions. C'est donc une tentative de contrôle de la politique sociale des Dominions à laquelle se livre le gouvernement, car il estime vital de pouvoir compter sur leur coopération, en particulier quand l'OIT traite de sujets qui se transforment ensuite en conventions internationales. Londres veut éviter d'avoir des voix dissonantes sur des sujets sociaux au sein de son Empire.

Au sein de la SDN et de l'OIT, la position des Dominions leur permet de négocier leur statut sur la scène internationale et renforcer leur autonomie par rapport à Londres. Ces organisations internationales se font le reflet des changements politiques qui s'opèrent entre eux et la métropole dans les années 1920. Dès 1922, le gouvernement britannique prend conscience que les Dominions ne sont plus prêts à soutenir de manière inconditionnelle la politique étrangère de Londres, ce qui alarme les impérialistes. En effet, le Canada et l'Afrique du Sud refusent d'envoyer des troupes militaires pour soutenir David Lloyd George à la suite de l'incident dans les détroits de Chanak en 1922. Des querelles entre la métropole et ses Dominions se font jour à la SDN. Sur la question des mandats, le Canada s'oppose à l'idée que les puissances coloniales soient membres de la commission permanente des mandats en raison de conflits d'intérêts. En 1924, le gouvernement travailliste et le *Colonial Office* soutiennent le protocole de Genève sur le règlement pacifique des différends. Sur ce sujet, le gouvernement britannique conçoit l'unité de l'Empire comme une évidence pour appliquer des sanctions contre un État agresseur, tandis que les Dominions sont réticents et envisagent les choses sous un angle plus individualiste. Ils ne sont pas prêts à suivre aveuglément la politique étrangère de la Grande-Bretagne et estiment également que la question des sanctions économiques n'a aucun poids du fait de l'absence des États-Unis. La pratique de disposer d'une voix distincte dans les enceintes genevoises motive les gouvernants des Dominions à agir en leur nom propre sur la scène internationale. L'adhésion leur a permis de s'éduquer à la diplomatie internationale et en leur offrant un statut d'État-membre, la SDN a un effet entraînant.

Si à la SDN le vote des Dominions n'est pas forcément acquis par le gouvernement britannique, le constat est différent à l'OIT. À partir de 1925, c'est le ministre des Dominions et son secrétaire d'État qui gèrent les relations avec la métropole[22]. C'est ce bureau, le *Dominions Office,* qui assiste désormais aux réunions du comité interdépartemental du travail à Londres et gère la participation des Dominions à l'OIT. Le processus de négociations et de consultations avec les Dominions, en amont de chaque réunion de l'OIT, permet au gouvernement britannique de compter sur leurs appuis et vote gouvernemental dans l'enceinte de l'OIT. Cet alignement s'explique par la situation économique qui les lie à la métropole. En effet, s'il est vrai que les Dominions obtiennent leur indépendance politique dans cette période, de nombreux liens commerciaux et financiers complexes subsistent, notamment à travers le système de préférence impériale par lequel la Grande-Bretagne et les Dominions s'accordent réciproquement des privilèges tarifaires sur les échanges commerciaux. Même si cette dépendance économique est plus relative dans le cas du Canada qui, après la Première Guerre mondiale, développe de manière importante ses liens économiques et financiers avec les États-Unis. Les questions économiques et sociales sont inextricablement liées et les Dominions connaissent les mêmes difficultés économiques que la métropole. Leurs gouvernants suivent généralement les positions du

22. Andrew Stewart, « The Bloody Post Office : The Life and Times of the Dominions Office », *Contemporary British History*, vol. 24, n°1, 2010, pp. 43-66.

gouvernement britannique, quand il s'agit de voter à la conférence internationale du travail.

Cette assertion générale doit être nuancée par plusieurs constats. En premier lieu, les dirigeants des Dominions et de l'Inde saisissent l'opportunité que leur offre la tribune de l'OIT pour se positionner sur la scène internationale et obtenir la reconnaissance des autres pays. Ils participent à ce nouvel internationalisme social et profitent de la parole qui leur est offerte pour valoriser leurs propres efforts en matière sociale. Ils peuvent compter dans cette démarche sur les représentants du Bureau qui se font le relais de leurs pratiques. Harold Butler, à la suite d'un voyage effectué au Canada en 1926, recommande aux membres du conseil d'administration les commissions mixtes canadiennes destinées à développer la collaboration entre la direction des entreprises et les syndicats pour stabiliser l'emploi de la main-d'œuvre et obtenir un meilleur rendement, un exemple qui mériterait d'être suivi à son avis en Europe. Le Canada est le Dominion le plus visible à l'OIT : il est le seul membre du conseil d'administration, il assiste à toutes les conférences internationales du travail et est membre de plusieurs commissions d'experts[23]. Les autres Dominions, l'Australie, l'Afrique du Sud et la Nouvelle-Zélande, sont moins présents à l'OIT. En raison de la distance, ils n'envoient pas forcément une délégation à toutes les conférences internationales du travail[24], et si parfois le gouvernement se fait représenter par un fonctionnaire du ministre du Travail, ou le ministre lui-même, à maintes reprises ce sont plutôt les hauts-commissaires de Londres qui viennent assister

23. C'est également le seul Dominion que visitent plusieurs fois Albert Thomas et Harold Butler dans l'entre-deux-guerres.

24. La distance entre les Dominions et Genève est un réel problème à cette époque et limite les déplacements. Elle engendre également des conséquences inattendues. En 1919, le ministère du Commerce britannique demande à l'OIT de se contenter d'envoyer des résumés, et non pas toute la documentation de la conférence internationale du travail aux Dominions, car l'envoi des documents occupe le télégraphe pendant des heures si longues que les bateaux ne peuvent plus communiquer entraînant un retard dans l'arrivée des marchandises. Voilà comment la bureaucratie naissante influe involontairement sur le commerce international ! ABIT, Shotwell Papers, Letter from the Board of Trade to the Organizing Committee, 1919.

aux sessions de Genève. Ainsi dans le cas de l'Australie, ce sont successivement les hauts-commissaires Sir Joseph Cook (1860-1947) et le Major General Sir Granville de Laune Ryrie (1865-1937), qui représentent leur gouvernement à l'OIT de 1920 à 1932, puis Sir John Gilbert McLaren (1871-1958) en 1933-34. Ces hommes, militaires ou politiciens, sont également des diplomates nommés à Londres, souvent en fin de carrière, et représenter leur pays à la SDN et à l'OIT fait partie de leurs fonctions.

L'analyse qui précède s'est référée essentiellement aux délégations gouvernementales des Dominions, car c'est sur elles que le gouvernement britannique compte en premier lieu. Une fois la certitude acquise que les États-Unis se retirent du système de concertation multilatérale de Genève, les Dominions gagnent un statut de partenaire indispensable au sein des enceintes internationales pour les Britanniques. La Grande-Bretagne cherche à renforcer les liens du *Commonwealth* à l'OIT en pointant les intérêts partagés en matière économique et sociale. Mais, s'il est vrai que la Grande-Bretagne réussit à bénéficier souvent de la voix des gouvernants de ses Dominions et de l'Inde, les employeurs et les travailleurs ont également voix au chapitre dans l'enceinte de l'OIT et ces voix-là ne sont pas acquises au gouvernement britannique de manière automatique. Ces délégations ont plutôt tendance à voter en fonction des consignes adoptées par leur groupe (i.e. patronat et travailleurs). Certaines délégations des Dominions comprennent des syndicalistes, qui jouent un rôle important à l'OIT, comme Tom Moore (1878-1943), le président du *Trades and labor congress of Canada*, délégué syndical à l'OIT durant les années 1920. Moore fait valoir les préoccupations des travailleurs canadiens et mondiaux, en défendant la liberté syndicale, les congés payés et l'assurance maladie. Il se préoccupe également des travailleurs dans l'agriculture et soutient les efforts de l'OIT dans ce sens[25].

25. ABIT, Comptes rendus du CA 1920-1928 ; ABIT, CAB Butler, XR 11/1/3, Relations with Canada, 1922-1938.

Les ratifications des conventions : les exemples de la Nouvelle-Zélande et du Canada

Les conventions internationales du travail constituent le cœur des activités de l'OIT. L'examen de l'incorporation de ces normes dans l'arsenal juridique des Dominions et de l'Inde nous offre une bonne indication de mesure des influences réciproques entre la métropole et les Dominions et l'Inde en matière sociale. Jusqu'au début des années 1920, les Dominions n'ont en principe pas le droit de négocier de manière individuelle des traités internationaux, mais la Conférence impériale de 1923, qui règle les droits accordés aux Dominons en matière de politique étrangère, leur reconnaît le droit de négocier et signer des traités internationaux. Légalement, les Dominions peuvent donc ratifier les conventions de l'OIT sans autorisation préalable de la Grande-Bretagne. Pour mémoire, l'OIT adopte soixante-sept conventions entre 1919 et 1939. On constate que les Dominions et l'Inde sont à la traîne en matière de ratifications de conventions de l'OIT et en adoptent un nombre bien moins important que la Grande-Bretagne, qui en ratifie 31 contre 8 pour l'Afrique du Sud, 11 pour l'Australie, 9 pour le Canada, 20 pour la Nouvelle-Zélande et 15 pour l'Inde. Plusieurs explications peuvent être avancées.

En raison de la distance qui les sépare de Genève, les Néo-Zélandais n'assistent pas de manière systématique à toutes les conférences internationales du travail. Le pays fait preuve d'un intérêt très limité pour l'OIT dans les années 1920 comme l'énonce son Haut-Commissaire, Sir James Allen, homme politique conservateur, qui précise que son pays règle sa contribution uniquement car il y est obligé pour rester membre de la SDN. Surtout préoccupé de réduire les finances de ces organisations, Sir James Allen n'est pas convaincu par la coopération internationale qu'elles cherchent à promouvoir. À son avis, les meilleures garanties de paix reposent sur la solidité des liens de l'Empire britannique et sur sa force navale. Le gouvernement de Londres peut donc compter sur son appui dans le cadre des débats qui ont lieu au sein de l'OIT[26].

26. Gerald Chaudron, « New Zealand's international initiation : Sir James Allen at the League of Nations 1920-1926 », *Political Science*, vol. 64, 2012, pp. 62-80.

La Nouvelle-Zélande n'adopte aucune des conventions de l'OIT jusqu'en 1938, année où elle décide d'en ratifier vingt. Elle ratifie des conventions importantes : celle sur les heures de travail, le chômage, le repos hebdomadaire, la protection contre les accidents, les congés payés ou le travail forcé. Ce processus de ratification correspond à un changement politique en Nouvelle-Zélande à partir du milieu des années 1930. Michael Joseph Savage (1872-1940), syndicaliste d'origine irlandaise et dirigeant du parti travailliste, mène son parti à la victoire lors des élections de 1935 et forme le premier gouvernement travailliste néo-zélandais sur un programme de justice sociale. Il adopte un programme de réformes pour réduire les effets de la dépression économique, en augmentant les salaires et les retraites, en initiant un important projet de travaux publics et de construction de logements[27]. Les travaillistes vont rester quatorze ans au pouvoir en Nouvelle-Zélande et, pendant ces années, édicter une série de mesures sociales afin de mettre en place un État Providence de type universaliste. En 1938, la Nouvelle-Zélande adopte le *Social Security Act,* qui élargit les bénéfices de l'assurance chômage et crée un service national de santé (dix ans avant le *National Health Service* anglais). C'est dans ce contexte national de réformes sociales que le gouvernement néo-zélandais décide alors de ratifier vingt conventions de l'OIT, ce que le délégué gouvernemental James Thorn, membre du Parlement, est fier d'annoncer devant la conférence internationale du travail prouvant ainsi son attachement à l'OIT.

À partir du moment où les travaillistes prennent le pouvoir en 1935, la relation avec l'OIT change donc de manière radicale et contraste avec les années précédentes. La Nouvelle-Zélande affiche désormais son soutien à l'Organisation. Le gouvernement travailliste utilise celle-ci pour légitimer sa politique sociale nationale, raison pour laquelle il ratifie ses conventions. L'Organisation permet à la Nouvelle-Zélande de prendre une légitimité internationale et d'exposer les réalisations d'un gouvernement social-démocrate d'inspiration syndicale. Dans cet esprit, le gouvernement néo-zélandais propose d'augmenter le budget de l'Organisation et de

---

27. David Hackett Fischer, *Fairness and Freedom : A History of Two Open Societies: New Zealand and the United States*, Oxford, Oxford University Press, 2012.

créer un important fond de réserve en cas de guerre mondiale. Le Dominion cherche également à élaborer une réforme dans le système du conseil d'administration pour y obtenir un siège ; le délégué néo-zélandais, Thorn, dépose une proposition dans ce sens en 1938 afin d'adopter un système de roulement pour la représentation des États au sein du conseil d'administration. La Nouvelle-Zélande devient donc, à la fin des années 1930, un espace ressource pour l'OIT qui y puise un soutien politique et social[28].

De son côté, si le Canada ne ratifie que neuf conventions de l'OIT durant la période, cela s'explique principalement par le fait que ce Dominion possède un régime fédéral et que le pouvoir législatif en matière sociale est du ressort des provinces. Ainsi, le Canada ratifie les quatre conventions maritimes de l'OIT, en 1926, car ce domaine est du ressort du gouvernement fédéral, mais en ce qui concerne les conventions relatives aux travailleurs dans l'industrie, elles relèvent de la compétence des parlements provinciaux. En conséquence, de l'avis des juristes les plus autorisés, elles ne peuvent donner lieu à une action de la part du Parlement fédéral, comme le constate le directeur adjoint Butler après une visite au Canada en 1926. Ce dernier estime que le Canada ne jouit pas du crédit que devrait lui valoir l'état de sa législation sociale qui, en Ontario et dans la plupart des autres provinces canadiennes, peut à son avis supporter la comparaison avec celle de presque n'importe quel autre pays. Butler se fait ici le relais de cette idée, qui circule au sein du gouvernement britannique que, comme la Grande-Bretagne, le Canada constitue un pays dont les avancées sociales sont tangibles, même si les conventions internationales ne sont pas ratifiées car la pratique est progressiste. D'ailleurs, les interventions du délégué gouvernemental canadien auprès des organes de l'OIT vont dans ce sens. Elles sont souvent l'occasion de valoriser les progrès sociaux réalisés par le pays, en soutenant que les mesures contenues dans les conventions de l'OIT sont mises en pratique au Canada, même si ce dernier ne les a pas ratifiées. Ainsi, en 1937, William Murray Dickson, ministre délégué

28. Sur la Nouvelle-Zélande et la SDN, Gerald Chaudron, *New Zealand in the League of Nations : the beginnings of an independent foreign policy, 1919-1939*, Jefferson, North Carolina, McFarland & Co. Publishers, 2012.

du Travail, affirme que les législations sociales sont avancées dans les provinces du Canada : la Nouvelle-Écosse ayant adopté une assurance contre les accidents, la province d'Ontario une loi sur la durée du travail et les salaires, la Colombie britannique et l'Alberta des lois sur le salaire minimum, et une loi sur la liberté syndicale, le Manitoba des méthodes pour le règlement des conflits industriels[29].

Sur le plan politique, le gouvernement canadien, malgré son rapprochement avec les États-Unis, soutient la politique britannique au sein des instances de l'OIT, comme en témoignent les prises de position des délégués gouvernementaux canadiens, qui votent de manière similaire au gouvernement britannique. Aux côtés d'un officiel du ministère, le Dr Walter Alexander Riddell (1881-1963), conseiller du Canada auprès de la SDN, collabore aux sessions de la conférence internationale du travail de 1920 à 1935. Ses compétences en matière de législations sociales lui permettent de prendre part aux travaux, en apportant une contribution canadienne sur les sujets des agences nationales pour l'emploi, des allocations pour les mères de famille et la question du salaire minimum.

Les cas du Canada et de la Nouvelle-Zélande illustrent les mécanismes qui président aux ratifications des conventions de l'OIT. Elles montrent qu'elles dépendent de dispositifs complexes, liés à la politique interne des Dominions, et sont parfois sans rapport direct avec la réalité sociale nationale d'un pays. Depuis l'observatoire de l'OIT, on ne peut que constater le décalage entre l'investissement des délégations dans certains sujets et ensuite la non ratification du résultat ; seule une analyse nationale détaillée des processus socio-politiques internes permettrait de mieux comprendre ce phénomène. En revanche, le soutien des Dominions n'est pas inconditionnel. L'OIT est parfois un terrain d'affrontement entre différents intérêts économiques et priorités politiques nationales, qui se manifestent entre les Dominions et la Grande-Bretagne. Le cas de l'anthrax (infection charbonneuse des laines) est assez éloquent à cet égard.

29. ABIT, Procès-verbaux de la CIT, 33e session, 1937.

L'anthrax est une infection qui touche à la fois les ouvriers agricoles (transmission par la laine) et les ouvriers industriels. Par conséquent, elle concerne de nombreux pays. L'Australie et l'Afrique du Sud possèdent d'importants élevages de moutons et sont intéressées par cette question, tout comme la Grande-Bretagne, car de nombreux ouvriers travaillent dans l'industrie de la laine et sont exposés à l'infection charbonneuse de celle-ci. Les Britanniques souhaitent une convention, qui recommanderait la désinfection obligatoire des laines dangereuses, afin de protéger ses ouvriers par des mesures préventives et des examens bactériologiques[30]. Au ministère de l'Intérieur britannique, Malcolm Delevingne s'occupe de cette question avec le soutien des syndicats. Dans un premier temps, fort de l'appui de ses collègues des Dominions au sein du comité interdépartemental à Londres, il propose en 1921 à la conférence internationale du travail d'examiner ce sujet, afin qu'il fasse l'objet d'une réglementation internationale. La conférence crée une commission consultative du charbon, qui se réunit en 1922 à Londres, avec pour mandat d'envisager le problème de la prophylaxie du charbon dans son ensemble et pour toutes les matières premières susceptibles de propager l'infection. C'est-à-dire que la commission doit se prononcer non seulement sur les laines, mais aussi sur la protection des ouvriers qui manipulent les autres débris animaux (os, peaux, crins, cornes et sabots). Le rapport produit par cette commission consultative est présenté à la conférence de 1923, qui instaure une commission du charbon dont sont membres la Grande-Bretagne, l'Australie, l'Afrique du Sud et l'Inde (le Canada est suppléant) et doit décider de la suite à donner aux conclusions du rapport.

Sur le principe général, les membres de la commission sont d'accord pour proposer une convention sur l'anthrax, mais une controverse s'engage sur son contenu. De vifs débats ont lieu à la conférence internationale du travail de 1923 car, derrière le problème technique de l'anthrax, se cachent des enjeux commerciaux entre

30. ANB, LAB2/961/IL106/7/1923, LAB2/962/IL111/4/1924, Correspondence concerning International Labour Committee regarding report of meeting of representatives of imperial and dominion governments ; ABIT, CIT, 6e session, Genève 1924.

l'Inde et la Grande-Bretagne qui ne parviennent pas à s'entendre. À ces enjeux s'ajoutent des préoccupations économiques différentes, suivant qu'un pays est concerné par les troupeaux ou l'industrie de la laine. La délégation ouvrière britannique est particulièrement mobilisée car elle souhaite une réglementation internationale rigoureuse afin de protéger les ouvriers britanniques dans les usines qui traitent les laines. Le gouvernement anglais subit les attaques du gouvernement et du patronat de l'Inde, qui refusent des mesures qui nuiraient à leurs exportations de laine. La Grande-Bretagne, essentiellement appuyée par les délégations ouvrières des autres pays, se retrouve en minorité. Le résultat est l'adoption de la Convention n° 18 sur les maladies professionnelles, en 1925, qui recommande des mesures pour combattre l'anthrax, mais n'a pas pris en compte la demande britannique de prévoir de manière internationale la désinfection des laines et des poils dans l'industrie textile. Dans le cas de l'anthrax, le gouvernement britannique a été soutenu dans un premier temps par les gouvernements des Dominions sur la question générale de la prévention de cette infection, mais quand il s'est agi plus précisément de la combattre dans l'industrie, comme une obligation internationale nuirait aux pays exportateurs de laine, sa tentative de réglementer le sujet de manière internationale n'a pas été soutenue par les gouvernants des autres Dominions. La Grande-Bretagne s'est retrouvée isolée, ne pouvant compter que sur les voix des ouvriers, l'unité du *Commonwealth* et les pressions politiques de Londres révélant là leurs limites.

L'Inde

Le cas de l'Inde à l'OIT est différent de celui des Dominions à plusieurs égards. En 1919, l'Inde est certes un membre fondateur de l'OIT (comme les Dominions) mais il s'agit du seul membre non-indépendant[31]. L'Inde est un empire dans l'Empire, un réservoir de contingents militaires envoyés outre-mer et un fournisseur de produits

31. Gerry Rodgers, « India, the ILO and the Quest for Social Justice since 1919 », *Economic & Political Weekly*, March 5, 2011 ; Sabyasachi Bhattacharya, « The ILO and the Discourse of Indian Labour legislation, 1919-1947 », paper presented to a seminar

alimentaires et de matières premières. Les enjeux sont donc importants pour la Grande-Bretagne. Or, l'attribution de ce statut de membre est critiquée par les autres pays membres de l'OIT, qui estiment que cela revient à donner une voix supplémentaire à la Grande-Bretagne. Cette assertion mérite plusieurs développements afin de montrer ou d'infirmer son bien-fondé.

De récents travaux en histoire sociale ont valorisé les spécificités de l'Inde, dont les aspects sociaux sont largement méconnus et distincts de ceux de la métropole[32]. Dès 1919, ses représentants à l'OIT considèrent leur pays comme différent et font tout leur possible pour le positionner comme tel. C'est dans cet esprit que son gouvernement, avec l'appui du gouvernement britannique, se mobilise afin de classer l'Inde dans les huit nations les plus industrialisées. Le fait que le Conseil de la SDN adopte le point de vue de l'Inde, mais rejette celui de la Suisse, la Pologne, l'Espagne ou la Hollande, pose la question de l'influence britannique. En effet, ce changement fait pencher favorablement la balance dans le camp de l'Empire, en admettant bien sûr que le Canada et l'Inde votent comme l'Angleterre. La présence indienne acquise au conseil d'administration est singularisée, grâce à la personnalité de ses délégués : Sir Atul Chatterjee (1874-1955) le délégué gouvernemental indien en devient le président en 1932-33.

Un marqueur de l'indépendance de l'Inde vis-à-vis de la métropole, est la création en 1928 d'un bureau régional à New Delhi, le premier en Asie. Purushottama Padmanabha Pillai, économiste, auparavant fonctionnaire de la section économique et financière de la SDN, prend la direction de ce bureau régional jusqu'en 1947. Ce bureau devient un acteur important des relations entre l'OIT et l'Inde, en publiant

on India and the ILO at the V. V. Giri Labour Institute, January 2009 ; B. D. Rawat, *India in the ILO*, Jaipur, RBSA Publishers, 1990.

32. Rana P. Behal and Marcel van der Linden (eds.), « Coolies, Capital and Colonialism, Studies in Indian Labour History », *International Review of Social History Supplements*, vol. 14, Cambridge University Press, 2006 ; Chitra Joshi, *Indian Labour and its Forgotten Histories*, New Delhi, Permanent Black, 2003 ; Prasannan Parthasarathi, « Indian Labor History », *International Labor and Working-Class History*, n° 82, Fortieth Anniversary Issue, 2012, pp. 127-135.

des travaux sur des questions sociales et économiques qui touchent le pays et en œuvrant pour son rapprochement avec l'OIT. Ce bureau est également l'occasion pour les Indiens de se démarquer de la Grande-Bretagne, en prenant en charge de manière locale le recensement des informations concernant la situation sociale et économique de l'Inde[33].

Dès le début, les Indiens s'impliquent beaucoup à l'OIT car, dans leur esprit, le fait d'être membre à la SDN et à l'OIT est considéré comme une étape vers l'indépendance. Dans ce sens, l'OIT devient un forum pour la décolonisation de l'Inde. En effet, le fait de signer en son nom propre le traité de Versailles encourage le pays à tenter d'obtenir une représentation nationale auprès des organisations internationales, à Genève, pour affirmer sa souveraineté dans les relations internationales. Dans cette perspective, la position de l'Inde à l'OIT s'inscrit dans les mouvements anticolonialistes, qui s'affirment dans l'entre-deux-guerres[34]. Néanmoins, l'affirmation d'une voix dissidente de l'Inde est progressive et peu audible les premières années de l'Organisation : le pays n'est pas un État souverain, ni ne possède une législation sociale développée et, surtout, le système syndical y est embryonnaire. Pendant les premières années de l'OIT, la délégation gouvernementale indienne est en effet toujours composée d'un représentant de *l'India Office*, Sir Louis James Kershaw (1869-1947) qui, de 1919 à 1927, officie comme son représentant[35]. Il est entouré d'un ou deux autres membres indiens de l'administration, comme Sir Atul Chandra Chatterjee (1874-1955), haut-commissaire indien à Londres de 1924 à 1931, figure majeure de l'entre-deux-guerres à Genève. Néanmoins, même les membres indiens d'origine de la délégation font partie d'une élite internationale, formée en Angleterre, dont sont issus les administrateurs et fonctionnaires internationaux.

---

33. Le bureau de Delhi produit des rapports mensuels sur la situation indienne qui sont envoyés à Genève. Disponibles en ligne : http://www.uni-goettingen.de/en/324221.html (consulté le 24 mai 2017).

34. Erez Manela, *The Wilsonian Moment, Self-determination and the origins of anti-colonialism*, Oxford, Oxford University Press, 2009.

35. ABIT, CAB Butler, XR 33/1/6, Relations with Sir Louis Kershaw K.C.S.I, India Office, London, 1920-1935.

De plus, le vote de cette délégation gouvernementale indienne est acquis par des consultations préalables à Londres, entre le ministère du Travail et le *Colonial Office*, qui s'assurent que les intérêts britanniques sont bien préservés.

L'existence de l'OIT engendre cependant des changements en Inde. Un bureau indien du travail est créé, en 1920, et le tripartisme de l'Organisation motive le regroupement de syndicats embryonnaires et locaux dans la *All India Trade Union Congress* (*AITUC*). Narayan Malhar Joshi (1875-1955), le secrétaire général de l'*AITUC*, est le délégué syndical indien à l'OIT dans l'entre-deux-guerres. Sous l'influence des travaux de l'Organisation, il entreprend d'inscrire les droits fondamentaux des travailleurs dans la constitution indienne et de demander des réformes sociales pour son pays[36]. C'est la branche réformiste de l'*AITUC* qui participe aux travaux de l'OIT. Néanmoins, à la suite des querelles entre communistes et réformistes au sein de l'*AITUC*, les réformistes font sécession en 1929 et créent la *National Trade Union Federation* (*NTUF*), qui continue à envoyer des délégués à l'OIT. Cette délégation ouvrière, nommée par les syndicats et non par le gouvernement, est néanmoins loin de représenter la réalité du marché du travail indien où les travailleurs syndiqués sont extrêmement minoritaires. De plus, l'*AITUC* est proche du Congrès national indien et, en conséquence, les combats de la délégation ouvrière auprès de l'OIT constituent un mélange de revendications nationalistes et de demandes de réformes sociales[37].

La représentation patronale indienne à l'OIT est (comme la représentation gouvernementale) biaisée du fait que l'Inde est une colonie britannique. Les premières années, faute d'une organisation nationale existante, les délégués des employeurs proviennent de *l'Associated Chambers of Commerce of India and Ceylan* (créée en

36. ABIT, CAB HB, XH 4/33/1, India : New Constitution, Correspondence between Lord Irwin, Mr. Rao and Mr. Bakhale, 1931-1933.

37. Carolien Stolte, « Bringing Asia to the world : Indian trade unionism and the long road towards the Asiatic Labour Congress, 1919-37 », *Journal of Global History*, vol. 7, n°2, 2012, pp. 257-278 ; Gopal Ghosh, *Indian trade union movement*, Kolkata, People's History Publication, 2005.

1920), association où les intérêts européens dominent. L'OIT motive la création d'une fédération des chambres de commerce indienne, en 1926, qui envoie ses propres délégués à Genève car elle conteste aux Européens le droit de siéger dans la délégation indienne. Cette défiance entraîne une double représentation patronale dans cette délégation, qui perdure jusqu'à la Seconde Guerre mondiale[38].

Les éléments concernant la représentation indienne plaident en faveur de la mainmise de la Grande-Bretagne sur l'Inde à l'OIT, surtout dans les années 1920. Grâce à cette colonie, les Britanniques bénéficient d'une voix supplémentaire. Néanmoins, comme le cas de l'anthrax l'a montré, les délégués de l'Inde afin de défendre leurs industries peuvent s'opposer à la Grande-Bretagne, en particulier s'ils bénéficient de l'appui d'autres délégations. Par ailleurs, nationalisme et internationalisme sont intimement liés dans le cas indien. Certaines personnalités indiennes, comme Narayan Malhar Joshi et R. R. Bakhale, syndicalistes pourtant modérés, profitent de la tribune de l'OIT pour défendre l'indépendance de l'Inde et la cause de ses ouvriers, persuadés que l'amélioration de la condition des travailleurs est intimement liée à la libération du pays du joug britannique :

> « La phase que l'Inde traverse actuellement est essentiellement radicale dans son caractère. Elle constitue un effort sur le plan national pour affirmer le droit de la population à poursuivre sa destinée conformément à sa volonté, et contre la domination d'une puissance occidentale. De grands sacrifices ont été faits pour la cause de la liberté nationale. Des milliers d'Indiens, n'appartenant pas seulement aux classes instruites, mais aussi à la classe ouvrière, n'ont pas hésité à se sacrifier dans l'espoir d'une émancipation. Aujourd'hui, dans l'Inde tout entière, se manifeste un sentiment d'hostilité aigu contre la puissance britannique. De plus en plus, la population est convaincue que les concessions que la Grande-Bretagne refusera de faire pour des motifs de simple équité, elle

38. ABIT, CAB AT, CAT 5-39-1, Correspondance avec l'Inde ; CAT 5-39-2 Inde, Échanges avec le Bureau de la Nouvelle-Delhi ; ABIT CAB HB, XR 33/2/1, Relations with Sir Hormusji P. Mody K.B.E, Employers Federation of India, 1938.

pourra être obligée de les faire sous la pression de la résistance passive sans violence »[39].

C'est également la délégation ouvrière indienne qui dénonce le manque d'application des conventions dans les colonies. Elle conteste le système à deux vitesses de l'article 405 du traité de Versailles, qui tient compte des pays non parvenus au même stade de développement industriel. Cette formule est utilisée par l'Inde pour négocier des exemptions pour les conventions sociales majeures mises en place durant la période. Cette procédure finit par créer un système social à deux vitesses, celui des colonies étant labélisé *code du travail indigène*. Ce fait est essentiellement dû au gouvernement et au patronat indiens, satisfaits de pouvoir appliquer des mesures plus souples dans leur pays, il est néanmoins dénoncé par les délégués syndicaux.

L'Inde ratifie quinze conventions de l'OIT dans l'entre-deux-guerres, dont certaines contiennent des mesures spéciales de sauvegarde pour l'économie indienne[40]. Ce nombre qui peut sembler faible *a priori* est malgré tout assez élevé pour un pays dont la réalité sociale est très différente de celle des pays européens, sur lesquels sont centrés les travaux de l'OIT. La majeure partie de l'effort indien de ratification se fait d'ailleurs dans les années 1920 dans une volonté de la part du gouvernement de légitimer ses efforts nationalistes. L'Inde se pense déjà à cette période comme un pays spécifique et différent, et, au fil des années de la période 1919-1939, elle s'affirme sur la scène internationale pour devenir une puissance régionale emblématique. En effet, la position de l'Inde dans le système change dans les années 1930, sous la combinaison de plusieurs facteurs liés : une réorientation des activités de l'OIT et une reconfiguration géopolitique de l'Asie. L'élection en 1932 d'Harold Butler à la direction de l'OIT correspond à une ouverture de l'Organisation à d'autres continents ; lui-même est intéressé par l'Asie, il se rend en Inde en 1937 et publie plusieurs

39. ABIT, CIT, compte rendu 14e session, 1930, discours de M. Joshi.

40. Pour une étude détaillée de l'impact des conventions de l'OIT sur la législation sociale indienne, voir V. K. R. Menon, « The Influence of International Labour Conventions on Indian Labour Legislation », *International Labour Review*, 1956, vol. 73, n° 6, pp. 551-571.

travaux sur la situation économique et sociale du pays[41]. En 1919, les membres asiatiques de l'OIT sont l'Inde, la Chine, le Japon, la Perse et le Siam. Les deux derniers jouent un rôle mineur à l'OIT, tandis qu'il faut attendre 1929 pour que la Chine y envoie une délégation complète. Après le retrait du Japon des institutions internationales de Genève, et les troubles politiques en Chine, les efforts de l'Organisation en Asie se recentrent sur l'Inde. Le contexte géopolitique permet à ce pays de se faire valoir sur la scène internationale comme une puissance régionale. Joshi, le délégué ouvrier indien, ne se contente pas dans ses discours à la tribune de l'OIT de parler pour son pays, il argumente pour l'Asie dans son ensemble[42]. Ainsi, à la conférence de 1925, il fait passer une résolution pour demander une vaste enquête sur les conditions du travail en Asie. En 1929, il demande la révision de la Convention de Washington sur les heures de travail pour les pays spéciaux.

Ainsi, si les voix gouvernementales des Dominions et de l'Inde ont constitué un bloc de soutien au gouvernement anglais pour des raisons d'intérêts économiques, les représentants des travailleurs et du patronat ont, parfois, voté en contradiction avec leur gouvernement en faisant preuve d'indépendance ou de nationalisme. On peut souligner le cas particulier de la représentation ouvrière indienne nommée par la Fédération nationale. Alors qu'elle fait partie d'une délégation d'un pays, certes membre de l'OIT mais pas encore indépendant, elle affirme haut et fort ses préoccupations, réclame des conditions particulières pour satisfaire aux besoins des ouvriers indiens, s'oppose aux visées communistes sur son pays, tout en tentant de développer une solidarité asiatique dans le cadre de l'OIT.

L'Organisation constitue bien un lieu qui contraint la Grande-Bretagne à penser et organiser autrement ses relations avec les Dominions et l'Inde. Le tripartisme de l'OIT oblige le gouvernement britannique à moduler son internationalisme avec le *Commonwealth.*

---

41. ABIT, CAB HB XT 33/2/1, Missions : Director's visit to India, 1937, XC 33/1/1, ILO Correspondent in Delhi, India : Mr. P. Pillai, 1928-1938 ; XR 33/1/2, Relations with India, 1932-1939 ; ANB, CO825/23/15, Visit to the Far East of Harold Butler 1937.

42. Les discours des acteurs indiens à la tribune de l'OIT préfigurent le mouvement des non-alignés, défendu par Nehru après la Seconde Guerre mondiale.

Au niveau organisationnel et administratif, les capacités d'adaptation sont rapides. Des comités conjoints sont créés pour produire des réponses communes aux défis posés par les politiques sociales que l'OIT propose. Dans les faits, Londres ne peut plus garder la maîtrise totale des résultats. Les Dominions et l'Inde développent et suivent chacun des voies différentes et spécifiques en matière sociale que l'impérialisme britannique ne peut empêcher. Néanmoins, la Grande-Bretagne arrive à préserver l'essentiel, ses priorités économiques notamment, comme le montrent les travaux autour de la Convention sur le travail forcé.

3. Une illustration : la Convention sur le travail forcé

Adoptée en 1930 par la conférence internationale de l'OIT, la Convention n° 29 sur le travail forcé est la première d'une série de conventions et de recommandations, adoptées entre 1930 et 1939, qui constituent ce qu'on appelle le *Code du travail indigène*. Il s'agit de plusieurs instruments juridiques chargés de codifier les conditions du travail des *travailleurs indigènes*, c'est-à-dire les travailleurs des colonies. En effet, les normes édictées par l'OIT dans l'entre-deux-guerres reposent sur l'existence d'une distinction entre travailleurs des pays développés et ceux des territoires coloniaux[43].

Les historiens ont travaillé autour de la question du travail indigène et sur la Convention sur le travail forcé. D'une part, ils ont montré comment ce mouvement s'inscrit dans la longue tradition normative de lutte contre l'esclavagisme, qui remonte au début du 18e siècle, et, d'autre part, comment les fonctionnaires de l'OIT, tout en restant conscients des limites de la Convention sur le travail forcé, s'en sont servis pour initier des débats autour de la question du travail dans les colonies. En effet, les travaux de la SDN et de l'OIT, sur les conditions

43. Gerry Rodgers (ed.), *L'Organisation internationale du travail et la quête de la justice sociale, 1919-2009*, Genève, BIT, 2009.

du travail forcé et de l'esclavage dans les colonies et les territoires sous mandat, restent dépendants de la bonne volonté des puissances coloniales. La Constitution de l'OIT a été rédigée de manière à préserver leurs intérêts. Néanmoins, le système évolue dans l'entre-deux-guerres sous la pression notamment de réseaux transnationaux humanitaires influents.

L'examen des travaux à l'OIT autour de la Convention sur le travail forcé nous informe sur l'espace national britannique. En effet, les débats autour de cette question à l'OIT pendant les travaux de la commission sur le travail forcé permettent de tester trois hypothèses. Premièrement, il s'agit de déterminer dans quelle mesure l'OIT est susceptible de s'opposer aux pratiques coloniales britanniques. Existe-t-il une opposition entre le forum international de l'OIT – chargé d'éradiquer le travail forcé – et la puissance impériale britannique ? Deuxièmement, les travaux sur le travail forcé permettent de mesurer la puissance et la prééminence des acteurs britanniques dans l'enceinte de l'OIT et leurs capacités à inventer de nouvelles formes d'internationalisme. Enfin, cette Convention est une voie pour explorer l'application des conditions sociales dans les colonies britanniques et mesurer si l'impérialisme social britannique, développé au début du siècle en Grande-Bretagne, se poursuit dans la période par le biais de l'organisation internationale.

Les acteurs et les enjeux britanniques dans la question du travail forcé

L'historien de l'Empire britannique John Callagher considère le gouvernement de Lloyd George de 1916 comme le plus impérialiste du 20e siècle[44]. Son affirmation repose sur la composition de ce gouvernement, David Lloyd George s'étant entouré pendant la guerre de ministres et de conseillers qui incarnent la politique impériale britannique, à l'image de Lord Curzon et Lord Milner[45]. C'est la

44. John Gallagher, *The Decline, Revival and Fall of the British Empire*, Cambridge, Cambridge University Press, 1982.

45. Dane Kennedy, *Britain and Empire, 1880-1945*, London, Longman, 2002.

présence de ces hommes à Paris lors de la Conférence de la Paix de 1919, qui explique que les intérêts coloniaux sont au centre des discussions. À leurs côtés, officient les conservateurs, Arthur Balfour et Austen Chamberlain, et les unionistes, Edward Carson et Andrew Bonar Law. Cette mouvance impérialiste dans le gouvernement est renforcée par la présence de Lord Milner et de son *Kindergarten,* Robert Brand, Lionel Curtis, Geoffrey Dawson, Philip Kerr, John Buchan et Leo Amery. Ces hommes continuent pendant l'entre-deux-guerres à occuper des fonctions ministérielles ou à officier au *Colonial Office*. Ils sont influents et écoutés et ce d'autant plus que l'ensemble de la classe politique est convaincu que l'Empire constitue, à la fois, le fondement du statut de grande puissance de la Grande-Bretagne et un élément constructif pour l'amélioration des sociétés dans le monde.

En effet, tous les grands partis politiques du pays soutiennent l'expansion impériale de la période, persuadés que si la Grande-Bretagne veut demeurer une grande puissance, et maintenir sa prospérité économique, cela nécessite de maintenir l'Empire. Leur adhésion à la règle impériale provient de la croyance britannique en sa supériorité de gouvernement et de culture, et sa foi dans les idées libérales de libre-échange et de mise sous tutelle des colonies. Cette approche de l'impérialisme mène au patriotisme des syndicats qui, comme le parti travailliste, soutiennent les idées impériales des gouvernements britanniques. Le mouvement travailliste et les syndicats ne sont pas opposés au principe de l'Empire, car ils pensent que ce dernier peut engendrer des retombées positives pour la classe ouvrière en termes économiques. Pour des socialistes comme Béatrice et Sidney Webb par exemple, il n'y a pas de contradiction entre la volonté d'améliorer les conditions de la classe ouvrière et le soutien aux objectifs impérialistes du gouvernement[46].

L'impérialisme britannique de l'entre-deux-guerres balaie toutes les strates politiques et sociales. Il est également soutenu par des enjeux commerciaux importants. En effet, la Grande-Bretagne a développé une économie spécialisée, qui dépend de l'importation

46. John Callaghan, *The Labour Party and Foreign Policy, A History*, Routledge, London, 2007.

des denrées alimentaires et des matières premières de l'Empire pour fabriquer les produits industriels qu'elle exporte. Or, les exportations se contractent à la fin des années 1920 et avec elles, l'ensemble de l'activité économique. L'économie britannique reste néanmoins florissante, grâce aux mouvements et placements des capitaux internationaux dans les institutions bancaires de la *City*. En Afrique, le continent le plus concerné par le travail forcé, les Britanniques étendent leur vision capitaliste du commerce qui engendre des répercussions pour le travailleur africain. En vertu du principe du *financial self-sufficiency*, la métropole n'accorde pas en règle générale de subsides à ses colonies, ces dernières doivent trouver des ressources fiscales et emprunter sur la place de Londres. Dans cette optique, il devient nécessaire pour les autorités coloniales d'introduire le travail salarié en Afrique afin d'obtenir des rentrées fiscales pour faire fonctionner l'économie et les projets d'infrastructure. Un changement de perception des impérialistes sur le travailleur africain s'opère dans les colonies africaines britanniques, il n'est plus envisagé comme un travailleur intermittent et déraciné, mais comme un travailleur salarié, établi avec une famille, produit d'une nouvelle acculturation[47]. Ce changement dans la finalité de la force de travail de l'Africain et la volonté de modernisation de l'économie de la part des gouverneurs britanniques entraînent des conséquences politiques pour l'emploi du travail forcé en Afrique, comme il apparaît dans les discussions autour des travaux sur la convention sur le travail forcé de l'OIT[48].

Parallèlement à ces enjeux économiques, de nombreuses voix issues des milieux philanthropiques et humanistes britanniques se font entendre pour dénoncer les abus commis par certains gouverneurs dans les colonies. Une des associations les plus influentes dans ce domaine est l'*Anti-Slavery and Aborigines Protection Society* qui se proclame protectrice des droits et des intérêts des populations autochtones à travers le monde. Cette organisation non gouvernementale britannique joue un rôle de lobbyiste à la

---

47. Frederick Cooper, *Decolonization and African Society. The Labor Question in French and British Africa*, Cambridge, Cambridge University Press, 1996.

48. ABIT, N206/2/2/1, Meeting of the Committee of experts on Native Labour, Minutes of the 2de session 4-8 December 1928.

SDN, puis à l'OIT dont elle encourage les travaux pour lutter contre l'esclavage et le travail forcé. Elle fournit de nombreux renseignements et des rapports à l'OIT sur les conditions du travail dans les colonies dans l'entre-deux-guerres. En se prévalant du soutien de l'opinion publique, elle tente en 1927 de peser directement sur les travaux de la commission de l'OIT sur le travail forcé[49]. John Harris (1874-1940) est le secrétaire de l'*Anti-Slavery and Aborigines Protection Society*, de 1910 à 1934, et son secrétaire parlementaire de 1910 à 1940. Il parcourt l'Afrique avec sa femme au début du siècle et n'a de cesse de dénoncer les atrocités qui y sont commises, en particulier au Congo, et d'interpeller son gouvernement sur la question de la protection des colonisés. Il publie plusieurs livres et articles, afin de dénoncer ces abus et est en correspondance pendant toute la période avec les directeurs successifs de la section du travail indigène de l'OIT, les Britanniques Harold Grimshaw et Charles Weaver. Pendant ces longs séjours en Afrique, il collecte des informations sur les conditions de travail et rassemble des témoignages d'abus et d'atrocités qu'il transmet avec diligence à l'OIT.

Informations et fonctionnement de l'OIT en lien avec les colonies

Albert Thomas s'est impliqué personnellement dans la lutte contre l'esclavage et le travail forcé. Le directeur de l'OIT s'intéresse de près à la mise en place du système de mandats et aux travaux de la SDN sur l'esclavage. Il obtient qu'un émissaire de l'OIT assiste à toutes les sessions de la Commission temporaire de l'esclavage, qui rédige une convention qui aboutit en 1926. La SDN renvoie la question du travail forcé à l'OIT, avec le soutien des Britanniques, puisque c'est sur la proposition d'Austen Chamberlain, le délégué à la SDN, que le Conseil adopte une résolution qui charge officiellement le BIT d'« étudier les modalités les plus appropriées afin que le travail forcé ou obligatoire n'amène une situation analogue à l'esclavage ».

49. ABIT, N206/1/25/5 Jacket 1, Relations with the anti-slavery and aborigened protection society, London.

Néanmoins, l'ambition d'Albert Thomas de faire de l'OIT une organisation qui discute et s'élève contre la pratique du travail forcé heurte les privilèges des puissances coloniales. Ces dernières ne souhaitent guère internationaliser cette question en soumettant leurs pratiques de travail dans les colonies à un examen international. À ces difficultés politiques, s'ajoutent des difficultés pratiques pour l'Organisation. En effet, dans les années 1920, le BIT ne possède pas de moyens suffisants pour envoyer des experts dans les colonies, ou les territoires sous mandats, afin de réaliser ses propres enquêtes indépendantes. En ce qui concerne l'information, il est donc tributaire des rapports qu'il reçoit, soit d'individus natifs des colonies, soit de voyageurs journalistes ou humanitaires qui rapportent les conditions dans lesquelles travaillent les indigènes. Son autre source provient des gouvernements coloniaux eux-mêmes. La véracité de leurs renseignements est néanmoins toujours soumise à caution.

Si le BIT n'a pas les moyens d'envoyer des experts dans les colonies, en revanche il détache des personnes pour enquêter en Grande-Bretagne. En 1926, Albert Thomas envoie Gertrude Weaver, fonctionnaire britannique de l'Organisation, en mission à Londres. Elle se rend au *Colonial Office,* afin de collecter des législations et autres informations sur le travail dans les territoires sous mandats britanniques. Son rapport de mission fait état de la multitude de documents consultés dans la bibliothèque du *Colonial Office* à laquelle elle a eu accès. Elle y fait part néanmoins de l'obstruction qu'elle a rencontrée de la part des fonctionnaires du *Colonial Office* peu coopératifs, ce qui la motive à interviewer d'autres personnes plus à même de lui fournir des renseignements sur les agissements britanniques dans les colonies. En effet, sans l'accord de la puissance coloniale, l'OIT ne peut rien faire. Or, dans le cas du travail forcé, le *Colonial Office* estime qu'il s'agit d'un domaine réservé. Ainsi sur les questions coloniales l'OIT se trouve, comme la SDN, paralysée par la volonté des puissances impériales.

Néanmoins, grâce à l'intermédiaire du parti travailliste, Gertrude Weaver rencontre l'archidiacre Owen qui a travaillé avec la *Church Missionary Society* en Afrique de l'Est. Il a fait campagne dans la presse britannique en faveur des indigènes, car cette société estime la pratique du travail forcé au Kenya contraire à l'éthique chrétienne. Elle contacte le professeur Macmillan de l'Université de Johannesburg, bien informé des conditions du travail indigène en Afrique du Sud. Enfin, elle s'entretient avec John Harris de l'*Anti-Slavery and Aborigines Protection Society*. Ce sont donc les milieux religieux (missionnaires), travaillistes et anti-esclavagistes qui montrent le plus d'enthousiasme à aider et informer l'OIT en Angleterre. Les membres de ces sociétés philanthropiques voyagent dans les colonies britanniques, collectent et publient leurs informations et ils correspondent avec les dirigeants de l'OIT[50]. Ces rapports reçus à l'OIT sont une source d'embarras pour les fonctionnaires du BIT. En effet, ils dénoncent les difficultés et les violences auxquelles les puissances coloniales soumettent les populations, en particulier dans les colonies belges, néerlandaises et portugaises. Donner du crédit à ces informations en provenance des colonies signifie condamner officiellement les puissances coloniales dont l'OIT a précisément besoin afin de poursuivre son œuvre de législation sociale internationale. Dans ce cadre, Albert Thomas prend deux décisions pragmatiques : la mise en place d'une section de l'OIT dédiée spécialement au travail forcé et la création d'un comité d'experts internationaux.

En 1926, une nouvelle section à la division diplomatique, dirigée par Edward Phelan, est spécialement chargée des conditions de travail dans les territoires sous mandat, du travail indigène, du travail forcé et de l'esclavage. Le Britannique Harold Grimshaw est nommé chef de cette nouvelle section, rebaptisée travail indigène en 1927. Avant de diriger cette section, Grimshaw s'est déjà familiarisé avec les milieux coloniaux et leurs pratiques en représentant l'OIT au sein de la Commission permanente des mandats de 1922 à 1929 et de la Commission temporaire de l'esclavage de 1924 à 1925, deux commissions de la SDN. Sa position à l'OIT aboutit rapidement à ce

50. ABIT, N206/1/25/4, Relations with the *Women's International League for Peace and freedom*, British section ; N206/1/25/5, Relations with the *Anti-slavery and aborigened protection society*, N206/1/25/16, Correspondence with the *League of Coloured Peoples*, N206/1/25/17, Correspondence with the Rev. WJ. Platt, London, *British and foreign bible society*, N206/1/25/22, Correspondence with the *British Commonwealth League*.

que son nom soit associé à la lutte que l'Organisation mène contre le travail forcé. Grimshaw légitime les activités de l'OIT dans ce domaine par des motifs humanitaires, néanmoins son discours masque mal les véritables enjeux que représente le travail forcé pour les Britanniques. Ces derniers veulent l'éliminer pour des motifs essentiellement économiques. Grimshaw et l'OIT sont ainsi utilisés par les Britanniques pour prouver comment le travail forcé est irrationnel, d'un point de vue économique, dans l'optique de moderniser les relations économiques et sociales dans les colonies sur le modèle européen du travail salarial[51].

À la fin des années 1920, Grimshaw s'est forgé une réputation d'autorité dans le domaine du travail indigène. Néanmoins, ses connaissances sur le travail forcé et les conditions générales du travail des populations indigènes, il ne les obtient que de seconde main : par l'envoi d'une émissaire à Londres, par les rapports qui lui parviennent et en suivant les travaux des différentes commissions de la SDN et de l'OIT sur le sujet. Lui-même n'effectue sa première mission sur le terrain qu'à la fin de l'année 1928 pour se rendre dans les Indes néerlandaises[52]. C'est précisément parce qu'il se révèle très difficile d'obtenir des informations sur le travail forcé et que la direction du BIT est anxieuse de développer une autorité en la matière que le conseil d'administration, de mai 1926, nomme une Commission d'experts pouvant être consultés sur deux questions : le travail forcé et le travail à long terme.

---

51. Sandrine Kott, « The Forced Labor Issue between Human and Social Rights, 1947-1957 », *Humanity : An International Journal of Human Rights, Humanitarian*, vol. 3, n°3, 2012, pp. 321-335.

52. Ce voyage lui est malheureusement fatal : il attrape la malaria et meurt à son retour en août 1929.

Tableau III : Liste des experts de la commission sur le travail forcé, 1926

NOM	FONCTION
Général Freire d'Andrade	Ancien Gouverneur général du Mozambique, ancien ministre des Affaires étrangères du Portugal, membre de la Commission permanente des mandats, membre de la Commission temporaire de l'esclavage.
M. Gohr	Directeur général au ministère des colonies de Belgique, membre de la Commission temporaire de l'esclavage.
Sir Charles Ernest Low	Ancien membre de la Commission industrielle de 1'Inde, ancien secrétaire du Gouvernement de l'Inde pour le Commerce et 1'Industrie, ancien Directeur de 1'Agriculture des provinces centrales de l'Inde.
Sir Frederik Lugard	Ancien Gouverneur général du Nigéria, membre de la Commission permanente des mandats, membre de la Commission temporaire de l'esclavage.
M. Merlin	Gouverneur général honoraire des Colonies, ancien Gouverneur général du Congo français, ancien Gouverneur général de l'Afrique-Occidentale française, ancien Gouverneur de l'Indochine française, membre de la Commission permanente des mandats.
Commandant Ostini	Ancien député, Chef du Bureau des Écoles coloniales au Commissariat général de 1'Émigration, Rome.
M. van Rees	Ancien Vice-président du Conseil des Indes orientales néerlandaises, ancien Secrétaire général de l'Institut colonial néerlandais, Vice-président de la Commission permanente des mandats, membre de la Commission temporaire de l'esclavage.
M. Sugimura	Conseiller d'Ambassade, Directeur-adjoint du Bureau japonais de la Société des Nations, représentant accrédité du Japon à la septième session de la Commission permanente des mandats.
M. H. M. Taberer	Chef de l'Organisation du recrutement de la main-d'œuvre indigène de la Chambre des mines du Transvaal.

(Source : ABIT, 32e session du conseil d'administration, mai-juin 1926)

Le tableau III sur la composition de la Commission sur le travail forcé nous informe que plusieurs experts nommés pour renseigner l'OIT ont déjà travaillé avec la SDN dans le cadre de la Commission permanente des mandats et/ou celui de la Commission temporaire de l'esclavage Ces hommes sont issus des milieux coloniaux ou ont des intérêts financiers dans les colonies, ce qui fait scandale en 1926 dans les milieux socialistes et anticolonialistes.

Par la suite, le conseil d'administration approuve des désignations supplémentaires qui sont également issues des milieux coloniaux, à l'exception du professeur J. P. Chamberlain, professeur américain de droit international à l'Université de Columbia. Cette collaboration est d'ailleurs plutôt décevante du point de vue de l'OIT, car les contributions du professeur se limitent à vanter le fait que les États-Unis ont complètement interdit le travail forcé dans leur Constitution, alors qu'adjoindre le concours d'un expert américain à la commission a nécessité beaucoup de démarches diplomatiques pour Harold Butler auprès de ses relations américaines.

En ce qui concerne les experts britanniques choisis par le conseil d'administration, Lord Lugard (1858-1945), administrateur colonial et gouverneur-général du Nigéria, fait figure de libéral dans le milieu colonial tout comme le Major Orde Browne (1883-1947), officier de l'armée et fonctionnaire de l'administration coloniale, qui devient son suppléant au sein du comité en 1933. Lugard a introduit en Afrique le principe du *dual mandate* par lequel il préconise le partage du pouvoir avec les autorités locales. Son ouvrage, *The Dual Mandate in British Tropical Africa,* publié en 1922, devient un manuel pour les fonctionnaires coloniaux qui suivent les fondements et les pratiques de *l'indirect rule.* Néanmoins cette politique paternaliste se double de considérations économiques, la délégation du pouvoir aux chefs africains permettant de gérer d'immenses territoires à moindre coût. Quant au major Brown, auteur d'un livre majeur publié en 1933, *The African Labourer,* qui recense les conditions de travail et l'application des conventions internationales en Afrique, il obtient en 1938 le nouveau poste de conseiller en matière de travail auprès du secrétaire d'État aux Colonies.

Si Albert Thomas est favorable à l'abolition du travail forcé et l'OIT bénéficie du soutien des milieux anticolonialistes celle-ci n'attaque pas de front les puissances coloniales qui sont également ses plus gros contribuables. Le colonialisme en tant que tel n'est donc jamais remis en question par l'OIT, c'est par la bande que cette dernière s'attaque aux difficultés rencontrées par les populations colonisées, en devenant une caisse de résonance des réflexions coloniales sur le travail dans les différents empires.

Le soutien britannique aux travaux de l'OIT sur le travail forcé

Dans le cadre des travaux de l'OIT sur le travail forcé, le gouvernement britannique est le seul parmi les puissances coloniales à soutenir les démarches de l'Organisation pour supprimer le travail forcé. Après la Première Guerre mondiale, la Grande-Bretagne est obligée de faire des réformes politiques pour conserver son Empire. Afin de maintenir le potentiel économique des territoires sous domination, il se révèle également nécessaire de procéder à des réformes économiques. Les Britanniques utilisent l'OIT afin de justifier une rationalisation et une modernisation de l'organisation du travail en Afrique notamment. Celle-ci passe par l'abolition du travail forcé, ce dernier se révélant irrationnel d'un point de vue économique, car un travailleur africain non salarié ne peut dépenser et engranger des bénéfices pour les autorités coloniales. Cependant, la transposition du système capitaliste en Afrique est loin d'être une évidence. Les Britanniques se posent la question, au début des années 1930, de savoir si l'amélioration des conditions de travail des indigènes va profiter aux administrations coloniales ou aux Africains eux-mêmes. L'OIT peut néanmoins servir leurs intérêts puisque qu'elle véhicule le même modèle économique libéral. De plus, elle permet au gouvernement britannique de traiter la question du travail comme un élément distinct du politique, afin d'éviter des revendications nationalistes dans ses colonies. Dans les régions sous administration britannique, le recrutement du travail forcé pour des entreprises privées ne se fait pas par le biais des autorités (contrairement à d'autres colonies). Néanmoins, l'Empire pratique aussi le travail forcé : des cas sont relevés par des témoins au Cameroun britannique et surtout un scandale éclate en Grande-Bretagne à la suite des révélations de travail forcé au Kenya[53]. Les Britanniques sont donc confrontés aux mêmes difficultés que les autres puissances coloniales, néanmoins ils souhaitent remplacer le travail forcé par le travail salarié et c'est dans ce but qu'ils soutiennent le travail de la Commission de l'OIT.

En juin 1926, un groupe d'experts est nommé par le conseil d'administration de l'OIT et se réunit pour la première fois à Genève, du 7 au 12 juillet 1927. La section du travail indigène de l'OIT prépare un rapport préliminaire sur le travail forcé, qui constitue la base des discussions des réunions de la commission d'experts qui doit le finaliser. Grimshaw est l'auteur principal de ce document qu'il a préparé en consultation étroite avec Lord Lugard[54]. Le gouvernement britannique a donc dès le départ deux hommes qui lui servent de relais pour combattre le travail forcé. Grimshaw se vante d'agir en toute indépendance et monte un dossier à charge contre les puissances coloniales, qui emploient des indigènes de manière forcée, il reste néanmoins un défenseur et un soutien de l'Empire britannique. Lord Lugard affiche pareillement des vues libérales sur les pratiques administratives et sociales qu'il souhaite voir développer dans les colonies, et expose en conséquence une argumentation capitaliste pour changer les modes de travail dans les colonies. Lugard est actif au sein de la Commission et, parmi ses pairs, c'est indéniablement l'expert le plus libéral, surtout en comparaison du Français Merlin qui utilise de manière systématique un vocabulaire raciste[55]. En effet, les travaux de cette Commission sont réalisés par des administrateurs coloniaux dans la croyance que les nations civilisées, en édifiant des empires, ont aboli l'esclavage supposé ou réel des indigènes. Les débats de la Commission expriment une vision paternaliste de la colonisation. Les administrateurs coloniaux estiment qu'ils apportent leurs technologies

53. Barbara Bush, *Imperialism, Race, and Resistance : Africa and Britain, 1919-1945*, London, Routledge, 1999.

54. ABIT, N206/2/0/25, Committee of experts for coloured labours, Correspondance with Lord Lugard.

55. ABIT, N206/2/1/5, Meeting of the Committee of experts on Native Labour, July 1927.

et leur culture aux indigènes. En conséquence, même la vision libérale de Lugard se perd dans la masse des interventions de ses collègues et le but de cette Commission est plutôt de chercher à réglementer le travail forcé qu'à le supprimer. Ainsi, la version finale du texte de la Convention de 1930 interdit le travail forcé avec des exceptions. Il satisfait néanmoins les Britanniques et, lors du vote à la conférence internationale du travail de 1929, le gouvernement britannique vote pour le texte. La Grande-Bretagne est cependant la seule puissance coloniale qui ratifie la convention.

Les questions des organisations internationales et de l'Empire sont orchestrées depuis Londres. Les Britanniques souhaitent conserver la mainmise sur l'ordre international établi selon leurs valeurs libérales. L'OIT s'est révélée une caisse de résonnance des évènements qui traversent la période 1919-1939 et a montré les difficultés rencontrées par la Grande-Bretagne dans ses relations avec son Empire. L'existence même de cette Organisation oblige les Britanniques à repenser leur politique à l'international. La SDN a été conçue au départ dans l'esprit britannique pour renforcer ses liens avec les États-Unis, mais ces derniers se désengagent officiellement des institutions genevoises dès 1919, ce qui oblige la Grande-Bretagne à concevoir d'autres stratégies pour garder son allié en Europe. Le questionnement de départ portant sur l'OIT comme un lieu de maintien de l'Empire donne une double réponse. D'un côté, il est certain que l'OIT a permis à la Grande-Bretagne d'accentuer son emprise sur ses colonies, mise à part l'obligation de faire des rapports annuels, Londres peut continuer à gérer les relations sociales et les réformes dans ses colonies selon son bon vouloir. Les travaux préparatoires à la Convention sur le travail forcé révèlent comment le pays se sert de cette Organisation pour ces bénéfices économiques et renforcer les liens impériaux. Les intérêts impérialistes britanniques et ceux de l'Organisation se rencontrent pour interdire un mode de travail certes contraire aux pratiques humanistes, mais surtout à ses intérêts économiques. L'impérialisme social de la Grande-Bretagne se poursuit dans cette période, elle continue en effet à utiliser ses colonies comme des lieux de développements économiques pour avoir des effets retour positifs sur la métropole.

Néanmoins, dans le cas des Dominions et de l'Inde, l'Organisation a un effet inverse. Malgré la peur des autres membres d'avoir donné six voix à l'Empire britannique, on constate que l'OIT est un lieu pour ces pays pour s'affirmer et se penser de manière différente de l'Angleterre. Mon analyse illustre une « émancipation » de l'Inde par rapport à la Grande-Bretagne, au sein de l'OIT, qui correspond aux difficultés que cette dernière connaît avec sa colonie au milieu des années 1930 et qui nécessite des réajustements politiques à la suite des revendications des nationalistes indiens. Dans le cas des Dominions, ces derniers utilisent l'Organisation comme un détour pour se légitimer sur la scène internationale. Dès 1919, les dirigeants du Canada et de l'Afrique du Sud tirent avantage de ces institutions pour renforcer leur légitimité politique. Dans les années 1930, la Nouvelle-Zélande met sa condition de membre à profit pour faire reconnaître sa politique nationale. Malgré tous les efforts politiques et administratifs déployés par Londres pour garder le contrôle sur les agissements de ces pays, la Grande-Bretagne assiste de manière impuissante à cette évolution. C'est la situation économique et géostratégique qui fait que les agissements des Dominions et de l'Inde restent dans la droite ligne des intérêts de la Grande-Bretagne au sein de l'OIT.

Chapitre 7

Les Britanniques et l'OIT pendant la Seconde Guerre mondiale

L'attitude critique des gouvernements britanniques à l'égard de l'OIT pendant l'entre-deux-guerres contraste avec le soutien affiché pendant la Seconde Guerre mondiale. En effet, malgré l'éloignement de l'Organisation qui trouve refuge dans les locaux de l'université de McGill au Canada, une nouvelle collaboration semble se dessiner entre les décideurs britanniques et Edward Phelan désormais directeur (par intérim). Ce chapitre est consacré à l'analyse de l'attitude des Britanniques à l'égard de l'Organisation et à l'identification des motifs du changement, constaté dans le contexte de la guerre, et des négociations politiques qui interviennent dans le même temps pour la création des Nations Unies.

L'OIT a instauré en 1919 une modalité de collaboration tripartite inédite au niveau international. Elle permet aux travailleurs de négocier sur un pied d'égalité avec les employeurs et les gouvernements. Elle constitue pour cela un atout indéniable pour la légitimité et la pérennité de l'Organisation que le ministre du Travail britannique, Ernest Bevin, ne manque pas de souligner en 1944 :

> « Une chose qui existe à l'OIT et nulle part ailleurs, c'est la réunion des gens des ateliers, des champs et des usines, des employeurs et des travailleurs, qui discutent ensemble des difficultés internationales

dans une assemblée commune. (...) Je pense que pour cette raison cette institution doit être préservée et même développée »[1].

L'exil au Canada de l'Organisation, dans des conditions matérielles précaires, rend néanmoins le travail quotidien difficile. Réunir les représentants des trois parties concernées pour tenir des réunions du conseil d'administration, ou une conférence internationale, relève de la gageure en raison de l'éloignement et des transports. L'Organisation continue néanmoins de fonctionner pendant toute la durée de la guerre et devient, en 1946, après la création des Nations Unies, une des institutions spécialisées de son système.

Certains travaux sur les relations entre les Américains et l'OIT affirment que la pérennité de l'Organisation malgré le conflit mondial est due à la présence des États-Unis, membres de l'OIT à partir de 1934[2]. On sait peu de choses, par contre, sur le rôle que les Britanniques ont joué pour le maintien de l'Organisation pendant la guerre[3]. D'une part, en éclairant la complexité des relations entre l'OIT et les Britanniques durant cette période, et, d'autre part, en analysant le rôle des acteurs britanniques dans les processus de transferts, de continuités et de changements, il est permis d'estimer l'importance que les Britanniques accordent à l'OIT et la part jouée par ceux-ci dans le maintien de l'Organisation. La question centrale est de comprendre comment la politique sociale internationale, menée par les Britanniques pendant la guerre, constitue un levier de politique intérieure dans le but de mobiliser la population et renforcer leur relation avec les Américains pour gagner la guerre. Une hypothèse alternative plaiderait pour y voir la volonté d'internationaliser le rapport Beveridge, afin de concurrencer le modèle social allemand.

---

1. Hansard, discours d'Ernest Bevin, HC Deb 26 July 1944 vol 402 cc777-860. Traduction de l'auteure.

2. Jill Jensen, « US New Deal Social Policy Experts and the ILO, 1948-1954 », in S. Kott et J. Droux (ed.), *Globalizing Social Rights*, *op. cit.*, pp. 172-189 ; Stephen Hughes, Nigel Haworth, « A Shift in the centre of Gravity.. », *op. cit.*

3. L'article de Geert van Goethem fait exception, « Phelan's War : The International Labour Organization in Limbo (1941-1948) », in Jasmien van Daele, (eds), *ILO Histories.., op. cit.*, pp. 313-340.

En effet, l'OIT est un instrument pour le gouvernement britannique, non seulement en politique étrangère, dans sa collaboration avec les deux autres grandes puissances, mais également sur le *Home Front*[4], où des évolutions et des négociations tout aussi significatives ont lieu. Il s'agit de regarder comment le gouvernement britannique instrumentalise l'OIT et ses missions dans le jeu diplomatique qu'il mène avec les Alliés. Son soutien à l'Organisation varie en fonction de ses intérêts diplomatiques, tandis que les syndicats britanniques l'appuient de manière indéfectible afin qu'elle perdure et contribue pleinement à la reconstruction. Trois champs de recherches liés à la politique sociale britannique pendant la guerre sont successivement examinés. Tout d'abord, l'équilibre des forces en Grande-Bretagne afin de saisir ce que représente l'OIT pour les différents réseaux britanniques, et les intérêts qu'ils ont dans la poursuite de ses travaux. L'implication personnelle de certains acteurs, et d'Edward Phelan en particulier, est ensuite analysée afin d'évaluer leur rôle dans le transfert au Canada de l'Organisation et de son personnel. Enfin, la dernière partie de ce chapitre s'attache à examiner la *special relationship* entre les Britanniques et les Américains, à travers le prisme de l'OIT.

1. L'équilibre des forces sur le *Home Front*

La Seconde Guerre mondiale renforce les travaillistes comme force politique. Contrairement à la situation de 1914, l'entrée en guerre de leur pays ne les divise pas et leur participation dans le gouvernement de Churchill renforce leur crédibilité aux yeux de l'opinion publique. Enfin, leur soutien, aux conclusions du rapport Beveridge au

4. Sur la notion de *Home Front* et son impact dans l'imaginaire collectif voir Jose Harris, « War and Social History : Britain and the Home Front during the Second World War », *Contemporary European History*, vol. 1, n°1, 1992, pp. 17-35.

Parlement, contre les conservateurs, leur ouvre la voie vers la victoire électorale de 1945[5].

La nécessité de s'allier les syndicats motive Churchill à nommer Ernest Bevin (1881-1951) ministre du Travail. Le Premier ministre est conscient de l'intérêt de la coopération d'un syndicaliste pour piloter les relations industrielles pendant un conflit. Bevin devient ainsi, en octobre 1940, également membre du Cabinet de guerre[6]. Le poste de ministre du Travail se révèle être un poste clef au cours du conflit. C'est à Bevin qu'incombe en effet la gestion des ressources de main d'œuvre nécessaire pour faire face aux demandes de l'industrie de guerre. Nommé ministre avec l'approbation du *TUC*, Bevin fait son possible pour protéger les intérêts des travailleurs : il tente de ménager la liberté des syndicats, instaure un comité consultatif conjoint avec les employeurs, et travaille avec Walter Citrine à la reconstruction, en plaidant pour l'amélioration de la condition sociale des couches populaires en retour des sacrifices assumés pendant la guerre.

Lorsque la Seconde Guerre mondiale éclate, les syndicats britanniques sont les premiers à souhaiter voir l'OIT poursuivre son travail. Pour ce faire, ils établissent plusieurs plans. Joseph Hallsworth (1884-1974), le délégué ouvrier britannique propose au conseil d'administration de l'OIT, en février 1940, d'utiliser l'Organisation pour planifier l'économie de guerre. L'OIT serait chargée d'explorer les méthodes de collaboration les plus efficaces entre les pouvoirs publics, les organisations professionnelles et les syndicats, afin que les travailleurs ne soient pas les victimes des efforts à fournir pour l'industrie de guerre[7]. Dans son pays, Walter Citrine plaide pour

5. Stephen Brooke, *The Labour Party during the Second World War*, Oxford, Oxford University Press, 1992 ; Steven Fielding, Peter Thompson and Nick Tiratsoo (ed.), *England Arise : The Labour Party and Popular Politics in 1940s Britain*, Manchester, Manchester University Press, 1995.

6. Anne Deighton, « Ernest Bevin », in Jonathan Wright and Steven Casey (ed.), *Mental Maps in the Early Cold War Era, 1945-68*, Basingstoke, Palgrave MacMillan, 2011 ; Chris Wrigley, « Churchill and the Trade Unions », *Transactions of the Royal Historical Society*, vol. 11, 2001, pp. 273-293.

7. ABIT, Minutes of the Governing Body, Geneva, 3-5 February 1940.

que l'OIT poursuive son travail et que les Alliés réservent une place à l'Organisation lors de la conférence de paix. Ernest Bevin, de son côté, et en s'appuyant sur le tripartisme de l'Organisation, souhaite développer le champ des activités de l'OIT après la guerre[8].

Son biographe, Allan Bullock, affirme avec raison que Bevin fut le meilleur allié britannique de l'OIT. Il ne ménage pas en effet ses efforts pour préserver et même développer les activités de l'Organisation pendant la guerre. À la suite de la signature de la Charte de l'Atlantique, le 14 août 1941, dont le point 5 prévoit une collaboration internationale sur le plan social et économique, Bevin entame des consultations avec les autres départements britanniques afin de voir comment les conventions internationales promulguées par l'OIT pourraient devenir obligatoires. En effet, Bevin estime que la situation de l'entre-deux-guerres, pendant laquelle les normes de l'OIT n'ont été suivies d'aucune obligation et d'aucun contrôle d'application, a fragilisé le système. Il lui importe donc de réformer le processus normatif de l'OIT, afin de pouvoir concrétiser le point 5 de la Charte de l'Atlantique. Bevin tente alors d'en convaincre Anthony Eden, le ministre des Affaires étrangères. Ce dernier, s'il estime la question effectivement importante, la juge néanmoins délicate, car les conventions sociales sont par nature très différentes des accords commerciaux ou des traités politiques. Eden aborde la question de manière politique et pragmatique. Dans la mesure où les gouvernements ne sont pas prêts à se faire mutuellement confiance pour la bonne application et la bonne exécution de leurs obligations, l'option serait de créer un système d'inspection internationale sous l'autorité d'un organe international, doté d'un tribunal arbitral chargé de régler les différends, et dont les jugements auraient un caractère obligatoire pour les parties[9]. Eden demande à Bevin de sonder ses partenaires afin d'estimer si un tel système serait acceptable pour les industriels et les syndicats britanniques. Cependant, en dépit des tentatives de Bevin pour présenter la question de l'obligation, celle-ci

8. ANB, FO 371/34508, note du 19 février 1943.

9. ANB, FO 371/31004, Lettres de Bevin du 18 juin 1942 et d'Eden du 4 juillet 1942.

n'apparaît pas dans la nouvelle constitution adoptée à la conférence de Philadelphie en 1944.

Si, durant l'entre-deux-guerres, le ministère du Travail est le principal interlocuteur gouvernemental de l'OIT et continue, pendant la Seconde Guerre mondiale, de suivre les dossiers, pour tout ce qui concerne la politique générale de l'OIT, c'est le ministère des Affaires étrangères dirigé par Anthony Eden (1897-1977), de décembre 1940 à juillet 1945, qui occupe désormais une place stratégique dans les relations entre l'OIT et les Britanniques. Ce déplacement décisionnel s'explique par le souhait du *Foreign Office* de centraliser les projets de reconstruction et les plans pour les Nations Unies et donc d'y associer l'OIT. Les principaux décideurs concernant les affaires de l'OIT dans ces deux ministères sont, outre les ministres Bevin et Eden, Fredrick Leggett (le délégué gouvernemental auprès de l'OIT dans les années 1930), qui occupe le poste de *chief industrial commissioner* au ministère du Travail, et Roger Mellor Makins, conseiller puis assistant du ministre au *Foreign Office*. Roger Makins connaît bien les États-Unis, où il a occupé un poste de premier puis second secrétaire à l'ambassade britannique à Washington de 1930 à 1934, où il a œuvré pour le renforcement des liens transatlantiques[10].

Dans le domaine social, le rôle de l'économiste William Beveridge (1879-1963) doit être également souligné. Son rapport, publié le 2 décembre 1942, est en effet considéré comme la *Magna Carta* du cheminement britannique vers la construction du *Welfare State*[11]. La publication au cours de la guerre, d'un plan promettant un avenir meilleur au peuple britannique revêt un caractère fortement symbolique : il est porteur d'un immense espoir en l'avenir et répond

10. S. Kelly, « A very considerable and largely unsung success : Sir Roger Makins Washington embassy », in J. Hollowell (ed.), *Twentieth-century.., op. cit.*, pp. 124-142.

11. Jose Harris, « Beveridge's social and Political Thought », in John Hills, John Ditch, Howard Glennerster, *Beveridge and Social Security. An international Retrospective*, Oxford, Oxford University Press, 1994, pp. 23-36. Pour une perspective critique : Daniel Wincott, « Images of Welfare in Law and Society : The British Welfare State in Comparative Perspective », *Journal of Law and Society*, vol. 38, n°3, 2011, pp. 343-375.

à des attentes politiques de la population envers le gouvernement[12]. Le contexte qui a présidé à la publication du rapport, son contenu et sa destinée en lien avec la mise en place du *Welfare State,* sont bien documentés au sein de l'historiographie[13]. Il s'agit ici de s'affranchir du cadre national d'analyse du rapport pour cerner ses éventuels prolongements et ses conséquences dans la politique de l'OIT. En effet, si l'OIT est, antérieurement à la publication du rapport, considérée par les gouvernements britanniques comme une organisation marginale, l'organisation internationale prend tout à coup une autre signification pendant la guerre, à la lumière des possibilités qu'elle offre comme véhicule de diffusion, et outil de propagation de ce projet social.

Un modèle qui propose l'universalité de la protection sociale et la garantie d'un niveau de vie minimum, publié au milieu d'une guerre mondiale, rencontre l'écho à la mesure de l'espoir qu'il donne à la population. Rapidement et largement diffusé en Angleterre et à l'étranger, le rapport devient immédiatement un best-seller : 635'000 exemplaires sont vendus en quelques semaines ! De longues files d'attente se forment dans les rues pour acheter un exemplaire d'un rapport gouvernemental de trois cents pages[14]. Le retentissement que connaît le rapport Beveridge, tant en Grande-Bretagne qu'à l'étranger, questionne les raisons qui motivent l'OIT à adopter cette référence, alors que dans l'entre-deux-guerres la voie sociale britannique ne domine pas dans cette enceinte internationale. Le gouvernement de Churchill, toujours réfractaire à considérer des changements conséquents avant la fin de la guerre, cherche d'abord à amoindrir la portée du rapport, avant de faire volte-face et d'annoncer

---

12. Steven Fielding, « What did the People Want ? The meaning of the 1945 General election, *The Historical Journal*, vol. 35, n°3, 1992, pp. 623-639.

13. Roger E. Backhouse (ed.), *No Wealth but Life, Welfare Economics and the Welfare State in Britain, 1880-1945*, Cambridge, Cambridge University Press, 2010 ; Rodney Lowe, *The Welfare State in Britain since 1945*, London, Palgrave Macmillan, 2005 ; John Hills, John Ditvch, Howard Glennerster, *Beveridge and Social Security. An international Retrospective*, Oxford, Oxford University Press, 1994.

14. 50'000 exemplaires sont vendus aux États-Unis.

qu'une législation est envisageable durant la guerre[15]. En effet, le gouvernement prend rapidement conscience de l'enjeu, à la fois politique et économique, du rapport Beveridge. Néanmoins, à part une grande loi sur l'éducation en 1944 (loi Butler), la réalisation du *Welfare State* est l'œuvre des travaillistes du gouvernement de Clement Attlee élu en 1945.

2. L'OIT, Phelan et les Britanniques

Certains acteurs jouent à titre individuel un rôle important dans la poursuite des activités de l'OIT pendant la Seconde Guerre mondiale. Au déclenchement du conflit, son directeur est l'Américain, John Gilbert Winant (1889-1947)[16]. Il s'absente régulièrement de l'OIT, en confiant le suivi de ses fonctions à son directeur adjoint, l'Irlandais Edward Phelan (1888-1967). Phelan étudie à Liverpool puis entre dans le *civil service* en 1916 lors de la création du ministère du Travail. Il joue un rôle de premier plan dans le développement des plans britanniques pour édifier la constitution de l'OIT et, à la suite de cette mission, sa carrière est liée à l'évolution de l'Organisation. Il est en effet le premier fonctionnaire international nommé par Albert Thomas et prend la tête de la division diplomatique de l'Organisation en 1919. Il est nommé sous-directeur en 1933, puis directeur adjoint en 1938. La démission de John Winant en 1941, pour devenir l'ambassadeur des États-Unis en Grande-Bretagne, laisse l'OIT sous la direction de Phelan, qui assume l'intérim pendant toute la durée de la guerre. Il sera nommé directeur général en 1946, avec effet rétroactif, à condition de quitter ses fonctions en 1948.

---

15. Brian Abel-Smith, « The Beveridge Report: Its Origins and Outcomes », in John Hills, John Ditch, Howard Glennerster, *Beveridge and Social Security*..., *op. cit.*, pp. 10-22.

16. Lynne Olson, *Citizens of London, The Americans Who Stood with Britain in Its Darkest, Finest Hour*, New York, Random House, 2010 ; Bernard Bellush, *He Walked Alone : A Biography of John Gilbert Winant*, The Hague, Mouton, 1968.

Il a été souligné que Phelan est autant préoccupé pendant la guerre par sa propre situation que par celle de l'Organisation[17]. En effet, un de ses principaux soucis est d'obtenir le soutien politique nécessaire pour se faire élire directeur de l'Organisation. Pour cela, il obtient le soutien du groupe ouvrier, et de son délégué britannique Joseph Hallsworth au conseil d'administration. Il se targue également d'avoir le soutien du Premier ministre du Canada, Mackenzie King, et de la ministre du Travail américain, Frances Perkins[18]. Néanmoins, aucune déclaration publique de ces deux gouvernements ne vient étayer ses dires. De son côté, le gouvernement britannique garde une attitude très prudente en le nommant directeur par intérim, selon la procédure administrative normale, pour trois raisons. Le directeur de la SDN est déjà un Irlandais (lui-même directeur par intérim), la difficulté de réunir en temps de guerre un conseil d'administration complet pour procéder à une élection officielle, et ne pas donner l'impression aux autres pays que les États-Unis et la Grande-Bretagne prennent toutes les décisions stratégiques[19]. L'incertitude sur sa situation pendant toute la durée de la guerre, n'empêche pas Phelan de préparer l'OIT pour l'après-guerre. Son premier succès est d'avoir réussi à transférer l'OIT et une partie de son personnel à l'Université de McGill à Montréal. Cette décision s'opère sous le mandat de Winant qui, après le refus des États-Unis d'abriter l'Organisation, accepte l'offre du Canada[20]. C'est néanmoins Phelan qui réalise le déménagement qui s'avère être une aventure particulièrement périlleuse pour son personnel, qui part de Genève pour traverser la France et l'Espagne jusqu'au Portugal, où un bateau les emmène à New York[21].

---

17. Geert van Goethem, « Phelan's War : The International Labour Organization in Limbo (1941-1948) », *op. cit.*

18. ANB, FO 371/26646, Lettre de Phelan du 9 mai 1941.

19. ANB, FO 371/26646, ILO, Letter from Leggett to Makins, 8 February 1941.

20. L'idée de déménager l'OIT au Canada est suggérée à Winant par le membre canadien du conseil d'administration. Winant choisit ensuite, par l'intermédiaire de ses relations personnelles, l'université de Mc Gill car le directeur de l'Université lui propose des locaux pour l'OIT. ABIT, Carol Riegelman Lubin « John Gilbert Winant ».

21. Edward Phelan, « Some Reminiscences of the International Labour Organization », in *Edward Phelan and the ILO. op. cit.*

Phelan publie différents plans concernant les domaines dont l'OIT devrait s'occuper dans l'après-guerre, afin de positionner l'Organisation lors des futures négociations de paix. Sa position est constante depuis 1940, jusqu'à la conférence de Philadelphie en 1944, où il plaide pour que les problèmes économiques et sociaux soient traités par la même agence internationale. Sa réflexion est en fait abondamment nourrie par plusieurs rapports d'experts américains sollicités par Winant au cours de son mandat de directeur. Cette collaboration a pour contrepartie de rendre les idées de Phelan toujours suspectes aux yeux des Britanniques[22]. L'optimisme de Phelan, quant à la place que les Américains et les Britanniques sont prêts à accorder à l'OIT dans le nouvel ordre mondial, va rapidement se trouver tempéré par la réalité des évènements. Néanmoins, c'est lui qui est l'instigateur de la déclaration de Philadelphie qui constitue un succès personnel. L'objectif affiché de la conférence, qui a lieu à Philadelphie en avril 1944, est de discuter des politiques en matière de travail pour l'après-guerre. Cependant, les Britanniques ne veulent prendre aucun engagement précis tant que la future ONU n'est pas créée. Le *Foreign Office* ne souhaite pas, en conséquence, se servir du volumineux rapport que Phelan et ses collaborateurs ont écrit dans l'optique de la conférence. Les préoccupations du ministère sont en effet beaucoup plus vastes que les droits des travailleurs et concernent l'ensemble de l'organisation du monde d'après-guerre. En avril 1944, lors de la conférence internationale du travail à Philadelphie, Phelan fait un discours, intitulé *The ILO – Lessons of twenty-five years,* un vibrant appel antifasciste qui énonce également la nécessité d'aborder simultanément la résolution des problèmes économiques et sociaux[23]. Quoi qu'il en soit des intentions initiales, les délégations adoptent la *Déclaration de Philadelphie* qui constitue, encore aujourd'hui, la charte des buts et des objectifs de l'OIT. Cette déclaration est encouragée par les syndicats britanniques et le ministre Bevin. Celui-ci estime important de positionner l'Organisation pour le monde d'après-guerre. De fait, la *Déclaration de Philadelphie* complète la constitution de 1919 et fait des droits sociaux un droit fondamental de l'être humain, acquis majeur du monde d'après-guerre.

22. ABIT, Phelan Cabinet, Z/6/3/3-7, Post-War reconstruction Memoranda.

23. ABIT, Cabinet Phelan, Z1/25/1/6, Correspondance with Harold Butler.

Outre Edward Phelan, un autre Britannique joue un rôle clef pendant la guerre pour le devenir de l'OIT. Il s'agit du directeur du bureau à Londres depuis 1924, Milward Burge. Sa connaissance des dossiers de l'Organisation lui assure une position clef au moment de désorganisation institutionnelle au cours du conflit. En effet, en raison de l'exil de l'OIT à Montréal avec un personnel limité, le bureau de Londres prend une importance stratégique. Pendant cette période, grâce à son expérience et à ses réseaux, Burge bénéficie d'une autonomie substantielle vis-à-vis du BIT, dont les instructions mettent souvent plusieurs mois à lui parvenir. Phelan ne pouvant se rendre, ainsi qu'il le souhaiterait, de manière régulière en Grande-Bretagne pour organiser les réunions de l'Organisation, Burge, en qui il a une totale confiance, fait office de relais auprès des acteurs britanniques, tant le gouvernement que les syndicats et les employeurs.

De nombreux gouvernements alliés de la Grande-Bretagne se trouvent en exil à Londres. C'est dans ce contexte que circulent les idées et les projets pour le monde d'après-guerre. Burge est l'observateur privilégié de ces échanges, et en informe Phelan, permettant ainsi à ce dernier de concevoir l'avenir de l'OIT en toute connaissance des enjeux d'après-guerre[24]. C'est en effet à Londres qu'est établi, le 24 septembre 1941, l'*Inter-Allied Committee on Post-War Relief Requirements* sous les auspices des Britanniques. Sous la présidence de Frederick Leth-Ross, ce comité, renforcé par la participation officielle des Américains dès leur entrée en guerre, est chargé d'estimer les besoins des pays sous occupation nazie pour l'après-guerre[25]. Le comité d'urgence de l'OIT décide l'envoi à ce comité interallié d'une délégation d'observateurs, acceptée par les Alliés en avril 1942 qui estiment en effet que la coopération avec l'OIT est importante, car l'Organisation est susceptible d'influer sur les opinions publiques nationales en ce qui concerne les politiques de mobilisation des ressources.

---

24. *Ibid.*, Correspondance with M. R. K. Burge, London 1943-46.

25. Patrick J. Hearden, *Architects of Globalism : building a new World Order during World War Two*, Fayetteville, University of Arkansas Press, 2002.

En outre, pendant la guerre, Burge poursuit ses relations avec la *LNU*. Au cours d'une réunion en date du 23 novembre 1939, les membres du comité industriel de la *LNU* décident de la réduction du budget et du personnel en raison de la guerre. Néanmoins, ils constituent des petits groupes de travail afin d'anticiper sur les enjeux d'après-guerre. Un comité auquel participe Millward Burge est créé pour y discuter la place de l'OIT. Ce comité consulte des économistes et des sociologues britanniques de renom comme William Beveridge, George Douglas Howard Cole, Philip Sargant Florence, Douglas Jay, Seebohm Rowntree et Arnold Plant et publie différents rapports proposant la réorganisation de l'OIT. L'ensemble de ces propositions est transmis par Burge à Phelan ainsi qu'à l'establishment britannique afin de formuler une politique pour le futur de l'OIT.

3. L'OIT et la *special relationship*

Pour des raisons militaires et politiques, les Britanniques comptent sur les Américains pendant la Seconde Guerre mondiale. Churchill en particulier, qui a personnifié avec Roosevelt la *special relationship* entre les deux pays, mobilise tous les réseaux pour obtenir l'entrée en guerre des États-Unis, et à défaut leur aide économique[26]. Or, l'entrée en guerre des États-Unis aux côtés de la Grande-Bretagne n'est pas un fait acquis en 1939[27]. Ainsi, dans ce contexte, le gouvernement britannique soutient l'OIT car elle représente une plateforme supplémentaire pour dialoguer et se rapprocher des Américains. L'analyse chronologique des relations transatlantiques, entre 1939 et 1945, fait néanmoins

26. Nicholas John Cull, *Selling War, The British Propaganda Campaign against American « Neutrality » in World War II*, Oxford, Oxford University Press, 1995 ; John Charmley, « Churchill and the American Alliance », *op. cit.*

27. Binoy Kampmark, « Fearing Union and imperialism : American Publicist and the Campaign against aiding Britain, 1939-1941 », *Australian Journal of American Studies*, vol. 29, n°1, 2010, pp. 1-14 ; Kauffman Bill, Ruth Sarles, *A story of America First : the men and women who opposed U. S. intervention in World War II*, New York, Praeger, 2003.

apparaître une diminution progressive de l'intérêt que les Britanniques portent à l'Organisation à mesure que les États-Unis s'impliquent dans la guerre.

Dès le déclenchement de la guerre, le gouvernement britannique se préoccupe du sort de l'OIT car c'est la seule organisation de coopération multilatérale dont les États-Unis sont membres. Or, ces derniers sont un partenaire vital pour la Grande-Bretagne, dont les capacités financières et matérielles s'affaiblissent, pendant la guerre. La nécessité d'une aide morale et matérielle est recherchée auprès du partenaire américain. Dans le même temps, le gouvernement britannique prend conscience que la construction du nouvel ordre mondial ne pourra se faire sans les États Unis. L'OIT représente dès lors un lieu de mise en œuvre privilégié de la *special relationship*. Le gouvernement britannique utilise cette voie parmi d'autres pour obtenir l'aide des États-Unis. Les acteurs britanniques internationalistes, qui évoluent autour de l'OIT et de la SDN, jouent un rôle dans cette volonté de renforcer la relation transatlantique. Durant l'entre-deux-guerres, ces acteurs sont actifs à travers des *think tanks* et des universités et nouent des liens avec des Américains internationalistes. Ces derniers, la guerre déclarée, deviennent des passerelles utiles vers les responsables politiques américains. Ces liens politiques et intellectuels entre dirigeants s'ajoutent aux liens économiques déjà existants. En sus des internationalistes, le gouvernement britannique peut également compter sur le soutien de l'équipe dirigeante du *TUC* qui, pendant la guerre, s'aligne sur la politique étrangère menée par le gouvernement. Ce dernier utilise Walter Citrine en particulier pour mener des missions qui sont délicates à réaliser par les voies diplomatiques officielles. Citrine effectue ainsi, en 1940, un voyage aux États-Unis pour le compte du gouvernement avec le but de rallier l'opinion américaine à l'entrée en guerre de leur pays aux côtés de la Grande-Bretagne.

L'OIT est utilisée de la même manière pour cet objectif d'entraîner les États-Unis dans la guerre. La façon dont les Britanniques considèrent le rôle de l'OIT s'inscrit dans les plans du *Foreign Office* en charge des projets de reconstruction pour l'après-guerre. L'objectif des plans qui y sont produits est triple. Il s'agit, en premier lieu, de maintenir le statut de la Grande-Bretagne comme puissance mondiale, en second lieu de garantir la liberté de l'Europe et, enfin, de prolonger dans la paix l'alliance privilégiée avec les États-Unis. Au sein du *Foreign Office,* la perception du rôle et de l'intérêt de l'OIT est donc entièrement dirigée par la promotion et le maintien après guerre, et pour le futur ordre mondial, de la relation privilégiée entre la Grande-Bretagne et les États-Unis.

La volonté britannique d'organiser une conférence internationale du travail à New York, en 1941, (souhaitée au départ par les États-Unis et le Canada) participe de cette politique de renforcement des liens anglo-américains. À l'occasion de cette conférence, les leaders syndicaux britanniques se déplacent aux États-Unis, afin d'expliquer la situation européenne et notamment la nécessité pour les syndicats de coopérer avec leur gouvernement pour l'organisation des industries de guerre. Leur mission a été minutieusement préparée par Bevin et le ministère du Travail britannique. Tant que les États-Unis restent à l'écart du conflit, le gouvernement britannique a intérêt à ce que l'OIT continue de fonctionner sous le prétexte de l'organisation de la reconstruction, qui préoccupe particulièrement les Américains. Le but politique est d'utiliser les champs de compétence de l'OIT pour mobiliser l'intérêt des Américains et monter un front uni contre l'agresseur. Des dissensions internes dans le cabinet de guerre compliquent néanmoins la tâche. Le *Foreign Office* et le ministre du Travail souhaitent la collaboration avec les États-Unis pour régler les questions sociales sur le plan international. Cependant, dans le même temps Churchill joue sa propre partition. Il est allergique à toute proposition pour l'après-guerre qu'il ne conçoit pas lui-même ou ne discute pas personnellement avec le Président des États-Unis. En outre, il ne souhaite pas s'engager dans des projets avant la défaite totale de l'Allemagne. Il préfère parler de reconstruction dans un cadre purement gouvernemental et bilatéral, et non dans celui de l'OIT qui implique de discuter avec les travailleurs.

Trois longues années s'écoulent entre les conférences internationales du travail à New York en 1941, et à Philadelphie en 1944. Pendant cette période, certains fonctionnaires du *Foreign Office* deviennent méfiants envers les Américains. Ils les soupçonnent en effet de vouloir piloter l'OIT pour mener à bien leurs propres projets sociaux et économiques pour l'après-guerre. De plus, les projets américains englobent toujours des propositions économiques que le gouvernement britannique préfère voir traiter en dehors de l'OIT. En 1943, le gouvernement se rend compte que l'OIT a perdu de son importance stratégique aux yeux des Américains qui, désormais dans la guerre, peuvent faire valoir leur influence sans risquer de provoquer l'opposition isolationniste.

La conférence de Philadelphie d'avril 1944 se déroule dans un contexte différent du point de vue britannique : les Américains sont désormais un partenaire à part entière dans la guerre et Churchill, sur les conseils de Bevin, voit dans une réunion de l'OIT l'occasion de travailler conjointement avec les Américains pour mobiliser les différents mouvements ouvriers à l'effort de guerre. Les deux partenaires ne sont néanmoins pas du même avis sur l'opportunité d'inviter les Soviétiques. Churchill, bien plus que Roosevelt, se méfie de Staline, et la Grande-Bretagne refuse la suggestion américaine de dissocier la SDN de l'OIT, uniquement pour plaire à l'URSS. L'OIT est utilisée à nouveau pour des buts stratégiques, lors de cette conférence, en contradiction non seulement avec les attentes des syndicats mais aussi avec celles de Phelan. En effet, le Britannique Joe Hallsworth, président du groupe ouvrier à l'OIT, voit dans cette réunion l'occasion d'élaborer le mandat social, énoncé à New York, et mettre en œuvre l'article 5 de la Charte de l'Atlantique. Cependant, cette mise en œuvre signifie donner des pouvoirs étendus à l'OIT, ce que les Britanniques ne sont pas d'accord de faire. Phelan de son côté prépare un plan substantiel de deux cents pages, qui prévoit le futur de l'OIT en termes de statut, de budget et de politique. Alors que pour le gouvernement britannique, le *Foreign Office* en particulier, les propositions faites à Philadelphie doivent rester pragmatiques : la conférence doit discuter des questions sociales uniquement. Au final, la déclaration de Philadelphie, qui redéfinit le mandat de l'Organisation sur la base de la constitution de 1919, satisfait le gouvernement britannique, car elle affirme les buts généraux de l'Organisation en lien avec la Charte de l'Atlantique sans s'engager dans le détail.

Si la Conférence de Philadelphie ne prend que faiblement en compte les revendications syndicales, c'est parce que leur position au niveau international est affaiblie en 1944 par des dissensions internes. En effet, le concours des syndicats britanniques pour maintenir l'OIT est constant et s'exprime de manière moins équivoque qu'aux États-Unis, où *CIO* et *AFL* se disputent la représentation nationale au sein de l'Organisation. De plus, la collaboration entre les gouvernements américain et britannique est contrariée par les dissensions qui surgissent entre l'*AFL* et le *TUC*. Les liens deviennent tendus, en 1944 notamment, car l'*AFL* refuse de collaborer avec les syndicats soviétiques contrairement aux Britanniques.

La *special relationship* est affectée par la préparation de la création des Nations Unies. Le gouvernement britannique maintient son soutien à l'OIT et donne des instructions dans ce sens à sa délégation, qui se rend à la conférence de San Francisco en novembre 1945. Les Britanniques souhaitent que l'OIT devienne l'instrument principal de mise en œuvre des mesures de l'article 5 de la Charte de l'Atlantique et trouve une place dans le nouvel ordre mondial, auquel elle doit être associée tout en gardant son autonomie financière[28]. Néanmoins, dès son arrivée à San Francisco, la délégation prend conscience que mentionner l'OIT dans la charte des Nations Unies est une tâche difficile, en raison de l'opposition des Soviétiques qui y font barrage avec le soutien des Américains. Toutefois, la fermeté des Britanniques, qui refusent de plier devant les exigences des Soviétiques, permet d'assurer le maintien de l'OIT dans le nouveau système international. En effet, et bien que l'OIT ne soit pas mentionnée explicitement dans le texte de San Francisco, avec l'accord des Américains, elle devient une institution spécialisée des Nations Unies dans les mois qui suivent la création du nouveau système.

Les points de dissensions entre, d'une part, les Américains et les Britanniques, et, d'autre part, les Soviétiques, concernent surtout la structure tripartite de l'OIT que ces derniers estiment anti-démocratique (la formule de vote 2-1-1). De nombreux autres points nécessitent des clarifications, afin d'adapter la structure de

28. ANB, CAB66/63/49, War Cabinet, 26th March 1945.

l'OIT au nouvel environnement international. Dans ce but, durant la conférence internationale du travail, qui se déroule à Paris en octobre et novembre 1945, un comité consultatif tripartite est créé afin de préciser les relations entre l'ONU et l'OIT. Le comité siège à deux reprises, en janvier-février 1945, à Londres et, en mai 1946, à Montréal. Sur la base de ses travaux, la conférence internationale du travail de Montréal entérine les nouvelles règles qui amendent la Constitution de l'OIT, en vue de son intégration au sein des Nations Unies. Les principaux changements concernent la fin du lien de dépendance qui unissait l'OIT à la SDN. Ainsi, le lien de membre automatique, qui existait auparavant entre l'adhésion à l'OIT et la SDN, est rompu entre l'OIT et l'ONU. Concernant les questions financières, l'OIT a le droit de constituer son propre budget, même si l'ONU peut faire des recommandations. Enfin, l'OIT est également libre de choisir le lieu de son siège, ce qui lui permet de rentrer à Genève même si l'ONU s'établit à New York. Ce nouveau statut est entériné par le Conseil général de l'ONU le 14 décembre 1946.

L'intégration de l'OIT au sein des Nations Unies est un gage de légitimité de sa raison d'être. Cet accomplissement est le résultat de la stratégie britannique, notamment de l'action du ministère du Travail, même si les objectifs du maintien de l'OIT par les Britanniques n'ont pas été véritablement liés aux missions de l'Organisation. Bevin, avec le soutien des syndicats britanniques, a été l'acteur-clef à l'origine des deux grandes conférences internationales du travail à New York et Philadelphie, qui ont permis à l'OIT de justifier de la continuité de ses missions désormais contextualisées dans le cadre des enjeux de l'après-guerre.

4. L'OIT comme instrument de propagande britannique

D'après Phelan, l'OIT possède un capital d'expertise qui doit lui permettre de jouer un rôle dans le traitement des questions économiques et sociales d'après-guerre. Pour les syndicats britanniques, l'Organisation doit perdurer car elle est le lieu de discussion avec le gouvernement et les employeurs. C'est aussi la raison pour laquelle ils souhaitent qu'elle étende ses activités au domaine économique[29]. L'avis de Phelan, soutenu par le groupe des travailleurs de l'OIT, est néanmoins sans influence dans le jeu diplomatique qui a lieu entre l'URSS, les États-Unis et la Grande-Bretagne pendant la guerre. Le gouvernement britannique en particulier a utilisé l'OIT pour collaborer avec les Américains pendant la guerre, afin d'organiser la reconstruction et d'obtenir leur entrée en guerre.

La Seconde Guerre mondiale est également une guerre idéologique, qui oppose deux camps antagonistes. Dans ce cadre, l'OIT peut être considérée comme un instrument de la lutte qui les oppose. Les Britanniques se servent de l'OIT pour des motifs de propagande idéologique dans la lutte contre le nazisme. Une des raisons du maintien de l'Organisation après guerre est la réussite de cet objectif. Les Britanniques s'appuient sur l'OIT pendant la guerre pour trois motifs de propagande. Le premier est la mobilisation intérieure des travailleurs britanniques pour l'effort de guerre. Le deuxième motif est le signal positif qui souhaite être donné au mouvement ouvrier international. Le troisième est le rassemblement des gouvernements des pays alliés ou neutres contre le nazisme. Le gouvernement britannique tire avantage de l'OIT pour faire face aux menaces intérieures, ou pour contrer le nazisme. À cet égard, la publication du rapport Beveridge en 1942 offre un atout supplémentaire dans le domaine de l'amélioration des conditions sociales des travailleurs. Il s'agit d'examiner comment les Britanniques utilisent l'OIT pour en faire la publicité.

L'OIT et la mobilisation de la classe ouvrière pour l'effort de guerre

Sur le *Home Front*, la Grande-Bretagne vote deux lois, en août 1939 et mai 1940, qui donnent des pouvoirs d'exception au gouvernement, afin de réquisitionner les travailleurs et l'industrie au service de la

29. ABIT, Report of the Special Emergency General Council of the IFTU, September 1rst 1942.

guerre totale. La censure et la propagande se développent au même moment afin de soutenir les décisions gouvernementales. Dans ce contexte, le cabinet de guerre comme le *Foreign Office* voient l'OIT non pas tant pour son rôle éventuel dans le processus de reconstruction, que pour son usage en politique intérieure pour souder l'union nationale et en politique extérieure pour contrer les projets nationalistes allemands, ces derniers tentant de mettre sur pied une organisation concurrente de l'OIT[30].

Le gouvernement britannique souhaite que l'OIT poursuive ses activités pendant la guerre, car sa préoccupation première est de sauvegarder l'union nationale pour ne pas ajouter des grèves ou des désordres internes aux difficultés déjà présentes. L'OIT est dans ce contexte perçue comme l'Organisation susceptible de recevoir les doléances des travailleurs. Le gouvernement accepte en conséquence la création d'un fonds d'urgence pour permettre à l'OIT de continuer à fonctionner, en même temps qu'il encourage la politique d'Ernest Bevin, qui tente de relancer les activités de l'Organisation, pendant la guerre, par la tenue d'une conférence internationale du travail en 1941.

Les Britanniques comme les Américains sont conscients de l'intérêt de l'OIT pour mobiliser le mouvement ouvrier international, afin qu'il soutienne les efforts de guerre des gouvernements. En 1941, une conférence de l'OIT peut dans l'esprit du gouvernement britannique servir à rallier les ouvriers américains à l'entrée en guerre des États Unis. L'homme politique norvégien, Carl Joachim Hambro (1885-1964), exprime au *Foreign Office* sa volonté d'utiliser l'OIT comme outil de propagande :

> « Cette conférence doit être utilisée pour mobiliser les travailleurs américains à l'effort de guerre et stopper toutes les grèves. Nous avons discuté de l'ordre du jour : les marins et les représentants des syndicats de la Belgique, de la Hollande et de la Norvège diront ce que les Allemands ont fait dans leurs pays, les persécutions, les

30. ANB, FO 371/26646, ILO 1941, Note dated June 1941.

> camps de concentration, la dissolution violente des syndicats et la conception allemande de guerre navale »[31].

Adressée au gouvernement britannique, cette note a pour objet d'aider à mobiliser les dirigeants du *TUC* pour qu'ils se rendent à la conférence internationale de New York, et cela malgré les obstacles du voyage outre Atlantique pendant la guerre. Dans le même esprit, le haut-commissaire du Canada souhaite la tenue de cette conférence pour diffuser l'effort de guerre du *Commonwealth* et influencer l'opinion des pays d'Amérique latine. Le dirigeant canadien estime que la présence de leaders syndicaux de pays belligérants alliés, principalement des syndicalistes britanniques à même d'expliquer les raisons de la nécessité de coopérer avec les gouvernements pour l'organisation des industries de guerre, permettra d'établir un front uni contre les États agresseurs et aura un effet en particulier sur les populations des pays envahis comme la France.

Afin de convaincre les Alliés, le *Foreign Office* organise une réunion à Londres, le 20 juin 1941, avec des représentants des gouvernements des pays alliés et en exil. La Belgique, les Pays-Bas, la Yougoslavie, la Grèce, la Norvège, la Pologne et la Tchécoslovaquie se réunissent pour discuter de la tenue d'une conférence internationale du travail aux États-Unis. Tous les gouvernements présents soutiennent la proposition britannique qui met en avant la nécessité, pendant cette période critique, d'exposer à l'opinion publique la solidarité des membres de l'OIT. Il s'agit d'exposer l'intérêt commun des nations alliées avec les pays neutres, au premier rang desquels les États-Unis, à maintenir des standards de travail élevés pour les travailleurs, y compris pendant la guerre, afin de contrer les idées nazies de monter une autre organisation du travail, rivale, dans le cadre de son nouvel ordre germanique.

---

31. ANB, FO 371/26646, International Labour Office, 1941, traduction de l'auteure.

L'OIT au service des Alliés et de la Charte de l'Atlantique.

Churchill et Roosevelt signent, le 12 août 1941, la Charte de l'Atlantique dont l'article cinq énonce :

> « Ils désirent faire en sorte que se réalise, dans le domaine économique, la plus entière collaboration entre toutes les nations, afin d'assurer à toutes de meilleures conditions de travail, le progrès économique et la sécurité sociale ».

Dans l'esprit des dirigeants britanniques, Churchill et Bevin en particulier, ce document a été conçu comme un outil diplomatique et un instrument de propagande. Il permet au gouvernement britannique de se référer de manière continue à cet article 5 dans ses discours concernant l'OIT pour justifier l'importance du travail et de la collaboration avec l'Organisation. En 1943, Anthony Eden affirme devant le Parlement souhaiter voir l'OIT devenir l'instrument principal pour donner effet au programme social de l'article 5 de la Charte de l'Atlantique dans le monde d'après-guerre. Lors de la conférence de San Francisco, en 1945, le Cabinet britannique recommande explicitement la poursuite et le développement des activités de l'OIT dans le cadre du nouvel ordre des Nations Unies, en se référant à la Charte de l'Atlantique[32].

Dans leur volonté de renforcer l'OIT pendant la guerre, le lien juridique existant toujours entre l'OIT et la SDN pose un problème récurrent au gouvernement britannique. Théoriquement, l'OIT est dépendante de la SDN dont les Britanniques sont toujours membres, tandis que les Américains et les Soviétiques ne le sont pas, ou plus. La Grande-Bretagne est donc le seul des trois grands à être membre de la SDN. C'est la raison pour laquelle, la Grande-Bretagne s'oppose à ce que la SDN soit vidée de sa substance comme le proposent Phelan et les Américains, en 1941, à la conférence de New York afin que l'OIT prenne en charge le travail des services techniques de la SDN. En effet, l'OIT fait directement concurrence au travail de la commission

32. ANB, FO 371/34508, 1943 ; CAB 66/63/49, 26 March 1945 ; Hansard, HC Deb 02 December 1942 vol 385 cc1181-260, Anthony Eden speech.

économique et financière de la SDN, qui continue ses travaux pendant la guerre, depuis Princeton, sous la direction du Britannique Alexander Loveday[33]. En outre, le gouvernement ne souhaite pas donner trop de poids économique à l'OIT car différents comités nationaux, ou organes anglo-américains, s'occupent déjà de projets de reconstruction économique. Néanmoins, au fur et à mesure du conflit, les Britanniques révisent leur position et ne s'opposent plus frontalement à des changements dans la répartition des tâches. En 1943, le *Foreign Office* accepte l'idée qu'après la guerre, les services techniques de la SDN puissent être rattachés à l'OIT, néanmoins le gouvernement préfère attendre de voir comment se met en place le système international à la fin de la guerre avant de prendre des décisions définitives. Sur cette question, les Britanniques s'opposent aux Américains qui, eux, sont pressés de démanteler la SDN. Le gouvernement britannique ne cède toutefois pas et affirme, à la Conférence de Philadelphie, en 1944, son opposition à affaiblir la SDN, tant qu'une autre organisation mondiale ne l'aura pas remplacée[34].

Dès le début des hostilités, l'OIT se positionne assez rapidement du côté des Alliés, pour des motifs idéologiques mais également financiers : ses principaux bailleurs de fonds sont dans le camp des Alliés. Son directeur et plusieurs gouvernements profitent de cette plateforme internationale pour faire des plaidoyers antifascistes. Ce positionnement de l'Organisation pose d'ailleurs problème pour la représentation des gouvernements en exil et pour les pays neutres. Par exemple, c'est un représentant du gouvernement polonais en exil, M. Stanczyk, ministre de l'Assistance sociale, qui siège au conseil d'administration de février 1940 à Genève, et ne se prive pas de dénoncer les conditions d'esclavage auxquelles la population de son pays est soumise.

En défendant les valeurs sociales libérales et en soutenant les régimes démocratiques, l'OIT s'oppose frontalement au modèle

33. Patricia Clavin, *Securing the World Economy. The Reinvention of the League of Nations 1920-1946*, Oxford, Oxford University Press, 2013.

34. ANB, FO 371/39302, 1944, Note of 1rst May 1944 from the British Embassy to the US State Department.

d'impérialisme social de l'Allemagne hitlérienne. L'Allemagne a quitté l'OIT en 1933, mais les relations ne sont pas complètement rompues grâce au correspondant de l'OIT à Berlin qui reste sur place, même après la fermeture du bureau en 1934, et à une attitude conciliante de la part du BIT. Néanmoins, la relation est essentiellement à sens unique, les nazis se servant de l'OIT comme d'un outil pour propager leurs idées, jusqu'à la guerre qui consomme la rupture. En 1939, l'OIT s'aligne sur la politique des Alliés et les Britanniques utilisent alors l'Organisation pour une propagande de lutte contre le nazisme. L'Organisation constitue une entité internationale où le gouvernement britannique peut mesurer le soutien que les nations alliées lui accordent. Elle sert également de forum pour faire contrepoids aux projets du Reich allemand, qui développe dans les territoires occupés une politique sociale internationale instrumentalisée afin d'augmenter sa légitimité et une mobilisation de la force de travail au bénéfice de l'Allemagne[35]. En 1940, alors que l'OIT s'apprête à s'exiler pour le Canada, les Britanniques se chargent de rassurer les fonctionnaires de l'OIT. Adrien Tixier, en particulier, est inquiet que les Britanniques acceptent de fermer le bureau de l'OIT à Genève, en raison des dangers d'occupation par l'Allemagne et l'Italie. Tixier soupçonne en outre les Français restant à Genève, comme Marius Viple, d'intelligence avec les Allemands.

Le soutien du gouvernement britannique à la conférence internationale du travail, à New York en 1941, s'explique par la double motivation de mobiliser les syndicats britanniques pour l'industrie de guerre et de contrer la propagande allemande. Des rumeurs courent en effet à cette date que l'Allemagne tente de rassembler des États neutres pour faire une conférence sociale en Europe et créer une organisation rivale de l'OIT. Les Britanniques entreprennent de bloquer cette tentative, qui vise à créer un système social international parallèle à celui de l'OIT. En effet, la propagande hitlérienne utilise la soi-disant supériorité de la politique sociale allemande pour obtenir le ralliement des populations en Europe et en Amérique latine à son dessein. Le ministre du Travail nazi, Robert Ley, tente de transformer à la fin de l'année 1940 un office allemand du travail, créé en 1933, en

35. Sandrine Kott, « Fighting the War or Preparing for Peace ? .. », *op. cit.*

un bureau international du travail. Ce dernier publie une revue, la *Neue internationale Rundschau der Arbeit,* qui propose des alternatives nazies à la politique de promotion de standards internationaux par l'OIT.

En termes de campagne de propagande, la conférence de New York est un succès du point de vue britannique. Elle a en effet réuni trente-cinq pays, qui font de la défaite du nazisme une pré-condition indispensable à toute action de coopération internationale pour la reconstruction mondiale. Le gouvernement britannique adresse un signal politique fort en choisissant d'envoyer Clement Attlee, chef du parti travailliste et vice-Premier ministre, pour le représenter à la conférence. Ce dernier se saisit de cette tribune pour mobiliser les pays neutres contre le régime nazi. Il s'agit, d'une part, de condamner les pratiques allemandes dans les territoires occupés, afin de contrer la propagande que les nazis font auprès des ouvriers, et, d'autre part, de mobiliser les ouvriers à l'effort de guerre. La conférence permet aux Britanniques de constater qu'ils ont un large soutien gouvernemental, même parmi les États neutres[36].

Le *Foreign Office* possède un autre atout en la personne de l'ancien directeur de l'OIT, Harold Butler. Ce dernier est en effet nommé, en mai 1942, directeur du service de l'information de l'ambassade britannique aux États-Unis, poste qu'il garde jusqu'à sa retraite en 1946. L'ambassade britannique est pendant la guerre, la tête de pont des relations avec le gouvernement américain et, quand il arrive à Washington, Butler renoue avec ses contacts américains. Fort de sa connaissance de l'Organisation, Butler sert la publicité du gouvernement britannique en produisant des articles et des discours en faveur de l'OIT et ainsi, contrer la propagande nazie sur le territoire américain.

36. ABIT, Minutes of the New York and Washington D.C. Conference, 1941, Clement Attlee Address to the Conference.

Le rapport Beveridge et l'OIT, une affaire de propagande ?

Le gouvernement britannique dispose à la fin de l'année 1942 d'une arme supplémentaire pour contrer la propagande allemande. En novembre 1942, est en effet publié le rapport Beveridge qui propose un système global de couverture sociale pour toute la population, afin de tenter d'éradiquer les cinq maux de la société selon Beveridge : la misère, la maladie, l'ignorance, l'oisiveté et le dénuement. Le rapport Beveridge bénéficie du soutien actif des *TUC*, qui en sont les instigateurs. À l'origine, c'est en effet sous leur pression que le ministre du Travail a ordonné une enquête sur les différents systèmes d'assurances en Grande-Bretagne. Ce rapport embarrasse Churchill, qui souhaite se concentrer sur la conduite de la guerre et reporter les projets de reconstruction à la fin de celle-ci. Churchill a manqué de clairvoyance à l'égard de ce rapport et laissé échapper une opportunité politique majeure, qui peut expliquer sa défaite aux élections de 1945. Sous la pression des syndicats et des travaillistes, il est finalement obligé d'examiner les propositions de Beveridge. Cependant, avec l'appui des conservateurs, les réformes traînent[37]. Dans le même temps, le rapport Beveridge permet de disposer d'un outil concret pour proposer un modèle social par opposition à celui du nazisme sur la scène internationale. Ce rapport devient ainsi un outil de propagande international dans les mains du gouvernement, et du ministère du Travail en particulier, qui pense à l'OIT comme instrument pour le diffuser.

Lorsque l'expression de *Welfare State* apparaît, dans les années 1930 en Grande-Bretagne, sous la plume d'Alfred Zimmern, c'est déjà pour contrer les modèles autoritaires des pays fascistes. Il importe alors aux internationalistes britanniques de montrer au monde que leur pays possède un modèle social libre de toute contrainte pour le peuple. À cette date, le discours est déjà idéologique[38]. En 1942, le *Welfare State* est théorisé par Beveridge et les Britanniques disposent alors d'un

37. Paul Addison, *Churchill on the Home front : 1900-1955*, London, Jonathan Cape, 1992.

38. Alfred Zimmern, *Quo Vadimus ? A public lecture delivered on 5 February 1934*, London, Oxford University Press, 1934.

outil très concret à proposer aux nations alliées et aux nations libres pour s'opposer aux pratiques nazies. Dans cette optique de propagande alliée, Bevin approche les syndicats britanniques pour réaliser des émissions radio sur l'OIT et sur les possibilités d'extension du rapport Beveridge au reste du monde. Joseph Hallsworth, délégué ouvrier britannique à l'OIT, accepte ainsi, en mars 1943, de faire une série de discours radiophoniques préparés conjointement avec le ministère du Travail et le *Foreign Office*, témoignant du rapprochement des intérêts entre le gouvernement et les représentations syndicales.

En matière de transfert de modèle, pendant tout l'entre-deux-guerres, les Britanniques ont collaboré avec l'OIT sans jamais tenter réellement d'imposer leur propre système social ; ils se sont contentés de faire bénéficier les autres pays de leur expertise, par le biais de leur participation aux travaux de l'OIT. Ceci dans l'optique que les autres nations rattrapent le niveau de protection sociale de la Grande-Bretagne et disposent de conditions sociales identiques qui ne pénalisent pas l'économie. La guerre modifie la stratégie britannique vis-à-vis de l'OIT. En effet, en 1942, la Grande-Bretagne dispose désormais d'un modèle qu'elle peut être tentée de vouloir universaliser, par le biais de l'OIT, pour contrer l'impérialisme nazi, mais aussi dans le but d'universaliser les préférences britanniques en matière sociale dans le nouvel ordre mondial. Les référents de l'OIT en matière de protection sociale évoluent, pendant la guerre, par le biais des experts qui travaillent pour l'Organisation. Le modèle des assurances sociales cède la place à celui de sécurité sociale et l'OIT adopte une Convention sur la sécurité sociale en 1952[39]. Un important jalon à cet égard est la réunion d'experts sur la sécurité sociale qui se tient à Montréal, du 9 au 12 juillet 1943, sous l'égide de l'OIT et à laquelle participe Beveridge. Au Canada, le gouvernement britannique tente de mobiliser son principal expert de la sécurité sociale, à des fins de propagande. Mais cette conférence de Montréal est, pour Beveridge, une étape dans son voyage réalisé afin de diffuser ses travaux sur le continent américain. La réunion est de nature très technique, entre experts ; elle permet d'initier au sein de l'OIT un processus qui se

39. Sandrine Kott, « Constructing a European Social Model : the Fight for Social Insurance in the interwar Period », in *ILO Histories…, op. cit*, pp. 173-195.

poursuit, lors de la conférence de Philadelphie de 1944, par la mise à l'ordre du jour de celle-ci du sujet de la sécurité sociale.

Il est nécessaire de distinguer ici les projets des syndicats de ceux du gouvernement britannique en ce qui concerne le rapport Beveridge et le modèle de sécurité sociale désormais promu par l'OIT. En effet, lors de la conférence de Philadelphie, le *Foreign Office* regrette que l'OIT se soit emparée de ce sujet. Cette attitude peut paraître surprenante, puisque le ministère a laissé carte blanche à Beveridge pour collaborer avec l'OIT. Leur attitude est en fait surtout dictée par les circonstances. Churchill ne souhaite pas se retrouver lié par des décisions appuyées par le groupe des travailleurs à l'OIT, tant que le nouvel ordre mondial n'est pas mis en place et que le sort réservé à l'OIT n'est pas décidé. De plus, il souhaite ménager l'allié soviétique, très hostile à l'OIT pendant la guerre. C'est donc bien à l'initiative des fonctionnaires de l'OIT eux-mêmes, appuyés par les syndicats, que l'Organisation tente d'internationaliser le modèle de sécurité sociale obligatoire pour tous. Si les Britanniques utilisent le rapport Beveridge pour proposer un contre-modèle aux Alliés par rapport aux pratiques nazies, il n'y a pas de volonté explicite de vouloir internationaliser ce modèle en utilisant l'OIT de la part du gouvernement. Bevin lui-même n'est pas d'emblée enthousiasmé par le rapport. Il le juge contraire à certains principes syndicaux, qui ont toujours prévalu en Grande-Bretagne, comme celui de financer les institutions par des contributions volontaires plutôt que par des fonds étatiques, ainsi que le principe de la négociation directe entre patronat et travailleurs pour fixer les salaires et les conditions de travail. Son attitude lui met les travailleurs de la base du mouvement syndical (*rank and file*) à dos. Le *TUC*, que Beveridge a largement consulté tout au long du processus, soutient en effet largement le rapport. Dans l'esprit du gouvernement britannique, le rapport Beveridge et l'OIT peuvent coexister : le premier en tant que projet national et le second comme instrument de propagande. Si le gouvernement britannique a cherché à diffuser le rapport Beveridge par le biais de l'OIT, il n'existe pas derrière cette instrumentalisation, de réelle volonté gouvernementale d'imposer dans le monde le modèle de la sécurité sociale qu'il véhicule.

À l'occasion des cinquante ans de l'Organisation, en 1969, le gouvernement travailliste d'Harold Wilson estime rétrospectivement que c'est le caractère tripartite de l'Organisation qui a permis à l'OIT de survivre à la guerre[40]. Cette continuité doit beaucoup aux Britanniques, qu'il s'agisse du gouvernement ou des syndicats, qui l'ont soutenue de manière continue. La position des employeurs a été peu discutée car, de manière générale, pendant la guerre, ils s'alignent sur la position gouvernementale en évitant de s'opposer à ses décisions en ce qui concerne l'Organisation. Si le soutien de Bevin et Citrine est cohérent avec les objectifs du mouvement syndical, le soutien du gouvernement est beaucoup plus ambigu. Il utilise tour à tour l'OIT à des fins de propagande (intérieure et extérieure), ou pour s'assurer du partenariat avec les États-Unis. Le gouvernement britannique ne déploie pas de stratégie spécifique pour initier, au niveau international, des projets sociaux pourtant développés dans son pays afin d'instaurer une sécurité sociale pour tous après la guerre. La politique britannique à l'égard de l'OIT est extrêmement pragmatique. Elle souhaite éviter de prendre des décisions trop hâtives sur l'après-guerre, afin que les États neutres puissent continuer à collaborer. En somme, l'attitude du gouvernement pendant la guerre est conforme à celle affichée pendant tout l'entre-deux-guerres : il utilise cette Organisation comme une nouvelle plateforme d'internationalisme pour asseoir sa politique, mais n'a jamais de réelle volonté de l'utiliser pour exporter ses pratiques sociales.

C'est le Britannique Guidhaume Myrddinn-Evans (1894-1964) qui, en 1945, succède à Carter Goodrich, au poste de président du conseil d'administration, et permet ainsi à Phelan d'être nommé directeur jusqu'en 1948, avec effet rétroactif[41]. Myrddinn-Evans est fonctionnaire au ministère du Travail et délégué gouvernemental britannique à la conférence de San Francisco en 1945. Il négocie, au début de l'année 1946, les accords permettant que l'OIT devienne une organisation du système des Nations Unies. Sa nomination

40. Hansard, Deb 22 Januay 1969, vol 298, cc933-49.

41. Guidham Myrdin Evans est président du conseil d'administration de l'OIT, de 1945 à 1947, et président de la conférence internationale du travail en 1949. C'est la première fois qu'un fonctionnaire occupe cette position.

en tant que président du conseil d'administration apparaît comme un remerciement, en témoignage du rôle qu'ont joué les acteurs britanniques pour maintenir l'OIT pendant la guerre et soutenir l'Organisation lors des deux conférences internationales du travail de New York et de Philadelphie. L'immédiat après-guerre sonne par contre la fin de l'influence britannique sur l'Organisation. Déterminante pour sa création en 1919, la position dominante britannique perdure dans l'entre-deux-guerres aux côtés de la France. Cependant, en 1948, la nomination de l'Américain David Morse à la tête de l'Organisation signale une nouvelle configuration de soutien politique pour l'OIT.

Conclusion

L'OIT s'est révélée un lieu d'observation privilégié de l'internationalisme de la Grande-Bretagne entre 1919 et 1946. Dans l'entre-deux-guerres, cette Organisation est centrée sur l'Europe, néanmoins les Britanniques y font entrer les terrains coloniaux et américains par la bande. La recherche des interactions entre la scène britannique et la scène internationale a fait apparaître un réseau dynamique de circulations permettant d'une part de mieux comprendre la place des politiques sociales britanniques dans leur contexte impérial et, d'autre part, de prendre la mesure de l'ensemble des ramifications de celles-ci avec d'autres champs du politique, tels que la politique extérieure ou la politique économique. L'analyse conduite a ainsi mis en évidence les modalités d'adaptation d'une grande puissance aux modifications induites par l'existence du système international.

Cet ouvrage a pris comme point de départ le paradoxe de la position britannique vis-à-vis du système international, tel que l'énonçait en 1924 le ministre du Travail William Joynson-Hicks. Toute une série d'éléments factuels signalant la place prise par le gouvernement britannique dans la gouvernance de l'OIT sont ainsi apparus. Même si le budget de l'OIT est élevé, les Britanniques ont réussi à le réduire dès le début des années 1920. En dépit de l'activisme d'Albert Thomas à développer une Organisation très active sur le plan international, le gouvernement a rapidement circonscrit les activités de l'OIT, surtout à partir de 1932 lorsqu'un Britannique est nommé à la direction de l'Organisation. Ainsi, peut-il diriger ses travaux et ses programmes de recherche de manière plus conforme à ses intentions. Enfin, si la prolificité de l'OIT en matière de production normative a été soulignée, cet ouvrage révèle la politique d'adhésion sélective du gouvernement britannique de manière à préserver, en accord avec sa politique, les intérêts du patronat. À cet égard, mon analyse a montré comment les Britanniques tentent de diminuer la concurrence économique que l'adoption des normes de l'OIT risque de faire peser sur l'économie, en motivant leur principal concurrent économique, les États-Unis à adhérer à l'OIT. En effet, cette adhésion en 1934, permet en théorie de soumettre l'économie et les modes de production aux mêmes standards de protection sociale. Cette décision, prise à la suite d'un intense lobbying britannique, supprime ainsi une inquiétude du patronat britannique, qui craignait de se voir imposer des normes non suivies par ses principaux concurrents économiques. Dans la mesure où la Grande-Bretagne réussit à imposer ses intérêts dans une grande partie du monde, entre 1919 et 1939, et à surmonter les contraintes imposées par les mesures sociales internationales adoptées par l'OIT, l'interrogation de départ portant sur la fonction instrumentale de l'OIT pour les Britanniques s'est avérée pertinente sur la totalité de la période considérée.

Il ressort également que le gouvernement ne s'implique pas dans l'OIT pour promouvoir la politique sociale, qu'elle a pourtant développée sur son sol peu de temps avant la création de l'OIT. Bien qu'elle soit progressiste au début du 20e siècle, la politique sociale nationale est une réponse pragmatique à l'évolution de la société. La création du plan Beveridge et la mise en place du *Welfare State* ne dépendent pas de l'Organisation et les transferts à l'OIT des pratiques britanniques n'intéressent pas les hommes politiques. Dès lors, il apparaît évident que l'OIT remplit pour le gouvernement, des fonctions différentes du droit social. La première fonction de l'OIT pour la Grande-Bretagne est de constituer une plateforme pour sonder et consolider son Empire colonial. Bien que les Dominions et l'Inde possèdent leur siège au sein des institutions de Genève, la Grande-Bretagne n'en conserve pas moins la haute main sur leurs affaires internationales. L'OIT à cet égard offre au pays la possibilité de consolider son emprise sur ses colonies en lui donnant un aspect légal et une caution internationale.

La seconde fonction de l'OIT pour le gouvernement est de canaliser les revendications sociales, voire révolutionnaires, des syndicats. En effet, l'Organisation offre aux syndicats et au patronat britanniques un lieu de dialogue. L'analyse transnationale a ainsi montré comment les syndicats ont pu se servir du plan international d'action pour renforcer leurs positions face à leur gouvernement, se positionner de manière plus forte sur la scène nationale et revendiquer plus de réformes sociales. Mon analyse atteste de la puissance des syndicats britanniques dans l'entre-deux-guerres. Néanmoins, ceux-ci ne sont pas révolutionnaires et la grande grève de 1926 joue à cet égard un rôle très important pour resserrer les relations entre l'OIT et les dirigeants syndicaux. Le syndicalisme modéré des dirigeants du *TUC* de l'entre-deux-guerres s'accorde avec la politique réformiste de l'Organisation, situation qui rencontre, en dernier ressort, les intérêts du gouvernement britannique.

L'analyse transnationale a également mis en valeur le rôle et les modalités de circulation des acteurs britanniques. L'étude des milieux dont ils sont issus et des trajectoires personnelles a permis de saisir le fonctionnement d'une organisation internationale à laquelle les Britanniques ont fortement contribué par leur expertise. Plusieurs chapitres ont cartographié ces trajectoires et évalué les enjeux en présence dans le but de contextualiser les politiques britanniques menées au sein de l'Organisation. Ces circulations ont contribué à établir des zones de perméabilité entre une organisation internationale et une scène nationale qui ont rendu possibles des transferts de pratiques, en dépit des oppositions idéologiques et politiques, notamment des gouvernements conservateurs réfractaires à développer leur coopération avec l'Organisation. Les syndicats britanniques qui occupent une position centrale au sein de l'*IFTU*, acteur majeur de l'OIT, ont constitué les principaux facilitateurs de ce processus, et ils ont obtenu pour cela l'appui des libéraux internationalistes. Néanmoins, les lobbies patronaux britanniques furent suffisamment puissants pour bloquer les tentatives trop intrusives de traduction des normes internationales en loi nationale. Ils ont, à cet effet, trouvé l'appui des gouvernements conservateurs, ainsi que de certains syndicats, pour certains sujets comme celui relatif aux lois réglementant les heures de travail.

Par ailleurs, les dirigeants de l'OIT, et Albert Thomas en particulier, qui comptaient sur les travaillistes britanniques pour soutenir son œuvre sociale, ont été déçus par ces derniers. L'étude de la situation nationale à partir du prisme international a montré que ce sont plutôt des syndicalistes que des hommes politiques travaillistes qui se sont investis à l'OIT. Le parti travailliste n'a pas acquis alors une maturité politique suffisante pour projeter ses idées et ses projets politiques sur la scène internationale. Ses préoccupations restent très pragmatiques et le parti ne dispose pas d'une base suffisamment solide pour imposer une vision d'ensemble, afin de développer une politique sociale qui aurait pu inspirer l'OIT, telle qu'elle sera mise en place après la Seconde Guerre mondiale.

La Grande-Bretagne se positionne de manière centrale (impériale) dans le système international de l'entre-deux-guerres. Notre étude a mis en perspective les liens du pays avec l'Europe à travers les missions de l'OIT. Néanmoins, si le travail de l'Organisation est centré sur les nations européennes, nous avons montré que le champ d'action de la Grande-Bretagne ne se limitait pas à l'Europe. La place de l'espace colonial a été abordée par l'analyse des travaux sur la Convention sur le travail forcé. Ainsi, le prisme des organisations internationales a offert des informations sur les relations entretenues par la métropole avec ses colonies, confirmant la centralité de la Grande-Bretagne dans le système international et attestant que l'Empire est l'espace le plus important pour les Britanniques. C'est sur cet espace que les différents gouvernements de la période comptent pour stimuler l'économie. Cet objectif entraîne des priorités politiques. Le cadre OIT a toutefois montré que les Dominions et l'Inde prennent de l'autonomie et développent leur propre agenda politique et social. Ces développements font certes réfléchir les gouvernants, mais sans conduire ces derniers à infléchir leurs comportements et leurs relations politiques dans cette période. Au contraire, les Britanniques se servent de l'OIT pour renforcer leur présence internationale. Ainsi, le gouvernement peut compter sur des voix supplémentaires dans ces nouveaux forums internationaux qui lui offrent l'opportunité de légitimer ses méthodes de gestion du travail dans les colonies.

En dehors de l'Europe et après leur Empire, les Britanniques ne ménagent aucun effort pour encourager leur partenaire américain à s'impliquer dans les affaires européennes et leur adhésion à l'OIT constitue un pas politique important dans cette direction. Cette adhésion, au delà du cercle des internationalistes, est aussi attendue par le patronat britannique car la concurrence américaine s'accroît au cours de cette période. L'analyse sur la relation avec les États-Unis est venue contredire l'idée d'une puissance américaine isolationniste pendant l'entre-deux-guerres, qui se désintéresserait des affaires européennes. L'étude a révélé comment les Britanniques ont usé de leurs connections avec les milieux américains atlantistes pour faire adhérer les Américains à l'Organisation, en 1934, ainsi que les liens particuliers qui unissaient les milieux anglo-saxons. La relation spéciale anglo-américaine a perduré à l'OIT, où elle a servi à orienter les travaux de l'Organisation, puis, pendant la Seconde Guerre mondiale, afin de rallier les travailleurs alliés à l'effort de guerre.

Enfin, durant la Seconde Guerre mondiale, la politique étrangère et la stratégie militaire ont pris le pas sur les préoccupations sociales. Au sein de l'OIT, les projets de reconstructions économiques et sociaux pour l'après-guerre ont occupé les dirigeants. Néanmoins, l'Organisation en tant que telle a continué à jouer un rôle essentiel de propagande pendant la guerre. L'analyse a mis en évidence le rôle des acteurs britanniques dans les processus de transfert, de continuité et de changements qui ont lieu entre 1939 et 1946, lorsque l'OIT devient une institution spécialisée des Nations Unies. Ces recherches ont surtout fait ressortir la fonction principale que l'OIT a toujours eue pour le gouvernement britannique : celui d'un instrument au service de sa politique étrangère.

L'inscription de l'étude dans la période de l'entre-deux-guerres a permis de souligner comment cette période historique constitue bien un moment particulier pour ce pays. La Seconde Guerre mondiale met fin à la domination internationale de la Grande-Bretagne et cet état de fait est visible par le prisme de l'OIT. La Grande-Bretagne domine la scène des organisations internationales et peut imposer ses volontés sans rencontrer de véritable opposition, jusqu'à l'arrivée des Américains qui viennent, de manière progressive, prendre la place dominante des Britanniques à l'OIT à la fin des années 1930. Ceci entraîne des changements de paradigmes et d'orientations géostratégiques, puis de manière plus visible encore, la domination américaine s'affirme en 1946, lorsqu'elle prend la direction de l'Organisation.

Annexe

Position de la Grande-Bretagne sur les conventions adoptées par l'OIT dans l'entre-deux-guerres

(Source : *Normlex*, OIT)

Convention (n° 1) sur la durée du travail (industrie), 1919	Pas ratifiée
Convention (n° 2) sur le chômage, 1919	Ratifiée en 1921
Convention (n° 3) sur la protection de la maternité, 1919	Pas ratifiée
Convention (n° 4) sur le travail de nuit (femmes), 1919	Ratifiée en 1921
Convention (n° 5) sur l'âge minimum (industrie), 1919	Ratifiée en 1921
Convention (n° 6) sur le travail de nuit des enfants (industrie), 1919	Ratifiée en 1921
Convention (n° 7) sur l'âge minimum (travail maritime), 1920	Ratifiée en 1921
Convention (n° 8) sur les indemnités de chômage (naufrage), 1920	Ratifiée en 1926
Convention (n° 9) sur le placement des marins, 1920	Pas ratifiée
Convention (n° 10) sur l'âge minimum (agriculture), 1921	Ratifiée en 1963
Convention (n° 11) sur le droit d'association (agriculture), 1921	Ratifiée en 1923
Convention (n° 12) sur la réparation des accidents du travail (agriculture), 1921	Ratifiée en 1923
Convention (n° 13) sur la céruse (peinture), 1921	Pas ratifiée
Convention (n° 14) sur le repos hebdomadaire (industrie), 1921	Pas ratifiée
Convention (n° 15) sur l'âge minimum (soutiers et chauffeurs), 1921	Ratifiée en 1926
Convention (n° 16) sur l'examen médical des jeunes gens (travail maritime), 1921	Ratifiée en 1926
Convention (n° 17) sur la réparation des accidents du travail, 1925	Ratifiée en 1949
Convention (n° 18) sur les maladies professionnelles, 1925	Ratifiée en 1926
Convention (n° 19) sur l'égalité de traitement (accidents du travail), 1925	Ratifiée en 1926
Convention (n° 20) sur le travail de nuit (boulangeries), 1925	Pas ratifiée
Convention (n° 21) sur l'inspection des émigrants, 1926	Ratifiée en 1927
Convention (n° 22) sur le contrat d'engagement des marins, 1926	Ratifiée en 1929
Convention (n° 23) sur le rapatriement des marins, 1926	Ratifiée en 1985
Convention (n° 24) sur l'assurance maladie (industrie), 1927	Ratifiée en 1931
Convention (n° 25) sur l'assurance maladie (agriculture), 1927	Ratifiée en 1931
Convention (n° 26) sur les méthodes de fixation des salaires minima, 1928	Ratifiée en 1929
Convention (n° 27) sur l'indication du poids sur les colis transportés par bateau, 1929	Pas ratifiée

Convention (n° 28) sur la protection des dockers contre les accidents, 1929	Pas ratifiée
Convention (n° 29) sur le travail forcé, 1930	Ratifiée en 1931
Convention (n° 30) sur la durée du travail (commerce et bureaux), 1930	Pas ratifiée
Convention (n° 31) sur la durée du travail (mines de charbon), 1931	Pas ratifiée
Convention (n° 32) sur la protection des dockers contre les accidents (révisée), 1932	Ratifiée en 1935
Convention (n° 33) sur l'âge minimum (travaux non industriels), 1932	Pas ratifiée
Convention (n° 34) sur les bureaux de placement payants, 1933	Pas ratifiée
Convention (n° 35) sur l'assurance vieillesse (industrie, etc.), 1933	Ratifiée en 1936
Convention (n° 36) sur l'assurance vieillesse (agriculture), 1933	Ratifiée en 1936
Convention (n° 37) sur l'assurance invalidité (industrie, etc.), 1933	Ratifiée en 1936
Convention (n° 38) sur l'assurance invalidité (agriculture), 1933	Ratifiée en 1936
Convention (n° 39) sur l'assurance décès (industrie, etc.), 1933	Ratifiée en 1936
Convention (n° 40) sur l'assurance décès (agriculture), 1933	Ratifiée en 1936
Convention (n° 41) (révisée) du travail de nuit (femmes), 1934	Ratifiée en 1937
Convention (n° 42) (révisée) des maladies professionnelles, 1934	Ratifiée en 1936
Convention (n° 43) des verreries à vitres, 1934	Ratifiée en 1937
Convention (n° 44) du chômage, 1934	Ratifiée en 1936
Convention (n° 45) des travaux souterrains (femmes), 1935	Ratifiée en 1936
Convention (n° 46) (révisée) sur la durée du travail (mines de charbon), 1935	Pas ratifiée
Convention (n° 47) des quarante heures, 1935	Pas ratifiée
Convention (n° 48) sur la conservation des droits à pension des migrants, 1935	Pas ratifiée
Convention (n° 49) de réduction de la durée du travail (verreries à bouteilles), 1935	Pas ratifiée
Convention (n° 50) sur le recrutement des travailleurs indigènes, 1936	Ratifiée en 1939
Convention (n° 51) de réduction de la durée du travail (travaux publics), 1936	Pas ratifiée
Convention (n° 52) sur les congés payés, 1936	Pas ratifiée
Convention (n° 53) sur les brevets de capacité des officiers, 1936	Pas ratifiée
Convention (n° 54) des congés payés des marins, 1936	Pas ratifiée
Convention (n° 55) sur les obligations de l'armateur en cas de maladie ou d'accident des gens de mer, 1936	Pas ratifiée
Convention (n° 56) sur l'assurance maladie des gens de mer, 1936	Ratifiée en 1944
Convention (n° 57) sur la durée du travail à bord et les effectifs, 1936	Pas ratifiée
Convention (n° 58) (révisée) sur l'âge minimum (travail maritime), 1936	Pas ratifiée
Convention (n° 59) (révisée) de l'âge minimum (industrie), 1937	Pas ratifiée
Convention (n° 60) (révisée) sur l'âge minimum (travaux non industriels), 1937	Pas ratifiée
Convention (n° 61) de réduction de la durée du travail (textile), 1937	Pas ratifiée
Convention (n° 62) concernant les prescriptions de sécurité (bâtiment), 1937	Pas ratifiée
Convention (n° 63) concernant les statistiques des salaires et des heures de travail, 1938	Ratifiée en 1947

Convention (n° 64) sur les contrats de travail (travailleurs indigènes), 1939	Ratifiée en 1943
Convention (n° 65) sur les sanctions pénales (travailleurs indigènes), 1939	Ratifiée en 1943
Convention (n° 66) sur les travailleurs migrants, 1939	Pas ratifiée
Convention (n° 67) sur la durée du travail et les repos (transports par route), 1939	Pas ratifiée

Bibliographie sélective*

I) Sources

Archives de l'Organisation internationale du travail, Genève.

Archives de la Société des Nations, Genève.

Archives nationales britanniques, Kew, Londres.

Archives de la London School of Economics and Political Science, Londres.

II) Travaux

L'OIT

Aglan Alya, Feiertag Olivier et Kevonian Dzovinar (dir.), *Albert Thomas, société mondiale et internationalisme, Réseaux et institutions des années 1890 aux années 1930*, Paris, Irice, 2007.

Jensen Jill, « From Geneva to the Americas: The International Labor Organization and Inter-American Social Security Standards,

* La bibliographie complète, issue de mes recherches, est disponible dans ma thèse de doctorat dans l'Archive ouverte de l'Université de Genève : http://archive-ouverte.unige.ch/.

Par ailleurs, les travaux utilisés figurent dans les notes de cet ouvrage, cette bibliographie sélective ne reprenant que les fonds d'archives, ainsi que les travaux les plus pertinents.

1936-1948 », *International Labor and Working-Class History*, n° 80, 2011, pp. 215-240.

Hidalgo-Weber Olga, « Les Britanniques et l'Organisation internationale du travail : une relation faite de paradoxes (1919-1946) », *Revue Suisse d'histoire*, 2016, n° 3, pp. 341-362.

Hidalgo-Weber Olga, « La Convention de Washington de 1919 sur la journée des huit heures : une illustration de la politique sociale internationale menée par les Britanniques à l'OIT (1919-1932) », *Revue Traverse*, 2013, n° 2, pp. 28-43.

Hidalgo-Weber Olga, « Expertise britannique à l'OIT dans l'entre-deux-guerres : enjeux politiques et transferts de savoirs », *Revue d'histoire de la protection sociale*, à paraître en 2017.

Kott Sandrine, « Dynamiques de l'internationalisation : L'Allemagne et l'organisation internationale du travail (1919-1940) », *Critique internationale*, vol. 3, n° 52, 2011, pp. 68-84.

Kott Sandrine et Droux Joëlle (ed.), *Globalizing social rights: The International Labour Organization and beyond*, London, Palgrave MacMillan, 2013.

Kott Sandrine, « Fighting the War or Preparing for Peace? The ILO during the Second World War », *Journal of Modern European History*, vol. 12, n°3, 2014, pp. 359-375.

Kott Sandrine, « Une communauté épistémique du social ? Experts de l'OIT et internationalisation des politiques sociales dans l'entre-deux-guerres », *Genèses*, vol. 22, n° 71, 2008, pp. 26-46.

Kott Sandrine, « Les organisations internationales, terrains d'études de la globalisation. Jalons pour une approche socio-historique », *Critique internationale*, vol. 3 n° 52, 2011, pp. 9-16.

Maul Daniel Roger (ed.), *Human Rights, Development and Decolonization: The International Labour Organization, 1940-70*, ILO Century Series, London, Palgrave MacMillan, 2012.

Moret-Lespinet Isabelle, Viet Vincent (dir.), *L'Organisation internationale du travail : origine, développement, avenir*, Rennes, PUR, 2011.

Rodgers Gerry (ed.), *L'Organisation internationale du travail et la quête de la justice sociale, 1919-2009*, Genève, Bureau international du travail, 2009.

TOSSTORFF Reiner, « The International Trade-Union Movement and the Founding of the International Labour Organization », *International Review of Social History,* vol. 50, 2005, pp. 399-433.

VAN DAELE Jasmien, « Engineering Social Peace: Networks, Ideas, and the founding of the International Labour Organization », *International Review of Social History,* vol. 50, 2005, pp. 435-466.

VAN DAELE Jasmien, « The International Labour Organization (ILO) in Past and Present Research », *International Review of Social History,* vol. 53, 2008, pp. 485-511.

VAN DAELE Jasmien, GARCIA Magaly Rodriguez, VAN GOETHEM Geert and VAN DER LINDEN Marcel (ed.), *ILO Histories, Essays on the International Labour Organization and its Impact on the World during the Twentieth Century,* Berne, Peter Lang, 2010.

La SDN et les mouvements affiliés en Grande-Bretagne (pacifisme, internationalisme)

BIREBENT Christian, *Militants de la Paix et de la SDN : les mouvements de soutien à la société des Nations en France et au Royaume-Uni 1918-1925,* Paris, L'Harmattan, 2007.

CEADEL Martin, *Semi-Detached Idealists, The British Peace Movement and International Relations, 1854-1945,* Oxford, Oxford University Press, 2000.

CLAVIN Patricia, *Securing the World Economy. The Reinvention of the League of Nations 1920-1946,* Oxford, Oxford University Press, 2013.

EGERTON George W., « Conservative internationalism: British approaches to international organization and the creation of the League of Nations », *Diplomacy and Statecraft,* vol. 5, n°1, 1994, pp. 1-20.

GORMAN Daniel, *The Emergence of International Society in the 1920s,* Cambridge, Cambridge University Press, 2012.

JOHNSON Gaynor, *Lord Robert Cecil: Politician and Internationalist,* Wey Court East, Ashgate Publishing Limited, 2013.

MACKENZIE David Clark, *A World Beyond Borders : An Introduction to the History of International Organizations,* North York, University of Toronto Press, 2010.

McCarthy Helen, *The British People and the League of Nations, Democracy, citizenship and internationalism, c. 1918-1945*, Manchester, Manchester University Press, 2011.

Pedersen Susan, « Review Essay, Back to the League of Nations », *American Historical Review*, vol. 112, n°4, 2007, pp. 1091-1117.

Yearwood Peter J., « Real securities against new war': Official British thinking and the origins of the League of Nations, 1914-19 », *Diplomacy & Statecraft*, vol. 9, n°3, 1998, pp. 83-109.

Les femmes et la protection des enfants au travail dans l'entre-deux-guerres : en Grande-Bretagne et à l'international

Boris Eileen, Jensen Jil, « The ILO: Women's Networks and the Making of the Women Worker », in Thomas Dublin, Kathryn Kish Sklar (ed.), *Women and Social Movements, International - 1840 to present*, 2014 on-line : http://wasi.alexanderstreet.com/.

Cowman Krista, *Women in British Politics, c.1689-1979*, London, Palgrave MacMillan, 2010.

Dahlén Marianne, *The Negociable Child, The ILO Child Labour Campaign 1919-1973*, Universitetstryckeriet, Uppsala, Sweden, 2007.

Delaunay Jean-Marc et Denéchère Yves (ed.), *Femmes et relations internationales au XXe siècle*, Paris, Presses Sorbonne Nouvelle, 2007.

Droux Joëlle, « L'internationalisation de la protection de l'enfance : acteurs, concurrences et projets transnationaux (1900-1925) », *Critique Internationale*, vol. 3, n° 52, 2011, pp. 17-33.

Gorman Daniel, « Empire, Internationalism, and the Campaign against the Traffic of Women and Children in the 1920s », *Twentieth Century British History*, vol. 19, n° 2, 2008, pp. 186-216.

Graves Pamela M., *Labour Women, Women in British Working-Class Politics 1918-1939*, Cambridge, Cambridge University Press, 1994.

Jones Helen, *Women in British public life, 1914-1950: gender, power and social policy*, London, Harlow, 2000.

Miller Carol, « Geneva, the key to egality: Interwar Feminists and the League of Nations », *Women's History Review*, vol. 3, n°2, 1994, pp. 219-245.

PEDERSEN Susan « Metaphors of the Schoolroom: Women Working the Mandates System of the League of Nations », *History Workshop Journal*, vol. 66, n°1, 2008, pp. 189-207.

RIEGELMAN LUBIN Carol and WINSLOW Anne, *Social justice for Women : The International Labor Organization and Women*, Durham, Duke University Press, 1990.

SANDELL Marie, *The Rise of International Women's Activism: Identity and Sisterhood between the World Wars*, London I. B. Tauris, 2011.

STIENSTRA Deborah, *Women's movements and international organizations*, Basingstoke, Palgrave, 1999.

VAN GOETHEM Gert, « An international experiment of Women Workers: The International Federation of Working Women, 1919-1924 », *Revue Belge de Philologie et d'Histoire*, vol. 84, n° 4, 2006, pp. 1025-1047.

Politiques sociales et histoire politique en Grande-Bretagne

BEERS Laura, « Is this Man an Anarchist? Industrial Action and Battle for Public Opinion in the Interwar Britain », *The Journal of Modern History*, vol. 82, n° 1, 2010, pp. 30-60.

BRIDGEN Paul (ed.), *The Labour Party and the Politics of War and Peace, 1900-1924*, Series : Royal Historical Society Studies in History New Series, vol. 70, London, Royal Historical Society, 2009.

CALLAGHAN John, *The Labour Party and Foreign Policy, A History*, London, Routledge, 2007.

HARRIS Bernard, *The Origins of the British Welfare State : Social Welfare in England and Wales, 1800-1945*, Basingstoke, Palgrave Macmillan, 2004.

HENNOCK E. P., *The origins of the Welfare State in England and Germany, 1850-1914 : social policies compared*, Cambridge, Cambridge University Press, 2007.

HILLS John, DITCH John and GLENNERSTER Howard (ed.), *Beveridge and Social Security, An international Retrospective*, Oxford, Clarendon Press, 1994.

HOWELL David, *MacDonald's Party: Labour identities and crisis, 1922-1931*, Oxford, Oxford University Press, 2002.

JONES Kathleen, *Making of Social Policy in Britain: From the Poor Law to the New Labor,* Third Edition, London, Continuum, 2005.

LAYBOURN Keith, *A century of Labour: a history of the Labour Party,* Stroud, Sutton Publ., 2001.

LOWE Rodney, *Adjusting to democracy, the role of the Ministry of Labour in British politics, 1916-1939,* Oxford, Clarendon, 1986.

LOWE Rodney, *The Welfare State in Britain since 1945,* London, Palgrave Macmillan, 2005.

McCARTHY Helen, « The politics of association in industrial society », *Twentieth Century British History,* vol. 22, n°2, 2011, pp. 217-229.

McCARTHY Helen, « Whose Democracy ? Histories of British Political Culture Between the wars », *The Historical Journal,* vol. 55, n° 1, 2012, pp. 221-238.

PERKINS Anne, *A Very British Strike,* London, Macmillan, 2006.

PUGH Michael, *Liberal Internationalism, The Interwar Movement for Peace in Britain,* London, Palgrave, 2012.

SHEPHERD John, LAYBOURN Keith, *Britain's First Labour Government,* London, Palgrave Macmillan, 2013.

SYLVEST Casper, « Continuity and Change in British Liberal Internationalism, c. 1900-1930 », *Review of International Studies,* vol. 31, n° 2, 2005, pp. 263-283.

TAYLOR Robert, *The TUC: from the General Strike to the New Trade Unionism,* London, Palgrave, 2000.

THORPE Andrew, *History of the British Labour party,* 3rd ed., Basingstoke, Palgrave MacMillan, 2008.

WHITESIDE Noel, « L'assurance sociale en Grande-Bretagne 1900-1950 », in Michel Dreyfus (ed.), *Les assurances sociales en Europe,* Rennes, PUR, 2009, pp. 127-58.

WINCOTT Daniel, « Images of Welfare in Law and Society : The British Welfare State in Comparative Perspective », *Journal of Law and Society,* vol. 38, n° 3, 2011, pp. 343-375.

WORLEY Matthew, *Labour inside the Gate : a history of the British Labour Party between the wars,* London, I. B. Tauris, 2009.

WRIGLEY Chris, « Churchill and the Trade Unions », *Transactions of the Royal Historical Society*, vol. 11, 2001, pp. 273-293.

WRIGLEY Chris, *David Lloyd George and the challenge of Labour : the post-war coalition, 1918-1922*, London, Harvester Press, 1990.

Nouvelles perspectives sur l'Empire britannique

BROWN Judith, LOUIS Wm Roger (dir.), *The Oxford History of the British Empire : Volume IV: The Twentieth Century*, Oxford, Oxford University Press, 1999.

BURBANK Jane, COOPER Frederick, *Empires in world history : power and the politics of difference*, Princeton, Princeton University Press, 2010.

BURTON Antoinette, *Empire in Question : Reading, Writing and Teaching British Imperialism*, Durnham, Duke University Press, 2011.

BUSH Barbara, *Imperialism and Postcolonialism*, Harlow, Pearson, 2006.

COOPER Frederick, *Colonialism in Question : Theory, Knowledge, History*, Berkeley, University of California Press, 2005.

DARWIN John, *The Empire Project. The Rise and Fall of the British World-System, 1830-1970*, Cambridge, Cambridge University Press, 2009.

ENGLISH Jim, « Empire Day in Britain, 1904-1958 », *The Historical Journal*, vol. 49, n° 1, 2006, pp. 247-276.

FERGUSON Niall, *Empire: How Britain Made the Modern World*, London, Allen Lane, 2003.

GASCOIGNE John, « The expanding historiography of British Imperialism », *The Historical Journal*, vol. 49, n°2, 2006, pp. 577-592.

GRANT Kevin, LEVINE Philippa and TRENTMANN Frank, *Beyond Sovereignty, Britain, Empire and Transnationalism, c. 1880-1950*, London, Palgrave Macmillan, 2007.

HALL Catherine (ed.), *Cultures of Empire: Colonizers in Britain and the Empire in the Nineteenth and Twentieth Centuries : A Reader*, New York, Routledge, 2000.

HALL Catherine, ROSE Sonya O., *At Home with the Empire: Metropolitan Culture and the imperial World*, Cambridge, Cambridge University Press, 2006.

HOWE Stephen, *The new imperial histories reader*, London, Routledge, 2010.

KENNEDY Dane, *Britain and Empire, 1880-1945*, London, Longman, 2002.

LEVINE Philippa (dir.), *Gender and Empire*, Oxford, Oxford University Press, 2004.

MANELA Erez, *The Wilsonian Moment, Self-determination and the origins of anti-colonialism*, Oxford, Oxford University Press, 2009.

MAZOWER Mark, *No enchanted palace: the end of empire and the ideological origins of the United Nations*, Princeton, Princeton University Press, 2009.

PORTER Bernard, *The Absent-Minded Imperialists, Empire, Society, and Culture in Britain*, Oxford, Oxford University Press, 2004.

POTTER Simon J., « Empire, Cultures and Identities in Nineteenth and Twentieth Century Britain », *History Compass*, vol. 5, n° 1, 2007, pp. 51-71.

PRICE Richard, « One Big Thing: Britain, Its Empire, and Their Imperial Culture », *Journal of British Studies*, vol. 45, n° 3, 2006, pp. 602-627.

STANARD Matthew G., « Interwar Pro-Empire Propaganda and European Colonial Culture: Toward a comparative Research agenda », *Journal of Contemporary History*, vol. 44, n° 1, 2009, pp. 27-48.

STOCKWELL Sarah (ed.), *The British Empire, Themes and Perspectives*, Oxford, Blackwell Publishing Ltd, 2004.

THOMPSON Andrew (ed.), *Britain's experience of empire in the twentieth century*, Oxford, Oxford University Press, 2012.

THOMPSON Andrew, *Imperial Britain: The Empire in British Politics, c.1880-1932*, London, Longman, 2000.

WEBSTER Antony, *The Debate on the Rise of the British Empire*, Manchester, Manchester University Press, 2006.

WILSON Kathleen (ed.), *A new Imperial History, Culture, Identity and Modernity in Britain and the Empire 1660-1840*, Cambridge, Cambridge University Press, 2004.

Table des Matières

www.ingramcontent.com/pod-product-compliance
Lightning Source LLC
LaVergne TN
LVHW050640051026
849532LV00002B/467
* 9 7 8 2 8 0 6 1 0 3 6 0 4 *